2020新冠疫情中被提前的学习变革

智慧学习

智能时代不一样的学习方式

SMART LEARNING

DIFFERENT WAY OF LEARNING
IN THE TIME OF
ARTIFICIAL INTELLIGENCE

贾云海・主编

中国人民大学出版社
・北京・

智慧学习

学的是有方向的知识

最大限度地把“学习者主权”还给每一个孩子

FOREWORD
序

“疫”不容辞的改变

俞敏洪
新东方教育科技集团创始人

2020 这个年份，在教育的历史上，将会是一个被铭记的重要节点。因为很多教育的理念和方法在这一年发生了改变。

从寒假到暑假，全国亿万师生停课在家，校园里的琅琅书声沉寂了数月。这番景象在以往是不可想象的。令人万分欣慰的是，亿万孩子转而走进了虚拟的课堂，云上教学一时间如火如荼。这没有成为一个超长假期，而是一次孩子们学习方式从线下到线上的大迁移。

这样惊心动魄的时代进程，我们遇上，并且参与。《世界是平的》一书的作者托马斯·弗里德曼不久前发表专栏文章，称世界格局将会因疫情而被改写，新的历史分界线会是“新冠前世界”与“新冠后世界”。这话有夸张的成分，但疫情将带来诸多可见和不可见的改变，这一点我是认同的。

面对新冠疫情中被提前的学习变革，身处其中的我们，将生发出怎样一种创造的勇气和动力，为教育和教学作出义不容辞的改变。

云海的新书即将付梓。这本书写作于疫情期间，呈现了他和他的团队为教育变革所进行的技术创新，总结了其所探索的全新智慧学习模式。此书回应了当下教学模式变革中的重大问题，诚意问世，真是恰逢其时。

疫情期间，亿万学生能平稳过渡到网络平台上进行学习，依靠的是技术。**网络教学解决了“停课不停学”、让孩子们在家也“有学上”的问题。但是，“有学上”之后，教育接下来面临的将是：在家学习，如何“把学上好”的问题。**

而要解决后面一个问题，就不仅仅只是把老师的教、孩子的学迁移到网上就能实现了。在家也能把学上好，要靠的是下一代的人工智能技术，借助数据的追踪、推送、引导与优化，提升教与学的质量。

本书所试图阐释的“智慧学习”模式，就是针对智能化时代，在新的技术条件下，实现更加精准高效学习的理念和方法指引。

这是云海与他的团队历经七年钻研的结晶。这一模式经过了上千所公立学校的实践验证。这个过程，我是见证了的。

对于云海锐意创新教学模式，其价值与意义我也是深有感触的。实际上，疫情发生后，新东方也同样经历了一场严峻的考验。在有限的时间里，我们需要把近 200 万的线下学生挪移到线上，需要能够支撑这么多学生上课的在线平台，需要让 4 万多名老师一夜之间熟悉在线上课流程，需要让几百万家长理解并支持我们的决定，更需要在没有传统课堂的情况下保障甚至提升教学的质量。

好在这个考验，新东方平稳地度过了。我们只用了不到一周的时间，完成了学生从线下到线上的大挪移，还为全国几万名医护人员的子女提供了免费的正式学习课程。今年 4 月，疫情初期，云海的团队还发布了 5G 云盒，应用 5G 技术极大地提升了智慧课堂的流畅度。

现在，回过头来看，这次疫情，新东方受到的冲击比 2003 年“非典”的时候要小很多。很大程度上，我认为应归功于技术。

这次疫情，因为新的技术基础设施的支撑，仅两个星期的时间，远程教学就在中国实现了常态化。本来应该是至少五年才能完成的整个教育系统对在线教育的融合，只用了不到三个月的时间就完成了。

当然，我认为学生未来还会回到线下学习，而且会更加积极地回到线下学习，回归面对面的核心教学场景。

但是，未来的线下学习一定不是纯粹的线下学习了，线下教育也不再是纯粹的线下教育了。因为无论是老师的教还是学生的学，一定会与新的技术相结合，变成全场景、全过程、更加智慧的教和学。

比如，人工智能环境下，智能硬件对学习数据的实时采集、智能分析，对于老师来说，这些数据就是他们在教学关键点上的依据。老师要了解的就是整个班级对于某个知识点的掌握程度和熟练程度，从而决定这样的知识点在班内是简单地去讲还是深度地去讲，以及哪些学生需要个别的辅导，哪些学生根本不需要，从而在关键点上进行教学。

对于学生来说，通过线上学习和练习的过程就能生成自己的个性化学习数据，哪里是自己会的，哪里是自己不会的，一目了然。这就改变了过去孩子们在书山题海中盲目练习的状况。这，才是真正的减负提效。

这次疫情，我们看到全国大中小公立学校都在积极发展线上上课平台，很多学校都真正意识到了远程教学、智慧网络以及智能硬件的重要性。在未来很长一段时间之内，教育的科技布局将会进一步提上日程，公立学校的信息化、智能化进程也将会迈向新的台阶。

> **所以，后疫情时代，我们要更加坚定的是：重视教育与科技的结合。教育与科技结合的方向，就是未来教育的方向。**

对于这一点，七年前部署成立 OK 智慧教育的时候，我就对云海充满了期待。我坚信科技将改变教育。云海也不负所望，他是难得的教育创新人才，他本身是理科背景，擅长技术领域，又具有十六年的学校教学和管理经验，因此更加知道老师、学生需要什么。

这几年来，能看到，在云海的带领下，OK 发展得非常迅速，从产品的迭代更新，到业务的调整升级，总是能给行业带来一次又一次的惊喜。现在数万名老师、数十万名学生每天在使用 OK 所提供的智能软硬件、技术平台和解决方案开展教与学。OK 的“智慧课堂”“智慧学校”“智慧教育城市”也应运而生。这些成果，在这本书里，你都能看到。

并且，如果认真阅读这本书，在字里行间，你会发现云海和他的团队所提出的全新的学习模式对“学生的学”和“老师的教”所带来的改变。学生可以学习有方向的知识，只学自己不会的；老师可以只教学生不会的，真正因材施教，让“一刀切”的课堂传统成为过去。

这给教育中的每一个角色——老师、家长、教育管理者——所带去的思考和启发将是全新的。

更重要的是，一直以来，我都觉得，一旦能通过技术解决教学内容和学习方式的问题，对于教育均衡一定具有非凡的意义。这意味着农村和山区的孩子也能够接触到与城市孩子同等质量的学习资源，享受到与城市孩子同样的技术平台。**人工智能技术，把知识内容与孩子的实际接受水平做了智能匹配，为每一个孩子提供更适合他们的内容和辅导。这是更进一步的教育均衡！**

所以，当我读完这本书的时候，我有一种心愿实现后的轻快感，更有一种对未来教育的无限憧憬。因为在我们的努力下，真的能够给下一代人的学习方式带来改变！

这也激励着我们能够有下一个、下下个更加奋发的十年。

此书已然吹响了智能时代学习方式变革的号角，我们拭目以待。

2020 年 12 月于北京

FOREWORD
自序

让每一个孩子拥有学习者主权

贾云海

我自 1994 年毕业后迈入教育行业，如今已逾 20 载。

从学在师范，到初为人师，再到离开体制创立公司，可以说，我对教育的初心始终没变。但是，在这 20 余年的摸索过程中，我对于教育的认知却在不断地被颠覆。

这种颠覆最早来自我对自己的一次彻底否定。

2003 年，那时我在校任教，算是附近几所学校小有名气的老师。高考过后，隔壁学校的校长邀请我去为他们学校的准高三生做一次知识串讲。我一口答应下来，按照考纲课标，做足了准备。

那堂课我讲得激情澎湃，一堂课下来，该讲的知识点都讲到了，典型例题也分析了好几道，最后，我还结合当年的高考真题预测了下一年的命题趋势。

那节课得到了老师们的一致好评，我也觉得面上有光。到走的时候，校长一路送我到门口，也是不住声地夸我："您这节课上得水平太高了！好多解题的思路特别巧妙，有的地方就算是老师也得反应反应，学生就更不用说了，估计都听懵了！我请您来啊，就是为了让他们见识下名师的风采，看到和名校的差距！"

听了这话，我一下就傻了眼。

因为我的出发点，是想让孩子们学到知识的，但没想到的是，我所讲的和孩子们需要的竟然差出这么远，远到只能“远观”。

但这是孩子们的错吗？

显然不是。因为我完全以自己为中心，洋洋洒洒讲了几十分钟，却根本没有注意到，这个班里的孩子，和以前我所教的孩子不一样的地方。

我就想，我站在讲台上，从没想到学生能不能听得懂，那我到底是在教学生还是在炫技？

我的学生，配合着我完成教案，他们知道自己的问题是什么又该学什么吗？

我给不了肯定的答案。

进一步想来，如果把这所学校的一个孩子放到我的班里，TA 能考上好大学吗？

答案毋庸置疑，这个孩子，很可能因为跟我班上的孩子基础不一样，不管上哪门课，大概都会像听天书一样，还不如在原来的学校呢。

那么，之前我所带的班里，肯定也有很多这样的孩子，在我自以为兼顾了大家的学习水平，按照自己的进度开着课堂的“列车”，有些孩子已经被远远地甩在了后面，跟都跟不上。

随着国家的发展，人们对教育越来越重视，越来越多的家长为了给孩子择名校、选名师、购学区房而挤破头。但如果这些孩子是我遇到的"普通班"的孩子呢？硬把TA塞到名校中、名师班里，不是耽误孩子吗？

显然，不少家长也在踩我踩过的坑，一味按自己的意愿把好的都塞给孩子，不管TA实际的需求是什么。

带着这份思考再看自己，我认为自己并不是一个真正意义上的好老师。因为我把自己放在了课堂的中心，实行着一种以"老师为中心"的"霸权主义"，孩子们被迫跟着我的节奏走，而这恰恰侵犯了孩子们学习的"主权"。

可放眼现实中，一个老师面对一个班几十个孩子，如何一个一个兼顾？这时，参照大多数孩子的掌握程度来授课，是最合乎现实的解决办法。在这种班级授课制的模式下，势必会有的孩子"吃不饱"，有的孩子"吃不下"，很难让孩子只学适合自己的。

当我站在学生的角度，看教育的视角发生了根本的转变时，我发现很多学习问题应该有不一样的解法。

为了打破这个困局，我一直在摸索，很长一段时间里，白天上完课，我大部分精力都会放在给孩子们筛选题目上，主要是想凭着自己的教学经验，选一些重要的题目给孩子们。可即便是这样，我依然不可能顾及每个孩子的学习需求，给每个孩子合适的学习内容。

总有一部分孩子学习的主权是无法被尊重的，这似乎也是传统班级授课制的困局。

2009年，我从公办教育体系离开，加入新东方。我想看看对教育中的这些难题，他们又是怎么做的。

新东方的英语培训是国内顶尖的，但在中小学课外辅导这块也在探索如何更好地成为孩子课外学习的有益补充，这和我想做的不谋而合。

我们尝试了很多方式，都效果一般。幸好，我们赶上了一个技术爆炸的时代。当时互联网技术已经展现出了强大的兼容性，基于新的科学技术，我们做了UMS教学管理系统，通过对学生做测评，让老师了解学生学情，基于此来备课、上课，让老师教的和学生学的相匹配。

这个系统上线后，三年间服务了新东方几百万的师生，其间还被上海市教育局应用到了上海的中小学校中。

这个系统解决了新东方在课外辅导业务中的难题，也让我看到了突破口，要让孩子学习适合自己的，关键要把技术利用起来。

那能不能让新东方之外的公立学校的老师和孩子们也受益于新技术呢？

在俞老师的支持下，2014 年，这套系统从新东方内部独立出来，成为独立品牌，也就是现在的 OK 智慧教育。

带着新东方的教育基因，OK成立，从技术这个角度出发，对教育的变革进行尝试。我们想做的，就是让每一个学生拥有自己的学习者主权。

近 10 年来，新科技不断涌现，到今天为止，我们会发现互联网、大数据、人工智能等技术在工作和生活中随处可见，深刻改变了人们生活和工作的方式。同样的，技术也能为教育注入全新动力，改变人们的学习方式。某种意义上，于教育而言，这是最好的时代。

今天，老师要教的知识可以被标签化、数字化，而孩子们一旦学习，和知识进行互动，所做题的难度、错在哪儿、学生原有的知识基础能不能支撑当下题的难度都可以被识别、被判断。在技术的支撑下，我们能更好地为知识画像、为学生画像，可以实现智能推送，老师再也不用将“自认为孩子要学的知识”硬塞给孩子了。

以科技为武器，我们打响了一场学习者的主权战，而这背后是 OK 长达 7 年的实践探索。技术要在教育的每一环发生作用，涉及信息的记录处理、数据的分析流转，所有相关的智能化硬件、软件和内容平台都要重新设计。打通了这样的体系，我相信老师的教、孩子的学，乃至整个课堂都会发生颠覆性的变化。

现在，这样的变化，已经在数千所学校、数十万师生中发生了。

在这些学校的课堂上，老师和孩子手上都多了一个互联互通的智能终端。

这样，孩子拿着终端学习，每一步学习行为都被采集下来，经过数据分析反馈到老师的教学终端上。

老师在教书的同时，就能实时了解孩子的学习情况，哪里掌握了，哪里没掌握，找到孩子的学习“拐点”，跟进孩子的实际情况，及时调整教学策略。

针对具体的学习问题，根据孩子的能力水平，系统可以分层推送给孩子合适的学习内容，帮助孩子进入学习区学习。

如果孩子自己解决不了，老师可以通过成组的学习数据，来判断孩子是不是没有理解这个知识，再进行学法点拨。

在这种智慧学习模式下，老师授课的重点就变成了关注孩子，围绕孩子的个性化需求，而不是围绕自己教案上、头脑里的知识去教学。

孩子学习的点就变成了关注自己不会的，只学该学的，学习内容、学习需求以及学习能力匹配上了，知识“长了腿”，有方向地流转到需要它的孩子身边。

> **孩子们学的是有方向的、适合自己的知识，学习变成了孩子自己的事情，也就最大限度地把“学习者主权”还给了孩子！**

在我看来，“学习者主权”变革的实现，就像化学领域发现了新元素一样。过去，人们只是模糊地知道要让孩子主动学习，但究竟如何主动很难说清。当我们以数据技术、智能化工具为支撑时，就找到了打破困局的点，由点及面，推动着“学习者主权”变革的实现，让孩子从被动接受者成为主动参与者，最终 TA 将成为知识的探究者和意义建构的主体。显然，这是孩子成长更合理的范式。

从我还是老师时的一个想法，终于变成了眼前的这本书，也算给自己一个阶段性的交代，给孩子们做了一点有意义的事情。

也因此，我希望能有更多的老师、家长和孩子从这本书中受益，更希望孩子们在智慧学习模式下，拥有自己的“学习者主权”！这也将是我和整个 OK 团队最大的心愿。

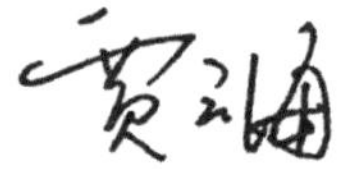

于北京中关村

2020 年 12 月

PREFACE
前言

2020 年，是教育发展历程中不平凡的一年。

当新冠疫情这只“黑天鹅”突然出现，科技发展和特殊历史事件发生碰撞后，智慧学习——这场必然会发生的教育变革，被骤然提前了。

以科技的视角来看，这场变革是个“必然”。

每一次新技术推动生产力变革的同时，也必将引发教育领域的重大变革。

回看教育演进的各个转折点，从教育 1.0 时代“私塾教学”到教育 2.0 时代“班级授课制”，是因为印刷机的出现，知识得以高效复制与传播；

从教育 2.0 时代“班级授课制”再到教育 3.0 时代“在线学习”，是因为互联网技术的出现，打破了信息传播的时空限制。

教育的变化有赖于科技环境的变化。

今天，教育发展所依赖的科技环境再一次发生了革命性的变化：人类不可阻挡地进入了 AI 时代。我国《教育信息化 2.0 行动计划》的发布，标志着国家开始以技术思维看待教育的发展，并关注用智能化的技术融入教育场景，从而实现教育的智慧化。

超越了网络化的范畴，教育信息化 2.0 已经进入数据化的范畴，以数据为驱动力，推动 AI 时代教育的发展。大数据、AIoT（智能物联网）的发展，让技术与课堂的深度融合有了实现的可能。课堂上内容的流转、师生数据的实时采集与交互、多媒体的灵活调用基于 AIoT 架构得以实现。

当互联网从传统的连接“人与人”变革为 AI 时代的“连接万物”，教育也必将发生重大的跃迁。

教育当中有了全新的学习工具——师生手里都有了一个智能化的终端。终端可以根据学生学习行为数据刻画学生学习画像，再结合知识画像为学生智能推荐学习内容，同时精准地反馈学生学情，为老师因材施教提供可靠依据。

在新的技术背景下，教育进入 4.0 时代，区别于过往的学习形式，一种新的学习模式——“智慧学习”应势而生。

这场疫情，又使得新技术背景下学习方式的更替有了突如其来的紧迫性。

“停课不停学”之际，3 亿学生开启线上学习，“有学可上”的问题得以解决。但与此同时，时空相隔，也让学生的自主学习受到空前挑战。

疫情打乱了计划，很多孩子甚至完全进入黑白颠倒的混乱状态。对于教学来说，没有了面对面的谆谆教诲，师生互动受阻，老师教学变为线上的“满网灌”。大面积在线教育下，教育亮起了“质量红灯”，知识虽可被顺畅地传递但却无法确保被有效地掌握，整个社会对高质量、个性化学习的需求和呐喊也达到了高潮。

与此同时，基于“智慧学习”模式下的学习，展现出了更好的适应性。山东省曲阜市第一中学 2017 年开始智慧学习实践，这场“未雨绸缪”的变革实验让这所学校在疫情中守住了“教育质量”的阵地。

因为这里的老师手中有智能教学终端，学生手中有智能学习终端，基于学情数据分析，老师可以实时了解学生、合理安排教学环节。“停课不停学”期间，虽然缺少了面对面的师生互动，但是学习数据搭起了桥梁，依然确保了师生之间的高效沟通。

正如丘吉尔所说：“永远不要浪费一场危机。”

科技的发展为教育进入 4.0 时代做足了准备。在特殊事件背景下，智慧学习释放出了显著的价值，而这完全契合整个社会对于高质量、个性化教育的强烈呼声。新冠疫情之下，智慧学习崭露头角，为我们提前展现了教育 4.0 时代的样貌。

如果说新冠疫情前，“智慧学习”是由国家政策引导，部分学校由上至下、极具先锋性的变革试水，而在可预见的未来，“智慧学习”必将成为一种越来越普遍的教育形式，走入大众视野，影响教育当中的每一位老师、每一位学生。

这也是我们出版本书的核心目的。

在即将奔涌而至的教育变革浪潮下，本书旨在通过提出智慧学习清晰明确的方法论，让校长、老师、家长等教育中的各个角色都可以真正地了解“智慧学习”，让每一个孩子可以运用“智慧学习”高效学习。

区别于理论化的高屋建瓴，本书最大的特点在于提出并构建了智慧学习的具体 Know-How，即“Know how to do”。

找到拐点，让孩子基于自己的学习拐点，只学不会的；在学习区学习，根据孩子的学习水平，给孩子匹配适合当前接受能力的学习内容；学法点拨，老师根据孩子的拐点，点拨孩子掌握突破拐点的方法；刻意练习，让孩子在合适的点上进行大量有针对性的训练，从而真正达到熟能生巧。开启本书，你将看到关于智慧学习 Know-How 的详尽论述。

这 7 年间，这套智慧学习的 Know-How 已经帮助数千所学校的校长和老师改变教学模式，得以实现千百年来所希望的因材施教，也让几十万孩子因这种全新学习模式而受益，脱离传统学习下书山题海、苦学无效的桎梏，实现高效、精准、有针对性的学习。

在山东省临沂高新区高级中学，学校打破了“课堂效率低—学生掌握差—课后拼命补”的怪圈，不到三年便从一所全市最薄弱的公办高中变身为课改先进校，高考本科过线率从 1% 提升到 42%。

在陕西省榆林市靖边县第四中学，学生在学习中，可以针对自身薄弱点进行自主学习，采用适合自己的学习方式，充分利用适合自己的优质教育资源，缓解了当地师资匮乏的问题，实现了师生减负。这所学校也从一个落后地区的普通学校，一跃成为教育部评定的“全国基础教育信息化应用典型示范案例”学校，从“掉队生”变成了当地学校中的“领队生”。

在邓小平的母校四川省广安中学，智慧学习的模式极大释放了老师的创造力，老师们上传教学资源总量达到 20124 个，极大地丰富和沉淀了校本资源库，学校成为区域内唯一的“中华名校”试点学校。

随着我们不断地实践、应用、调整，这套智慧学习模式已展现出强大的适应性。它能够指导学校快速实现基于新模式的教育变革，得到了校长、老师、学生、家长的广泛认同，也在疫情之下解决了家长、孩子期望确保教育质量的燃眉之急。

科技的日新月异对照出旧有学习模式的力所不及，同时也映照出新型学习模式的大势所趋。

2003 年，当“非典”这只“黑天鹅”到来，教育开始了从“班级授课制”到“在线学习”的蜕变。**2020 年，当又一次面临相似的危机，教育的发展绝对不只是对“在线学习”的大范围沿袭，而是一定会基于新的科技环境，面向教育中的主要矛盾，实现新的蜕变。**

那么，面对不可阻挡的变革潮流，把这套已经被实践所验证的智慧学习的 Know-How 介绍给教育中的每一个人，是我们的使命。

1632 年，夸美纽斯感知到了教育即将发生巨大变革，在《大教学论》中，他清晰明确地提出了“班级授课制”的具体操作模式，从实用和应用层面，让教育变革有了落脚点。我们希望本书也可以为教育变革的实践者提供清晰而明确的指导法则。

诚然，作为最早一批进行智慧学习探索的人，在缺少可借鉴经验的情况下，难免会有不足和疏漏之处，但我们希望，在这个智能时代，本书可以抛砖引玉，为智慧学习的发展打开一个新的窗口，推动智慧学习模式的应用与普及。

现在，让我们一同开启一场全新的智慧学习之旅。

CONTENTS
目录

第三章 CHAPTER 03

智能时代，是智慧学习的时代 | 047

时代变，教育变。步入数据驱动的人工智能时代，学习有了智能化的工具，也必然会出现与新工具相匹配的新模式、新方法。科技改变学习，核心即在于科技将改变学习的模式。

第四章 CHAPTER 04

智慧学习，从找到拐点开始 | 073

告别“齐步走”的学习进度、标准化的学习内容，智慧学习，让每个孩子找到自己的学习拐点，找到影响学习的根源问题，只学该学的。

第五章 CHAPTER 05 要在学习区学习 | 107

不同的孩子，同样的学习内容，势必会有的学不懂、有的“吃不饱”。今天，智慧学习下，数据让知识与人精准匹配，让每个孩子拥有个性化定制的专属学习区，学在当学处。

第六章 CHAPTER 06 有效的学法，恰当地点拨 | 139

从学习知识到掌握学法、提升能力，智慧学习，为孩子匹配适合的学习方法，进行恰当地学法点拨，让孩子打通思维路径，形成自己的方法，真正学懂学通。

第七章 CHAPTER 07 数据引导下的刻意练习 | 175

传统学习中，“熬书山战题海”，会的重复做，不会的盲目做。智慧学习下，孩子在学习区学习，在拐点上突破，在关键点上练习，提升针对性，只练该练的。

第八章 CHAPTER 08 改变正在发生 | 207

从老牌名校、知名课改先进校，到山区学校、资源薄弱校，智慧学习进入常态化教学，一批批先行者已然成行，投身智能时代教育的变革与探索。

附录 | 229

编者说 | 257

CHAPTER 01 | 第一章

疫情之下，教育里程碑式的改变

有人说："教室，是人类创造的物种中改变最小的物种。"100 年前的教室和现在校园里的教室没有本质的区别：同样都是一个老师在讲台上教，一群孩子在座位上学。

2020 年，一场突如其来的新冠疫情，却让教与学的面貌发生了前所未有的改变。大中小学延迟开学，亿万孩子停课在家。一如既往的课堂格局被打破，这在以往是难以想象的。

仅仅 3 个月的时间，远程教学就完成了对各个学龄段、各个场景教育形态的重塑。线下转线上，教与学的平台变了，学习的方式变了，这是互联网出现以来教育领域第一次出现如此全面深刻的大拐点。

01 | 停课不停学，那些在线学习没有解决的问题

千百年来，教室始终是学习的核心场景。千百万孩子长时间地离开教室，没有课堂，人们很难想象他们将如何继续学业。

2020 年的一场疫情，让全国乃至全世界人民经历了“魔幻之春”。全国大中小学延迟开学数月，亿万孩子停课在家，通过网络在线学习。

从网络“崩溃”到紧急扩容，再到常态化教学，转变仅仅在一两个月之间。不但教室在线上和云端了，甚至高考都云模拟了。以往只在科幻小说里出现的场景，成为全体孩子学习的日常。

这一切告诉我们正在发生的事实：孩子们的学习方式正在发生深刻变化。

| 一 |

“到了 2020 年，老师和学生都不用去学校了，在家里就能上课。”这是 2000 年“梦想杯”作文大赛特等奖作品中的一句话。没想到在 20 年后的今天，以一种特殊的方式成为现实。

疫情之下，全面停课停学，“网课”成为这届孩子们无法磨灭的记忆。

疫情之初，一时间各大在线学习平台因人数过载使得服务器纷纷告急。经过夜以继日的升级和扩容，亿万孩子不断接入的在线学习平台纷纷步入正轨。

全国 2 亿多孩子和数千万教师，业已进行了数月的在线学习，此番场景可谓是蔚为大观。

一个有趣的现象是：疫情期间，很多人每天都用手机 App 买蔬菜水果，21 天之后，即使可以出门去逛商场超市了，有些人依然会选择用手机买蔬菜、水果。

为什么呢？因为习惯了。

学习习惯也是一样。

过去，对于在线学习，家长们都比较担心，不敢轻易尝试，往往习惯于请家教、报培训班等传统方式，只是偶尔把线上学习作为补充。

而疫情期间，在长时间上网课的过程中，越来越多的家长和孩子习惯于有问题线上辅导咨询，通过弹幕进行课上互动反馈，作业网上提交。

习惯的养成很难，但是想改掉会更难。就好比，一个“苹果粉”很难去更换安卓的手机，一个可口可乐的忠爱者很难去尝试百事可乐。原因很简单：不习惯。

所以，跨越时间、空间上的限制，打开电脑或手机就能加入网上课堂，这样的习惯一旦养成，在线学习势必会成为家长和孩子习以为常的状态。

| 二 |

网课进入常态化，家长也有所担心，孩子们起初两三天的新鲜感一过，他们的专注力就会急剧下降；没有老师的贴身监督，没有同学的相互激励，他们的自制力往往不够，会对学习失去热情。

相对于线下教学有老师密切观察、悉心辅导，线上教学似乎缺少了耳提面命、殷切教诲。令很多家长更为担心的是，疫情当下，统一的课程安排让孩子们“有的吃不饱、有的吃不消”。

> **众所周知，孩子们是有差异的，同样的直播课程，往往不是课的问题，也不是人的问题，而是人的需求与课程内容不相符的问题。**

甲之蜜糖，乙之砒霜。没有了老师实时地组织教学和对课堂纪律的把控，很多家长一定也注意到了，一旦出现教学内容与学生接受水平的不匹配，孩子们就开始有各种各样的小动作，无法专注于课堂。

线上教学的这些问题又该如何解决呢？

智慧学习为我们提供了新的答案。在过去，我们或许都认为大数据、人工智能、物联网距离我们很远，但是，疫情却让新技术与孩子们的学习走得更近了。

大数据通过对孩子的学习进行量化，也就量化了孩子的学习问题，从而可以对孩子的学习过程进行高效精准的判断，帮助孩子们“学在当学处”“练在当练处”，从而提高孩子们的学习效率。

例如，通过联网及人机交互的技术方式，系统可以自动完成作业批改并生成智能诊断分析，孩子即刻就能看到每套题的错题分析，包括题目正误批改、知识薄弱点分析等，让孩子精准查漏补缺。

这当然是一件好事。正如收割机的出现，能促使农业进入工业化、现代化，高效的学习工具和模式也一定会将孩子们的学习带入新的时代。

| 三 |

疫情期间，五花八门的网课纷纷上线，可以说，孩子们的学习资源极大地丰富了。

然而，也有不少家长无奈地吐槽：孩子不想听、找不到资料、收获不大、疲于应付……网上给孩子选课，可真是累心！

省级、市级、校级以及校外的各种网课让家长们挑花了眼，买了网课怕没用，不买又怕孩子被落下。

显然，帮助孩子精准筛选出真正需要的线上学习资源，已经成为家长们与日俱增的需求了。

智慧学习的出现，人工智能、大数据正在满足孩子们新的学习需求。因为，在线教育提升的是知识流转的效率，而智慧学习提升的是知识与人的匹配度。

就像抖音的出现，大家都说它“有毒”，让人不知不觉沉迷其中，就是因为用了 AI 人工智能＋大数据的方式，给每个人、每个账号、每条视频内容都贴了 N 多标签，把最合适的内容推给了最匹配的人，实现了让内容找人，而非人找内容。

这次疫情，也同样让家长意识到了根据孩子的学习情况匹配不同难度的学习内容，给孩子们的学习带来的改变。原来上课可以像“点菜”一样，可以找到讲某个知识点讲得最好的老师，可以让老师专门只讲孩子不会的那一个知识点。

那么，疫情之后，学习内容的智能匹配，也一定会成为家长和孩子们的常态化需求。

| 四 |

网课开展后，相信各位家长的心声是一样的，就是：孩子们赶快开学吧！

一个很现实的问题是，把孩子交给线上课堂，孩子们拥有很高的自由度。

他们可以按照自己的学习风格和个性喜好来决定听还是不听；遇到看不懂、听不明白的问题，说不说全由自己决定。这样一来，没兴趣或不喜欢的孩子就往往很容易放弃。

所以，这种情况下，孩子在上网课时，家长就必须担负起更多的管理责任。

这个问题，其实也在一定程度上反映了孩子们平时的学习需求。

孩子平时无论在学校还是在线下辅导班，学不学，学到什么程度，也还是在于他们自己的状态。孩子在课堂上，“吃不饱”或是“吃不消”全都会记在自己学习的“账”上。

而这次疫情，也让这个问题更加充分地暴露出来了。

除了化身网络“主播”直播授课，如何在远程的条件下了解孩子个性化的学习情况，也成为疫情当下老师们遇到的全新挑战。

除了给孩子们带来专业的远程知识讲解外，配备专业的老师对孩子的学习过程进行管理已经十分必要了。

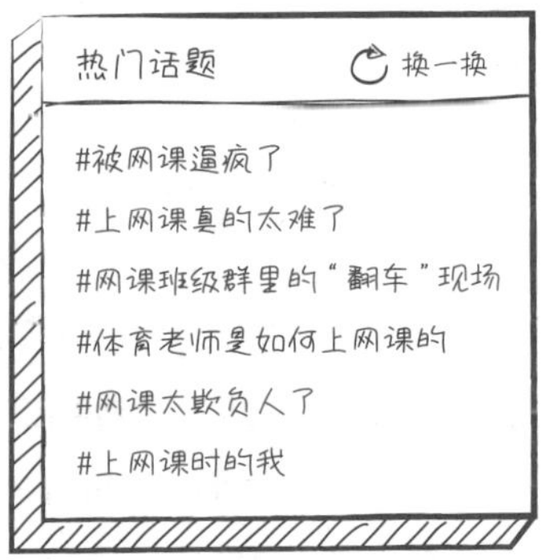

基于孩子学习数据分析的学习规划师，可以帮助家长对孩子的学习过程进行组织和管理；专业的老师可以针对孩子的学习习惯推送适合孩子的学习内容，承担作业的布置与批改，对学生的学业进行评价和激励，等等。

如此一来，在减轻家长负担的同时，还能更精准地解决孩子学习中存在的问题，不仅让孩子“学会”，在一定程度上还能督促孩子“会学”！

经此一“疫”，相信专业的学科老师 + 专门的学习规划老师这种“双师”型的辅导学习模式已呼之欲出。

五

疫情遭遇下，不少老师、家长和孩子频繁穿梭于各类通信工具之间，对学习软件进行搭配组合使用。对于工具和平台使用不熟练，也是很多家长和孩子崩溃的原因之一。

抛开畏难情绪看本质。一个事实是，在线上学习中应对多个平台、多种工具、大量资源，进行自主学习，正在成为一种常态。

在这样的潮流下，只有熟练运用多种工具和 App，才能高效提升孩子面向未来的信息素养。

比如，信息的收集与甄别，不仅需要孩子们首先熟练运用相关新闻网站等检索工具，还要求孩子们能够对大量的知识进行梳理、分析、判断，最终能够总结知识、输出成果。

这个时候，画思维导图、整理分类笔记、视频呈现等多种多样的新媒体呈现形式，势必是衡量孩子们综合素养的重要方面。

所以，这次疫情，对孩子们的未来发展方向提出了更高的要求。

但凡大危，必有大机。犹如 17 年前“非典”催生和普及了在线教育，这次疫情势必会给孩子们带来新的学习模式——智慧学习。

从这个里程碑开始，孩子们的学习方式、老师们的教学方式、家长们的辅导方式都将会变得更加智能、精准和高效。旧的学习观念正在崩塌，新的学习模式正在建立。

02 | 对单向灌输说再见，我要互动的学习

亚里士多德在《形而上学》的开篇即说："求知是人类的天性。"互联网极大地满足了学生的求知欲，打破了局限学生思维的牢笼，让他们可以自由探索、自主学习。学生在学习的行为上天然接受网络模式，这是他们适应并喜欢的。

传统学习获取的内容是单向的，而互联网时代获取的内容是双向的。单向的教学是以教师为中心的，而双向的教学是以学生为中心的。从单向灌输到双向互动的转变，教学的底层逻辑在变化，这是新的时代赋予学习模式的变革。

| 一 |

长久以来，无论是西方教育还是东方教育，受制于教育资源的稀缺，都具有一个共同的特征：以教师为中心。

在"以教师为中心"的教育模式中，教师成了知识的搬运工；学校以教学大纲为指导，组织老师传授知识，对学生通过统一考试验证教育的结果，根据教育结果选拔人才。

"以教师为中心"，由学校决定教什么、谁来教、怎么教，以及在哪里教和什么时候教。

这样统一教学的方式，在过去的时代能够解决教育资源不足的问题，使得绝大多数学生能够在教师数量有限的条件下获得教育机会。

但随着社会的发展，人们逐渐发现，所有的受教育者按照同一个进度学习并不能完全满足不同学生差异化的学习需求。学生掌握程度参差不齐，而老师精力有限，不可能对每个学生进行单独的一对一教学，并帮助每个学生消化知识点。

随着时间的积累，这样的参差不齐将最终演变成"优等生"和"差等生"的巨大区别。针对这种结果，学校和老师也采取"分层教学"，但这种区别对待没有消除学生之间的悬殊，反而使差距进一步扩大。

没有一位家长愿意接受自己的孩子成为班级里的差等生，于是产生了大量个性化教学的需求，公立学校无法满足，市场上出现了大量专门提供课外辅导的机构。

课外机构将学生按照知识掌握情况分层组班，一定程度上满足了个性化学习的需求，但同时也不可避免地大量占用了学生的业余时间，进一步加重了学生的学习负担。

从宏观角度来看，面对这一教学困境，我们发现，几千年以来，教学内容在不断地发生改变，但由于教师资源的缺乏，教学方式从未发生过本质性的改进。我们的教育系统支持的学习主要是教室内的课堂学习，所有的教学活动都围绕着课程来展开，教师是教学活动的主导者。

教师传授知识，学生被动接受，三千年前的私塾教学是这么做的，如今我们的校园依然是这样。

随着技术的进步，市场上出现了大量在线课堂，师生通过网络来进行教和学。

伴随着在线教育的深入发展，人们发现将传统“以教师为中心”的教学模式迁移到网络上产生的教学效果并不好。从本质上来说，这仅仅是将师生面对面的教学变成了远程教学而已，教师依然无法低成本地实现个性化教学，这样的改变没有触及教学过程的内核。

| 二 |

好的教育应当以学习者为中心。

教育家苏霍姆林斯基曾经这样说过：“只有促进自我教育的教育才是真正的教育。”

让孩子学会学习，比学习本身更加重要。如果我们探究教育的终极目的，会发现教学活动的逻辑应当是以学习者的成长为目的的。能让学生“学会学习”，才是最好、最有效率的模式。

在“以学习者为中心”的教学活动中，学习者的需求是教育者要考虑的首要问题。学习者应该对教育目标和教学过程拥有一定的控制权，他们应该拥有更多的选择，他们有权决定学习的内容、方法、时间、地点以及跟谁学习。

简而言之，应将学习的主权还给学习者。

互联网为学习者带来了自主搜索、实时交互的可能。基于 Web2.0 模式、以用户为核心的互联网形态，能够空前地真正实现互动式的学习。

2012 年，年仅 6 岁的查莉在 YouTube 上创建了自己的美食频道“查莉的手工厨房”，通过充满童趣的表演教观众如何制作简单的糕点。她的频道拥有超过 32 万名“订阅者”，受到迪士尼动画《冰雪奇缘》启发，她制作的果冻冰棒视频甚至收获了逾 5 700 万次点击量。

“从小查莉就喜欢在网络平台钻研，那时候我都还不太会 YouTube 上的操作。”据查莉母亲回忆：“她好像天生就会操作一样，很快就熟悉操作了，并且热衷于在网络上面社交和分享。”

查莉的手工厨房
Charli's Crafty Kitchen

凭借对互联网应用几乎是天生的敏锐，查莉在 YouTube 平台获得了人生的第一桶金。而这样的敏锐，在当代的孩子身上或多或少都能够看到，利用互联网获取自己想要的知识和信息对他们来说似乎是浑然天成的方式。

我们可以看到，新一代的孩子们作为诞生于互联网时代的原住民，伴随着互联网的发展而成长，生活中已处处习惯于使用网络：网上书店、网上购物、即时通信、在线游戏、在线音乐、在线影院……在学习这件事上，新千年的一代也特别习惯于利用互联网。

交互式的学习中，网络学习环境不再是教师讲解的辅助工具，而变为帮助学生自主探索、发现和学习所使用的认知工具。我们看到孩子们仍然是去学校上课，但因为互联网，教学的内在逻辑已经在发生改变。

| 三 |

2020 新冠疫情中，学校课堂教学被迫转为线上直播，许多教育管理者、教师或家长打心底里希望直播教学是对传统课堂的“代替”。**而实际上，线上直播教学应当是“利用信息技术转变学习方式”，是对教与学的重塑。**

教师是直播教学中的“主播”，但不应全程做“麦霸”。传统课堂应避免“一堂灌”，在线直播更应避免“一言堂”。直播教学中，学生的“自适应”、主动性，比在以往的传统教学形式中更为凸显。

在网络提供的更为自由开放的信息环境中，学生的注意力会更容易地被其感兴趣的内容所吸引，他们也知道如何对比、评价甚至是打趣老师。

在网络学习中，把课表从校园直接搬到线上的机械做法并不适应学生的自主学习需求。疫情期间，学优生不会采用与传统课堂相似步调的学习，他们通过“自学＋练习”往往便能取得不错的学习效果，他们对网络教学的需求更倾向于“答疑”。

> **网络时代，单向灌输的教学方式、以教师为中心的教学模式面临挑战，知识的载体不再在老师那里，也不在先知的头脑里，孩子不应该被动地接受知识。**

老师教、学生学已成为过去，教和学的模式正在被互联网改变。孩子们在向单向灌输的教学模式说再见，拥抱互动式的学习。

互联网的大潮正以排山倒海之势席卷而来，或迅疾如风，或静水深流。互联网时代科技日新月异的发展，实现了各行各业与互联网深度融合的可能，并通过融合而焕发生机。学生作为互联网时代的原住民，天然带有互联网时代的深深烙印，认知方式和行为方式天然互联网化。

而他们的师长作为施教者，却是互联网时代的新“移民”。

我们罕见地处在一个特别的历史时期——施教者和受教者分别来自两个不同的时代。这就更需要施教者格外关注受教者作为互联网时代原住民的属性，互动式的学习是网络时代孩子们学习行为的自然趋向。

是时候向单向灌输说再见了，因为技术和时代赋予了教育新的可能。

03 | 冲破课堂的围墙，飞越时空的距离

在很多人的观念中，背着书包去学校上学才是学习；而在新的技术环境下，学习已经可以不再局限于特定的时间和地点了。

这是因为传统的教学模式是“班级授课制”，而基于互联网的教与学是无远弗届的。

学习不仅在教室，也可以在室外；不仅在国内，还可以在国外；不仅向老师学，还可以向各领域的“大神”学。学习不再局限于上课时，还可以在旅行时，甚至可以利用碎片化时间进行碎片化学习——只要孩子们连接上网络，进入线上的课堂。

互联网时代的学习突破了时空的隔阂，是进一步被解放了的学习。

| 一 |

我们知道，在古代，书生常常要背着书箱跋山涉水去远方求学，甚至有很多经典的求学故事被传颂至今。

在这其中，最打动人心的或为《送东阳马生序》中作者宋濂的求师之苦了：

“当余之从师也，负箧曳屣，行深山巨谷中，穷冬烈风，大雪深数尺，足肤皲裂而不知。至舍，四支僵劲不能动，媵人持汤沃灌，以衾拥覆，久而乃和。”

说的是，宋濂去求学时，需要背着书篓，跋山涉水，严冬寒风凛冽，大雪深达几尺，脚和皮肤受冻裂开都不知道。终于到学舍后，四肢僵硬不能动弹，仆人灌下热水，用被子围盖身上，过很久才能暖和过来。

古人求学要跋山涉水，让如今的我们感叹不可思议，为什么呢？

因为我们有着便利的现代化远程教育。而在很早以前，信息的传播只能靠口耳相传的模式，故知识的传播也只能靠“耳提面受”。

后来，直到出现了文字才逐渐有了甲骨、石刻、竹简、丝帛等记载方式，逐渐实现“千里传书”

这样的信息传递模式。

仔细回顾，可以说，有了文字的传播，才在很大程度上改变了人们口耳相传的知识传播模式。**虽然“书”在这里更多意义上指的是信件，但从某种意义上说，“千里传书”可以说是我国最早的“远程教育”了。**

在今天，我们常常能够读到许多名人师门之间的书信来往，古有《曾国藩家书》，今有《汪曾祺书信集》。《汪曾祺书信集》中就收录了他与沈从文、巴金、黄裳、范用、萧珊、陆建华等人的数百封信，全面呈现了他与师友、亲朋、后辈等人来往的细节。

还有《梁漱溟往来书信集》辑录了梁漱溟先生往来书信七百余封，通过一封封信，我们可以看到梁先生指证师友得失、点拨奖掖后学、用心子孙教育的思想理论；而现在广受欢迎的《见字如面》节目也是受启发于此。

因此，古时“千里传书”是真，在书信中启蒙教育亦为真。书信的传递，是早期远程教育的萌芽。

不过，后来虽然有了纸质书籍的传播，但在教育上依然没能改变“面授”的学习方式。

书籍的传播速度同样影响着知识的普及。例如，即便到了宋代，著有《春秋后传》的文学大师陆佃，年轻的时候就因为书籍、学校较少，为了学到更多的知识，不远万里奔走江南到王安石府上拜师求学。

同时，不管在古代还是现在，学生对知识的理解能力有限，遇到问题时必须要请教老师。对老师的依赖性，也让我们的学习方式经历了由个人到私塾到书院再到学校的演变。

所以，很长一段时间以来，“面授”的教育模式都占据着教育的主流地位。

| 二 |

究竟从什么时候开始，人们不再必须跋山涉水就能接触到新鲜的知识了呢？

一方面，随着邮政通信和印刷技术的发展，以函件寄送为主的函授教育模式成为可能；另一方面，正如上一节提到的，随着电子与通信技术的发展，广播电视的出现让知识的传播有了空中媒介。“空中老师”成为同学们新的课堂期待。人们终于可以通过一个小小的扬声器，就能了解到外面的世界。

那个时候，人们对空中广播的期待是什么样子的呢？可能，现在的我们每天期待的是下课后

的片刻放松、放学后的游戏时间。而生于 20 世纪六七十年代的朋友一定还记得，小时候每天最期待的是放学后抓紧时间写作业，然后守候在收音机旁边听广播，有小说、相声、说书等。如今，这些年代的人还会常常提起四大名著等就是自己从广播里听来的。

今天，我们常常听到的是某影片数亿的观影人次，但在教育领域也曾上演过百万人同听一节课。

正如刚才提到的，收音机和电视机在时间和内容上都有自己的固定设置，学习仅是老师向学生的单向传输，师生之间仅有有限的交流。

录音机和有线电视的出现则大大改进了广播学习对时间的依赖性，远程教育课程传播不再受时间的限制，录制好的课程录像带可以发给学生，使他们随时可以观看。

其中，有一件令人印象深刻的事情是，20 世纪 90 年代末期，随着英语课程的普及，录音机走进了英语课堂，学生能够听到地道的英语练习口语和听力了。教室里常常见到的现象是，学生们趁课间拿出自己的磁带放上几首流行音乐。

经济的快速发展，令录音机快速走进各科课堂，不仅英语课，语文课也能听到声情并茂的名家解读等内容了，有线电视更是可以让学生随时点播想要学习的内容 。

声音老师、空中课堂让学生们的虚拟课堂变得越来越有趣。

三

广播电视的出现，使空中大学成为可能，这也标志着最早的以纸质为传播媒介的远程教育发展为第二代单向广播媒体的远程教育。

而现在，得益于计算机、多媒体技术的兴起，在线教育全面发展，网络学习成为先进的学习方式，教授和学习都变得快捷简单方便。正如我们惊讶于古人的负笈求学一样，古人也一定惊讶于信息时代我们“魔术般”的学习方式。

如在每年数百万的考研大军中，身处天南海北不同高校的学子却在学习着以丰富的形式呈现着的同样的知识内容，有书本、有光盘、有音频、有视频，甚至还能在线答疑，而这些知识还在随着时间的推移不断延续更新着。当他们想要查询任何知识时，只要动动手指头就可以了。

而当智慧学习成为现实时，基于智能学习终端和云计算技术的精准匹配，在远程的基础上，学习方式更加自主。AI 技术可以以学生喜欢的方式，推送给他们最为需要的学习内容。

> **在未来，大数据分析将成为学生主动学习的助手。基于学习数据的精准诊断，助力于让每一个孩子自主学习时，他们接受的内容恰恰是自己真正需要的。学习不再局限于教学大纲，而是针对每个孩子量身定制。**

大数据分析诊断学情后，老师可以清晰地了解到学生的未知点，在课堂中也可以因材施教。老师还可以通过从云端获取的学情数据，了解到与学生程度相似、进度相当的同学们在学习过程中的疑问、困惑和解决方案。

而人工智能小助手会像道路上的指示牌一样给同学们发出指示信号，引导他们高效学习，匹配不同的课堂学习提升方案，学习效果将事半功倍。

可以说，以前，千里传书要等很久；现在，万里之音可以瞬间抵达。现在的我们每个人隔着屏幕都能拥有数名老师，一个老师隔着屏幕就能拥有万千学生。只要条件允许，我们随时随地都能选择以自己喜欢的学习方式进行学习。

04 | 从千人一面到千人千面，真正的个性化学习

教育家叶圣陶先生曾说过：“教师之为教，不在全盘授予，而在相机诱导。”每一个学生都是不一样的，他们不应被视为均质化的知识器皿。

持续了 380 余年的班级授课制，源于追求标准化、规模化、可复制性的工业时代思维方式，它在特定的历史时期创造性地解决了教育民主化的课题。但是，工业化模式也带来了教育忽略个体差异性的问题。

从工业时代“千人一面”的教学模式，到智能时代“千人千面”的教学模式，围绕学习者为中心所构建的教学体系才得以实现。

| 一 |

回顾教育发展的历程，最早的时候教学是通过口耳相传，知识不需要人以外的载体，是依靠人与人之间的信息传递。后来，随着印刷术的出现，知识的传承可以用标准化的教材作为载体。

大约 388 年前，班级授课制的出现，使得知识的传递向标准化、体系化发展，孩子按照学龄段分层教学。班级授课制出现，现代学校体系出现。

西方社会 300 年前就是班级授课制体系下的全民教育，因为它能让更多人接受更加体系化的知识。中国在这方面晚了 200 多年，我们在 100 多年前才实现班级授课制这种教学方式。

从历史的角度来看，班级授课制、知识的标准化和体系化有着显著的进步意义。它将孩子们按照相同的学龄段组织起来，让有限的教育资源可以服务更多的受教育者。

但是这种模式也固化了我们的思维。人们会认为学习就是听老师讲课，就是读书，然后就是做统一的作业、做统一的试卷。

借助技术转变学校、教师、学生的角色，将教学中心转移到学生身上，首先要将全班统一进度传授知识的方式进化到满足不同学生的个性化学习需求。

而要满足不同的需求，首先要求老师实时、动态掌握学生的学习情况。今天的老师即使再聪明，精力再旺盛，也很难兼顾到每一个孩子的个体差异，无法做到对一个班的所有学生区别对待。

我国一直大力提倡素质教育、拓展学生的全面能力，但由于教育资源稀缺，所有学生按照同一个进度统一学习，很难实现分层教学、因材施教。

> **针对每一个孩子因材施教，让每一个学习者拥有自己的学习者主权，这一理念在以往的技术条件下是难以普遍实现的。**

但科技却始终能够帮助我们实现人力所不能及的事情。智慧学习智能教学系统可以创造出能够满足学习者个性化学习需求的产品。智能教学系统为学生定制的终端基于学生的学习过程，记录学习数据，描绘学生画像，进而智能推送个性化学习内容，能够实现学生的自适应学习。

学生的智能学习终端能够独自完成学情分析和筛选资源的步骤，向学生精准推送 TA 尚未掌握的知识点和习题，学生只需要学习最适合自己的内容即可。这极大地激发了孩子们的学习热情，提高了他们的学习效率。

而教师的智能教学终端能够实时反馈全班学生的知识点掌握情况，教师只需根据学情对学生进行指导，从终端推荐的最佳教学资源中挑选推送匹配的内容给学生，轻松实现因材施教、因学定教。

学生因需学习，教师因学定教，这样的学习模式真正地将学习者的主权交到了学生的手中。

| 二 |

教育信息化最大的难点是要解决个性化教育的问题。

我们处于工业化社会，几乎所有行业都是工业化思维，教育也是。

学校按流程化、标准化运作，标准的课件、标准的课堂模式，甚至标准的答案，结果就是导致个性化不足。

而基于信息化、智能化工具的数据则显得很宝贵，能够帮助教师轻松实现分层教学和个性化教学，这就是全新的智慧学习模式。

智慧学习彻底颠覆了过去以教师为中心、千人一面的教学模式，一个以“学习者主权”为核心特征的教学模式逐渐从理想照进现实。

失去个性，千人一面的人群

岳敏君油画

智慧学习的目标是培养“自主学习者”，解决的核心问题是自适应的个性化教学，根据学生个人的目标、需求、兴趣和以往学习经历为 TA 匹配最适当的学习内容。个性化学习通过支持学生进行精准的补偿性学习，增强了学习与学生个人的相关性，从而能够激发高层次的学习动机和成就感。

在拥有智慧学习智能教学系统支持的课堂上，如果学生能够完全掌握知识点，课后将不需要做作业；如果没能够掌握，也不必担心跟不上全班的教学进度。如果学生课上知识点没能掌握，只需要跟着智能学习终端的推送及时补偿性学习，就能尽快达到教学要求，而不会恶性循环变成差等生。

在未来，学习的方式更加多元化，每个学生的学习数据都将被记录，每个学习者的作业都不一样，每个学习者的学程都是定制的。

这样灵活的学习状态，极大地调动了学生为自己的学习成果负责的积极性和热情，变被动灌输为主动获取，变“要学生学”为“学生要学”。学生的地位由原来的被动接受者转变为主动参与者，学生终于成为知识的探究者和意义建构的主体！

| 三 |

智慧学习模式下，教师的身份也在发生转变，他们不再扮演知识专家，而是从中心化角色转变为“学习合作者”，和学生一起探索新知，同时不断获取新技能。

在以学生为中心的教学中，学生成为教学过程中的主体，所有的教学资源与活动都必须围绕学生学习来进行优化配置，教师不再是知识的唯一源泉。

最大的知识源泉将是网络资源，教师的任务是指导学生如何获取信息，帮助学生解决学习过程中的问题，并帮助学生形成一套有效的学习方法和解决问题的方法。

在以学习者为中心的新型学习模式中，依靠系统网络，教育工作者完全互联起来，他们获得了学生学习的数据和处理这些数据的工具；充分接触各种内容、资源和系统，让他们可以创设、管理和评价与学习者相关的学习体验；他们直接和学生建立起联系，这使他们能在校内外为学生提供帮助，成为学生转变为自主学习者这一过程中的辅助者、合作者。

以学习者为中心的个性化教学涉及教育体制的各个方面，为了实现这些模式的转变，学校不再扮演教育工厂的角色，它们将成为探索和创新的孵化器。

学校与各级教育管理机构在新技术的协助下，将轻松掌握基于每一个学生的教学大数据，这些数据将为教学内容改革、师资管理、师资培训、教学研发、教育管理等方面提供最科学客观以及全面的支撑，这一变革将是深远而漫长的，整个社会和教育体制都将需要一个吸收消化的过程。

近几十年来社会的急剧变化给传统的教学方式带来了挑战，知识经济的时代，思想、信息、创新成为重要资本，终身学习成为全球性潮流，其泛在性、非正式性、社会性、情境性、适应性的特点对教学方式提出了新要求。

> **“以学习者为中心的个性化学习模式，具有天生的基因优势，能够广泛适用于任何学习者的学习过程。以学习者为中心，面向全体大众构建个性化的学习环境，也是公共终身教育体系的必然趋势，这必将开启效率最大化的教育新时代。**

05 | 没有书山题海，智慧学习的天空是蔚蓝的

“学生的头脑不应被看作是一个需要填满的容器，而是一支需要被点燃的火把。”

但今天的现实却是，学生必须通过“书山题海”战术来取得更加优异的学习成绩，以便在升学竞争中获得机会，这必然占用学生大量的学习时间，使得个性化教学和素质教育无法实施。

而要脱离“书山题海”，理论上，老师要能够精确定位学生的“最近发展区”，才能最有效地引领学生进步。

如何帮助每一位孩子精确地定位 TA 的“最近发展区”呢？这在工业技术条件下是难以实现的，但在信息网络和人工智能技术条件下却是可以实现的。

| 一 |

在教育心理学中有一个理论叫“最近发展区”，该理论的提出者是苏联心理学家维果茨基，他因为在心理学领域做出的卓越贡献而被誉为“心理学界的莫扎特”。那么这个著名的“最近发展区”指的是什么呢？

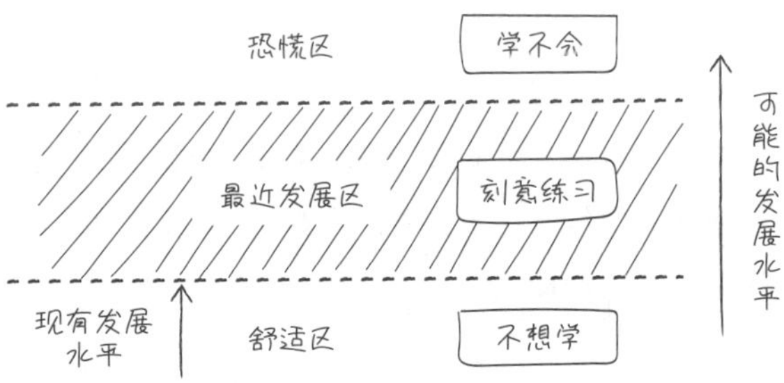

一个学生，TA 现有的学业发展水平，和 TA 通过教学之后所能达到的更高的发展水平，这之间的差距区域就叫作最近发展区。

再具体一点来解释：如果老师讲的内容太深、太难，远远超出了这个学生接受程度的上限，那么学生就会听不懂、学不会，就没办法达到教学之后更高的高度；反之，如果老师讲得太简单，比 TA 原有水平还要低，这样的教学也不在学生的最近发展区里，TA 就懒得听，不屑于听，也无法进步。

所以，我们从学生的角度来看，TA 需要的是一个了解自己水平的“私人教练”，一个能够准确定位自己“最近发展区”的老师。这个老师能够持续给自己比现有能力水平稍高难度和广度的内容，即“有方向”的知识，引领着自己不断进步。

基于“最近发展区”理论，国家也推行了分层教学以及走班制，针对不同成绩和接受度的孩子分而教之。但是分层教学不管分多少层，在课堂上，每一个知识点还是面向所有学生在讲，也就是说，我们还是围绕着考纲、围绕着知识点、围绕着课标、围绕着习题在给孩子授课。

我们没有办法针对每一个孩子的最近发展区，老师上课的难度系数没办法正好处在每一个孩子接受水平的区间。而只有在最近发展区里学习，孩子的进步才是最大的。但每个孩子的最近发展区都是不一样的，这恰恰是传统教学方式很难兼顾的。

每个孩子在每个学科的学业发展水平都不一样，却每天都在以同样的方式学同样的内容，被题海战术轮番轰炸，花费了很多精力和时间，又能取得多少进步呢？这其实是让人细思恐极的。

再放眼课外辅导这个行业，我们看到的情况同样令人触目惊心：数以千万计的孩子走出自己的学校，转身就被家长塞进辅导班，上各种同步班、提高班、强化班、冲刺班，辅导班的老师把孩子们在学校已经学过的知识再变种形式重新讲、练、考，家长们也觉得孩子多上几个班没有坏处，花大钱争着给孩子报班。

于是孩子们平时、周末、白天、晚上都在学，不是在学校学，就是在辅导班学，真的是“五加二”“白加黑”，极其辛苦！可是，孩子们学的是不是自己该学的内容呢？仍然不是。辅导班学的内容仍然只是辅导班事前的课程设计和安排，并不是针对每个孩子的学情而定制的。我们在学校里看到的这个问题并没有得到根本解决。

| 二 |

那么究竟该怎么解决呢？这确实不是一件容易的事情。

直到教育遇上了互联网+、大数据、人工智能这些新技术。如果人做不到，技术能不能做到呢？如果人的精力和时间达不到，技术能不能解决呢？那么，我们要使用什么样的工具、什么样的技术呢？我们花了大量的时间去研究技术，想看看这些技术到底跟孩子的学习有怎样的联系。

大数据和人工智能能不能给老师一个工具、一双“慧眼”，让他们能够知道所面对的每一个孩子的水平如何，从而知道给孩子什么样有针对性的指导。在这种情况下，老师就可以真正地“因材施教”了。

如果工具和技术可以解决这个问题，那么每一个孩子就都能够基于自己的“最近发展区”来学习，只学自己需要的内容、适合自己的内容，就有希望进一步地实现教育的个性化了！

为了能够得到一个答案，我们一直在摸索。幸运的是，我们赶上了一个技术爆炸的时代，大数据、云计算、人工智能技术让我们的愿望得以实现。

人工智能、大数据在教育领域的应用，最为重要的是让老师和数据更加了解学生、更加“懂你”。老师给孩子“有方向”的知识，只教孩子不会的；孩子学习“有方向”的知识，只学自己不会的。

那么，在这个过程中，孩子就没有必要把已经掌握的知识点和习题再重复千百遍，而是将有限的时间和精力聚焦到 TA 未掌握的知识点上。

这才是在“增效”前提下真正的“减负”！

| 三 |

美国心理学家安德斯·艾利克森的“刻意练习”理论告诉我们，学生的学习成绩与他们在学习上投入的总时间并没有直接关系，取得的成绩好坏关键在于学习方法。而这个方法，安德斯指出是“刻意练习”。

“刻意练习”的核心假设是：有效进步的关键在于找到一系列的小任务让练习者按顺序完成，这些小任务必须是练习者正好不会做但是又正好可以学习掌握的，即始终要在“学习区”练习。

那么要实现“刻意练习”，一位贴身的“导师”是至关重要的。“导师”的作用就在于给予练习者一系列的分解目标、实时监督和及时反馈。

可是现实中，不管是学校还是辅导班的老师，一个班里有几十个学生，老师哪里有时间去研究他们每个人的“最近发展区”呢？哪来的精力去针对他们每一个人备课，给他们合适的分解目标、方向和知识呢?

老师也是人，这不可能做得到！就算是一对一辅导的老师，TA 教学生时形式上是一对一，但是 TA 在辅导机构不可能只教一个孩子，本质上对这个老师来说仍然是一对多，TA 很难有足够的精力记录和分析每一个孩子的学习轨迹和掌握情况。

即使是和孩子真正能一对一的家长，这件事情也依然做不到。家长不难发现，要能够全面了解处于同一学龄段的孩子普遍是什么样的水平，而自己的孩子又处在一个什么样的层次中，这是一个极其复杂的问题。

得益于人工智能和大数据技术，过去老师做不到的事情，现在技术可以实现。智能时代，学习专用智能终端的研发，就是要基于计算机思维，建立一个客观的信息系统，实现对每一个孩子的实时数据采集和数据分析。

人做不到的事情，让技术来做，以人工智能、机器计算来实现一对一的“数据导学”。这种方式，将极大突破家长或老师仅依据考试和测验成绩等片段式信息来粗放地指导孩子的局限。

这种方式，能以极低的成本为每一个孩子配备贴身“导师”，让 TA 实现“刻意练习”。

这种学习模式，不仅不会增加学生学业压力，而且作业内容能够恰到好处地使 TA 巩固课上的知识，并进行课外延伸。学生们的课后作业是由其课上的掌握情况所决定的，所谓“个性化”的作业来自老师的个性化推送。

对于学生来说，智慧学习模式下的作业不再是千篇一律，对于认知能力弱的学生给予较为基础的习题任务，而对接受能力强的学生匹配更高难度的内容。学生们收到的是适合自己水平的、是稍做努力就可以挑战成功的学习任务。在这种激励机制下，同学们当然更愿意积极地去完成。

基于“最近发展区”进行“刻意练习”，是远离“书山题海”的根本解决之道。

而基于 AI 和大数据技术的智慧学习，是能够帮助每一个孩子精准定位“最近发展区”的可行方案。

> **“只学不会的知识点，只做没掌握的习题”，精准、高效、个性化的学习，才是真正的减负增效。没有书山题海，智慧学习的天空是蔚蓝的。孩子们将得到空前的解放，在知识的世界里自由呼吸、自主探求。**

CHAPTER 02 | 第二章

科技改变学习，从互联网到智能化

时代变，教育变。时代呼唤与时俱进的教育。从课堂到校园，从校园到城市，一个智慧学习的时代正在开启。如果说教育的过去在于知识，那么可以说教育的未来在于数据。

互联网浪潮下，“无论你身在何处，你都在网上”。互联网之父罗伯特·泰勒深刻揭示了互联网技术对人类生产、生活和学习方式的改变。

智能化浪潮下，数据让知识变得有方向、让教学变得更智慧，以科技力量助力人类触达教育梦想，构建出属于这个时代的全新学习方式。

“智慧学习”的时代正在来临，“教育智能化”正逐步取代“教育信息化”成为新时代教育变革的导向与推动力。

01 | 消失的信息差，知识获取方式改变

1969 年，半个世纪前，互联网诞生于大洋彼岸的美国。这一事件对于教育行业来说，也有着标志性的意义。

因为互联网，学生获取信息的渠道被改变。

网络带来的一个好处是，它把全世界的知识库连接起来了。知识储存在遍布全球的服务器里，存在云端上。人们通过网络就可以找到它，而查找的入口就是搜索引擎。这个网络知识库对于每一个人来说都有平等的使用权。

学生通过互联网开启了自助式的知识获取，老师和书本不再是知识的唯一来源。

| 一 |

在人类的历史长河中，人一直渴望着把对自然和社会的探索与思考以知识积累的形式代代传承下去。但传承需要克服两个巨大的障碍：时间和空间。

当人的知识和经验只在口耳间传播的时候，信息是稍纵即逝的，当时当刻不在老师身边的人是难以获取到这些知识的。即使将老师的言传身教记录成册，要传递百年，也并非易事。

古时候，无知孩童不小心碰倒的一个烛台，就足以让万卷藏书里的孤本善本付之一炬。例如清代著名藏书家钱谦益的绛云楼所遭遇的火灾，就足以让世代读书人分外惋惜。书籍即使是传承下来，藏书家也不轻易示人，只有极少数的文人能目睹它们。即便是能看到这些书，要就某个问题查询相关的内容，也将是大费周章的。

互联网的出现，使得知识传递的时空障碍被打破了。知识的查询调阅，不再是少数知识分子的专利。通过互联网，千千万万的学习者都可以无差别地获取人类共有的知识。

> **教育是知识传承的事业。知识传承载体和获取渠道的改变，对于教育模式的变化将产生不可低估的影响。**

| 二 |

每个孩子的心中都有“十万个为什么”。不知家长们是不是有这种感受，当孩子还小的时候，TA 总是缠着大人，问这问那，不停地问“为什么”。没有足够耐心的家长是扛不住孩子的“连环十八问”的。

可当孩子上小学以后，TA 的“为什么”就几乎销声匿迹了。是孩子过了好奇和提问的敏感期了吗？非也，孩子对世界的探求并没有减速。有很多家长不经意间发现，孩子的知识面超过了自己的想象，很多稀奇古怪的知识，课堂上也没教，不知道孩子在什么时候、从哪里学来的！

孩子从哪里学来的呢？只要我们稍加留意，就会发现不少孩子从小学一年级学会运用拼音、逐步识字开始，他们习得了一项新的技能，就是搜索。

为什么金鱼睡觉也睁着眼睛？上网搜一下。为什么变色龙能变色？上网搜一下。圣诞老人是哪个国家的人？上网搜一下。世界上第二高的山峰是哪座？上网搜一下。人是从哪里来的？上网搜一下。人文历史、天文地理，网上比老师和家长讲得还头头是道。

教育领域最早的时候，知识的传播靠人与人之间的口耳相传，老师先知道，学生后知道，以人为载体把经验和知识传递下来。那个时候，老师说、学生听，老师是知识的先知者。

后来有了现代的课堂，有了班级授课制，老师在讲台上讲，学生跟着老师和书本学。仍然是老师先知、学生后知，老师和学生之间有信息差，信息是不对称的。

那个时候，由于知识在书本上，信息的提取是很不容易的，老师教的知识点需要读、需要背。所以长期以来，我们说上学就是所谓的“读书”。

而互联网时代，信息唾手可得，与浩如烟海的知识相比，老师知道的并不比学生更多也并不比学生更早，老师和学生之间的信息差被打破了。

例如，当一个老师在课堂上讲“辛亥革命”这个知识点时，以语言的方式讲一节课，辛亥革命的发生时间、背景、过程、影响、评价……老师讲得不厌其烦，但学生真正留有印象的记忆点并不多。而如果学生在网上搜索“辛亥革命”，除了百科、历史和人物评说节目，还有书籍、纪录片、电影、桌面游戏等，富媒体的内容更丰富。这个时候，学生还需要老师讲吗？不需要。网络作为知识存储和检索的工具，可以随时随地供应这个知识点的相关内容。学生还需要死记硬背知识点吗？也不需要了，TA 随时可以上网查询。

老师不再是教书先生，学生不再是被知识灌输的机器。学生获取信息不再是单纯地从老师那里，TA 有 TA 获得信息的渠道。所以我们课堂的形式不应再是老师一味地讲，学生一味地听。

| 三 |

老师讲，与学生自己从网上获取信息最大的区别是什么呢？

在教育中，老师最怕的一件事，不是学生学不会，而是学生不学，甚至是厌学。法国著名学习专家安德烈·焦尔曾提出一个学习的公式：**学习 = 动机 × 习惯**。

“动机”这个因素，作为学习本质的基础，与习惯一样重要，却往往在应用中得不到重视。如果动机为 0，习惯的价值也不复存在，学习的意义更不复存在。

“动机”是什么？安德烈·焦尔也给了一个公式：**动机 = 需求 × 价值**。其意思是说，学习是学生自己的需求、自己的价值。学习的本质之一，在于不断满足学生自身的需求，持续提升学生自身的价值感。

当学生可以依据自己的学习需求实时、自主地从互联网上获取知识时，这对于学习来说是具有划时代意义的。学生不再是等待老师标准化知识灌输的被动接收者，而是有权选择自己的学习内容，进行自选择、自适应、自成就的学习，进而养成更高一级的自主、思辨的学习习惯。

每个孩子对知识的需求点是不一样的，学习的拐点也是不一样的，当 TA 哪里不会时，就可以有针对性地搜索相关知识。互联网在一定程度上，将网络中的海量学习资源与孩子的需求相连接。

这一改变，是信息时代给教育带来的改变。其改变的关键不单是知识获取便捷性的提高，而是学生自主学习需求的激发。

美国经济学家托马斯·弗里德曼在其著作《世界是平的：21 世纪简史》中说道：世界正在被抹平。是的，老师和学生之间的信息差也正在消失。

新一代的孩子，只要善于利用网络进行知识获取，他们的世界将无限延展，他们学习的主动性和价值感也将极大提升。

02 | 去中心化，人人参与的知识生产

互联网时代，知识的生产方式变了。

千百年来，人们习惯于把老师称为“教书匠”、把学生称为“读书郎”，“书本”是学习这件事的核心载体。而在互联网时代，“书本”的权威地位面临着越来越大的挑战。

书本和教材代表中心化的内容，传统教学中老师教的是中心化的内容，而信息时代学生获取的是 UGC①的内容，是人人可参与生产的内容。

知识生产方式的演变，使得教育的内容从源头上显现出更为开放和多元的状态。这时仍要求孩子们“读死书”，已无异于刻舟求剑。

| 一 |

新的时代，孩子们与他们的父辈、祖辈们接触的知识内容已有了显著的区别。

以往学生接触的是单一的信息来源，而现在学生获得的是多元化的信息来源。以往学生的教材和教参是由出版社编辑出版的，例如人民教育出版社、北京师范大学出版社等，而现在学生获得知识的来源是多元化的，不止于学校发放的书本。

例如，当孩子们从书本上学习物理学的知识、了解爱因斯坦这个人物时，知识是生硬而单薄的：爱因斯坦生于哪一年、卒于哪一年，他在物理学上奠定了什么，等等。但是网络上对于爱因斯坦的评价是丰富而多角度的：爱因斯坦的相对论真的是“正确”的吗？在量子力学的范畴里，相对论还可能是“错误”的！

孩子们原本认知的爱因斯坦是平面的，但通过网络了解的爱因斯坦是立体的，对于相对论的认知则是更加全面的甚至是批判的。

① **UGC 模式：** User Generated Content，即用户将自己原创的内容通过互联网平台进行展示或者提供给其他用户。UGC 是伴随着以提倡个性化为主要特点的 Web2.0 概念兴起的。

孩子们想要了解的是立体的爱因斯坦

立体的知识超越了标准答案，标准答案属于应试教育，而立体的知识才属于未来崇尚创造力的时代。

立体的知识从哪里来呢？从网络 UGC 中来。

互联网技术的发展与普及，使得网络用户间的即时交互得以实现。互联网平台的用户，不再满足于被动接受信息的单向模式，而是希望在应用过程中能够获得更多的参与感与话语权。

UGC“用户生产内容”模式应运而生，普通人从单纯的知识消费者转变成为内容与知识的自发生产者和传播者。

我们能够感知到，UGC 最大的吸引力在于用户与生产者之间的双向知识交流。我们喜欢使用各类现代的社交媒体与工具，是因为我们不仅可以即时看到各类信息更可以参与其中，发表自己的看法，制作自己的内容，发布自己的作品。

豆瓣网是典型的 UGC 内容社区，创办于 2005 年 3 月，拥有上亿注册用户，它的生命力在于它独特的内容生成机制。

在豆瓣网，用户和用户之间有很多互动的可能。豆瓣内容形成的起点，是用户主动提供自己所读过的书、看过的电影、听过的音乐的清单，以及相关评论和博客。有着优秀品位的用户在这里生成大量高质量的书评、影评、乐评；基于共同爱好的用户在这里碰撞出思想的火花，沉淀为极具价值的优质 UGC 内容。

另一个有代表性的 UGC 平台是“知乎”，其以问答的形式天然地激发人们的表达欲。知乎创始人周源创立知乎的想法源于他在《IT 经理世界》杂志社做记者时，因机缘巧合进入了一个线上俱乐部 apple4us.com——一个围绕苹果新产品、技术、设计以及一切和年轻人有关的轻博客。

周源惊讶地发现：apple4us 里产生的文章比他这个专业记者写的还要好，而且这些文章的作者都是一些非专业作家。他们分别是在各个领域有专长的人，然后基于兴趣爱好创作一些自己擅长的内容在社区里分享交流。

于是周源在杂志社里开发了一个相似的平台，平台的用户自发产生高质量的内容。结果一个月的时间，其网站流量就超过了很多行业媒体官网的流量。周源发现这个事情值得做，就此埋下了创办知识社区的想法。

人们在知识社区里分享着彼此的专业知识、经验和见解，很多在现实中不好求解的问题在这里可以得到解答。在这样的参与模式下，越来越多的用户受益于其他用户所生产的多元化的知识。

|二|

农耕时代，四书五经的学问千年稳定不变：一位秀才，一辈子不学习任何新知识，也能回答私塾里力求仕途者的各种疑问。

工业革命时代，各个行业的知识十几年更新一次：一位工人有足够的时间向师傅学习新技术，然后慢慢提高技术的掌握水平，最后成为这个领域的高级工人。

而互联网时代，一组来自联合国教科文组织的数据着实让人惊叹，这背后印证了“知识爆炸”时代深深的焦虑：最近 30 年中，人类所积累的科学知识占有史以来科学知识总量的 90%。英国著名技术预测专家詹姆斯·马丁（James Martin）的测算结果也表明了同样的趋势：人类的知识在 19 世纪是每 50 年增加一倍，20 世纪初是每 10 年增加一倍，20 世纪 70 年代是每 5 年增加一倍，而近 10 年则是每 3 年增加一倍。到 2050 年，目前人类的知识储备只占届时知识总量的 1%！

自人类诞生之初到现在，知识的产生方式发生了翻天覆地的变化。**知识爆炸，绝非一种偶然，而是人类正无时无刻不在生产、分享、流转、利用和消费知识，以更快的速度、基于更先进的技术推动着知识生产方式的巨大变革。**

引发“知识爆炸”的最大原因是用户生产内容的快速增加。用户生产内容（UGC 模式）包括文字、图片、语音、视频等内容，已成为知识爆炸的强力引擎。UGC 代表着用户使用互联网的新方式，用户从在互联网上接收信息转向在互联网上自行创造信息。

这激发了亿万用户的内容创造潜能。亿万用户创造的内容像汪洋大海一般漫无边际，一旦聚拢在一起，就能汇聚成信息的“海啸”。

随着更高速率的 5G 流媒体时代的到来，UGC 的内容形式将进一步丰富。下载一部常规大小的电影 4G 用时 6 分钟，用 5G 只需 17 秒，5G 使视频传播的爆发力得以显现。用户将从文字时代、图片时代向视频时代迁移，用户将越来越多地使用视频形式进行信息获取和内容创作。未来 10 年间，视频将占 5G 数据使用量的 90%，而其中大部分将是用户生产的视频。

用户参与内容生产，使得信息数量指数级地飞升。这是一个前所未有的时代，只要接入互联网，每一个人都可以获得源源不绝的学习资源。

| 三 |

UGC 模式，人人参与的知识生产也带来了教育领域的革新。在过去，生产知识是少数人的特权——他们著书立传，讲学传道。

> **然而，飞速发展的现代科技让每一个个体都拥有了发声的权利，让知识的生产自此走下神坛，进入不可逆转的去中心化进程，以书本为核心的教学模式面临冲击。**

在教育领域，世界各地的教师们，每时每刻都在用自己的聪明才智生产着优质的授课内容和学习内容，确保学生从中受益。在此过程中，每一次课程设计的撰写与组织，都是优质教学内容的诞生和沉淀；每一刻课堂教学的经验与感悟，都是解决学生典型问题的重要依据；每一次经典教案的引用与借鉴，都是对优质内容的肯定与再一次的锤炼升华。

网络时代，这些来自教育一线的高价值内容不再止步于存储在教师的教案和教学笔记中。UGC 模式的产生，让这些优质的教学内容不再只停留于个体的认知，而是基于先进的技术参与到知识的分享与流转过程中，从而被更广泛地利用，以更快的速度参与到“内容生产—广泛引用—教学实践—锤炼升华”的应用闭环中，造福于更多的老师和学生。

至此，教师讲授的内容不再是基于个人主义的经验传授，而是以更加现代的方式，传递最前沿的信息与理念；学生学习的内容不再是基于过去的陈旧的知识内容，而是当下的信息、实时的资讯、多元的内容、与时俱进的思想。

除了众多工作在教学一线的老师参与内容的生产，还有越来越多的孩子也开通了他们的教学视频。他们用童稚的画风、软萌的语气，以小朋友们喜闻乐见的形式分享知识和经验，生产着属于新世代自己的知识内容。

例如近年爆红网络的 4 岁萌娃赵梓言，能拼近 2 000 个单词，以纯正的口语在线教英语，全程高能。

> **我们可以预见，“人人参与的知识生产”在教育领域的应用，能够让更全面、更优质、更实用的学习内容从一线教师与学生的“教”和“学”过程中自然诞生、即时流转，赋予教育生态自循环的动力，如同流动的血液般贯穿教学各个场景，为互联网时代的智慧学习输送更加鲜活的动力。**

03 | 让知识有方向，数据的神奇魔力

智能时代，数据导学成为可能。

智慧学习通过将知识数据化、标签化、体系化，将学习内容与孩子们的学习需求实现精准的匹配，从而实现“知识找人”，而非以往的“人找知识”。知识的智能化匹配，提供的是“有方向的知识”，而不是海量的知识洪流。

“有方向的知识”让学习数据有了神奇的魔力，跟着人走的知识能真正实现学习的减负提效；而人找知识，人则会被淹没在信息时代知识的汪洋中。

在“加法”时代，难的是做“减法”。

| 一 |

从公元前 2 世纪世界上第一份报纸——《邸报》在中国出现，到 1926 年世界第一台电视机在英国发明，再到 1969 年互联网诞生，千年以来的技术变革正逐步改变着人类获取信息的效率。

然而，随着社会的发展，信息在网络上飞速膨胀。人们依照自己的认知在海量资源中进行筛选的局限性逐渐显露出来。在如此快节奏的社会生活中，以前乐此不疲的查找、浏览过程，在现代人看来已是费时费力的低效行为。

很显然，这样获取信息的方式无法满足当今人类的需求。**人们更趋向于获得自己需要的信息和感兴趣的信息，于是“智能推送”的信息获取方式应运而生。**

智能推送正逐渐取代盲目浏览，智能推送让信息获取更加精准。

用手机看热点新闻是许多人每天都要做的事。像“今日头条”这样的新闻类应用之所以火爆，主要就是因为其采用了人工智能推送技术，用一百多万个标签维度去解读一篇文章或分析一个人的行为，实时分析用户浏览、点击行为、交互行为等数据。

所有这些数据，可以使对人的解读更真实，应用程序可以聪明地归纳每个人看新闻时的不同习惯、爱好，给不同用户智能推送精准的新闻内容，满足每一个个体的需求。

信息的洪流中，如何实现信息与人的匹配，是一个重要的命题。

谷歌的体量和规模，使它拥有比其他大多数企业更多的应用智能推送的途径。谷歌不仅能追踪人们的搜索行为，而且还能够预测出搜索者下一步将要做什么，从而及时地推送资讯给对方。

所有人类行为都会在互联网上留下痕迹与路径，谷歌占领了一个绝佳的点位来捕捉和分析该路径，以至于可以从海量的数据库中为企业提炼出最佳的营销路径与推送方案，协助企业获得成功。

在移动出行领域，手机地图软件也通过智能推送技术为用户推送个性化信息。在下班时间，地图会根据时间和你的家庭住址信息推送给你回家路上的路况信息。根据天气信息，地图可以为你推送合适的出行方式。通过你的位置信息，如果你出差在外，地图还能为你推送附近的餐厅和酒店。这样的智能推送服务方便了人们的出行，节省了用户的时间，用户好评如潮。

其他诸多领域，如租房、制造业、金融、餐饮、时尚等各行各业，都利用这种智能推送的快速、高频、高效的特点，通过数据算法，一边提取内容的特征，一边提取用户特征，然后让内容与用户的需求匹配，精准地为人们智能推送适合的信息。

｜二｜

人们已经习惯在各行各业获得智能化内容推送的方式，然而这样的信息获取模式在教育领域还没有得到普及。

在传统教育模式中，老师的工作有大量的重复劳动，备课和作业批改任务十分繁重。在网页上输入“教师的一天”的时候，可以看到屏幕上弹出来的老师们随手记下来的点点滴滴的文字：

“案前摆满了各种卷子、家庭作业、评价手册、日记本、教案本、业务本、听课本、家访本、班会记录……一座座需要消化的‘大山’，连课间休息都是奢侈……”

学生学习要减负，教师备课也要减负。

如果我们的教师在课前能够直接获得适合自己风格且有针对性的教学内容，会不会大大减少备课负担？如果我们的学生在课前能够获得精准的学习内容、适合的学习提升方案，会不会大大减少学业压力？

我们总在说，要给教师和学生减负，那么智能推送技术的发展可否在教育领域实现我们的夙愿呢？这是我们迫不及待想获得的答案。

并不是每一个学生都有明确的学习目标，知道自己该学什么。传统的学习中，学生很困惑的一点就是不知道自己哪里不会，往往会陷入一种老师让我学什么我就学什么的状态。

借助智能推送技术，让学生所获取的知识都是学生最需要的。这种全新的方式不仅让学生的课业负担减轻了，同时学习效果也能大大提升；不仅能让学生自己掌控学习节奏，还能让他们自主决定在哪里学以及在什么时候学。在面对不同的课程时，同一个人也许会在不同的时间按照不同的节奏进行学习。

基于大数据的分析，智能学习终端可以捕捉学生的学习轨迹。学习内容经过数字化处理，云计算技术给内容和人分别打标签，然后进行两者之间的精准匹配。通过对这些学习的真实数据进行分析，老师可以了解学生的学情。

有人会问：在未来 10 年，人工智能会取代老师吗？伦敦大学学院专攻教育软件和人工智能教育技术的科学家罗斯・卢金教授表示，AI 不会取代老师，但可以让老师腾出时间来做一些自己擅长的事，比如帮助学生学习社交技能、发挥创造性来解决问题、在团队中协同工作等。

人工智能、大数据等技术，将进一步解放老师，老师将从教学内容的传授为主转向教学内容的创造为主，老师的作用不再是教授知识，而是通过科技手段了解每个学生的学习状态，帮助学生制订适合自己的学习计划并且监督学生完成该计划。

可以预见，“因材施教”必将在数据驱动下大规模地实现，形成新的核心教育范式。

| 三 |

数据技术的应用，让老师减负增效，同样也让学生实现减负增效。为让知识与人的学习需求实现精准匹配，居功至伟的就是以颗粒化、标签化、结构化为主要特征的数字化内容。

数字化属性的内容，让基于相应策略与算法的知识精准推送成为可能；同时，数字化属性的内容可以更好地被人工智能所学习、理解和运用，从而开启让机器了解人的时代。

知识颗粒化——将知识细分为最小单位

传统大规模综合性的信息平台逐渐被专一的垂直内容所取代，越来越多的内容被生产者和运营者进行精细的颗粒化处理，细化切割，储备作为“颗粒知识”之一，准备推送给关注这个颗粒主题的受众。颗粒化内容仿佛厨师在烹饪之前为满足食客个性化口味，而在后厨提前准备的分门别类的基础原料。

知识标签化——多维度标注与定位

在数字化营销的时代，建立多维度标签体系是营销中常用的手段。诸如在营销过程中，通过对用户日常行为分析，为用户打上“商务人士”“育婴宝妈”“在校学生”“奢侈品粉丝”等个性化标签。借助用户标签，互联网企业可以对用户进行细化分类，准确勾勒用户画像，深入挖掘获得潜在用户信息，并依据业务目标对用户精准营销。

在搜索领域，以百度、谷歌为代表的搜索引擎运营商，对用户浏览行为及价值取向进行跟踪分析后，为用户提供定制化的搜索结果。例如：同样输入“polo”，针对经常关注时尚及服装的用户优先展现“Polo”品牌的服装信息；针对经常关注商务及汽车的用户优先展现大众旗下“Polo”品牌的汽车信息。针对不同标签体系下的用户，对同一内容的搜索呈现差异化结果，这正是标签体系为搜索引擎带来的价值。同理，对老师和学生的行为数据标签化之后，可以形成老师和学生的用户画像；对知识进行标签化之后，能形成可流转的知识体系。

知识结构化——实现知识呈现的千人千面

被细分为颗粒、打上众多维度标签的数字化内容，又应该如何组合成为满足不同用户需求的内容成品呢？这就要依靠基于用户的数据与特征所研发出的策略与算法。在需求出现后，第一时间构建适合受众的个性化知识结构与体系，并组织相匹配的颗粒化、标签化内容，实现内容的个性化精准推送，真正做到“千人千面”。

对应到教育领域，基于学情的分析数据，智能学习终端可以给每个孩子进行画像，充分了解TA，然后再通过算法模型给TA推送属于TA“学习区”中的内容，检测TA是否掌握，如果掌握了，再逐步递增难度。

通过智能学习终端和云计算技术的精准匹配技术，可以依据学生喜欢的学习方式，推送给他们最为需要的学习内容。因为有目标、有针对性的学习能够事半功倍，所以学生喜欢这种方式，学习也就自然会从被动变为主动。

> **这种智慧学习模式下，每一个孩子的学习行为都在云端有一个虚拟的映射。数据引导着孩子学习和进步。智能时代重新定义了一种更智慧的个性化学习模式，让学习真正地减负增效。**

04 | 人机交互，给每个孩子的导学师

人机交互是人工智能时代的一种数据生成与运用方式。

在信息爆炸的时代，学生需要的不是海量的知识，而是“有方向”的知识。“人工智能+教育”解决的是精准匹配和个性化导学，是在做“加法”和“乘法”的时代为学生做“减法”。

数字化的内容，让基于相应策略与算法的知识精准推送成为可能；同时，数字化的内容可以更好地被人工智能所学习、理解和运用，从而开启了让机器了解人的时代。

智慧学习应用中人机交互追求的不是“炫技”，而是更加“懂你”。

| 一 |

十多年前，人们还对 ATM 机心存警惕。那时候，人们常常会有这样的疑问：这机器靠得住吗，会不会少给我钱，会不会吞了我的卡？我要按哪里才能取钱？为了不让自己的血汗钱打水漂，人们宁可选择在银行大堂排长队，也不愿意在空无一人的 ATM 机前操作。

在当时的人们看来，冷冰冰的机器和看不见的操作过程，不如银行工作人员当面点钞可信。

这种对人人交互的偏爱是人类祖辈相传的惯性，在过去很长时间内促进了每一个人的成长和发展。通过他人的指引，我们从大真懵懂的孩童变为熟知世事的成人，探索一个又一个未知领域；依靠他人的服务，我们才得以行走于这个社会。

但是今天，我们发现年轻人越来越习惯互联网所提供的智能服务。年轻人不仅信任银行的 ATM 自动柜员机，也习惯于在手机上发红包、支付、缴费、汇款和理财，甚至习惯于小额免密支付；他们灵活地运用网络解决生活中的各类需求，通过手机订餐、约车、交友和购票。

> **人机交互正在成为社会刚需，尤其是疫情常态化之后，人们会越来越有赖于人机交互，而不是仅仅习惯于人人交互。**

人机交互的背后是 AI 人工智能技术。AI 即是一门通过学习和自动化来模拟人类任务的训练系统的科学。借助 AI，机器可以不断学习新的输入内容，实现对文本、图片和语音的识别。

“人机交互”可以理解为人与计算机系统之间进行沟通的过程。这是一种强强联合、实力倍增的交互模式，它让人这个最精细的生物体与机器系统形成一个完整的反馈回路。

在日常生活和工作中，过去我们把机器当作人的替代品；但进入新世纪后，机器不仅仅可以代替人类去完成某些危险、艰苦、机械的工作，而且已成为人的“增强脑”，以秒为单位随时随地洞察我们的需求，解答我们的疑问，提供给我们海量的信息，或是给予我们优质的生活服务。如今，在全球的各个角落，人机交互正在逐步取代人人交互，成为我们与外界互动的主要方式。

目前，在我们的课堂上，学生与老师之间的人人交互，仍然是完成教学的主要方式。如果我们把人机交互技术与课堂教学相结合，教育也将发生巨大的改变。

通过人机互动，老师将无须一一询问学生，就可以通过教师平台及时了解班级的答题情况；学生将不用在第二天上交作业，所有解题过程已经在完成后自动传输给老师；即使在节假日等师生联系减弱的时间段，学生也可以通过智能学习终端有针对性地自主学习。

所有这一切，将学习数据的流转速度从龟速变为光速，让学习空间从教室扩展到任何地点，极大地提升了教育效能和学习效率。

| 二 |

教育互联网化、智能化的浪潮在涌向我们，但是真正能去海里游泳并没有我们想象中的那么容易。

进入新千年以来，我们看到教育信息化日益活跃，各类平台、设备、终端产品纷纷涌现，一批批高调进入学校又黯然归于沉寂、落满灰尘。在这样轰轰烈烈却难获成果的改革过程中，一个不争的事实逐渐浮出水面：教育是一个门槛极高的特殊行业，尊重人性，讲求规律；信息化技术要实现与教育教学的深度融合，任重而道远。

为了探析教育信息化产品为何终被束之高阁，我们深入教室进行实地调研，在学校一线反复观察、试用、测试、总结。在走访了全国一百多所学校之后，问题症结终得以显现。

几乎所有的教育信息化产品，都致力于提供海量的资源和更便捷的互动：资源库让老师更方便找到和下载更多的资源,学习终端可以更方便地接受老师推送的内容。老师只要轻轻一点击鼠标，习题、视频、资料就到了每一个学生的空间中，确实非常方便。这种信息化，对于老师来说确实轻松了，但对于学生来说呢?

学生一进入自己的学习空间，无穷无尽的练习题、资料、视频纷纷涌来，比以前负担更重；网络上有无数的课程视频推给学生看，有大量的习题推给学生做！这样的信息化，看似更方便，实际上却给学生做了加法。

“做加法”的信息化显然不是为学生减负提效的方向。就像如果网上购物、网上挂号、网上约车不能给用户的生活带来便利、节省时间，用户又怎么会接受呢？同理，有没有一种互联网与教育相融合的方式，是给老师和学生“做减法”呢?

这是一个信息“过载”的时代。信息过载指的是社会信息超过了个人或系统所能接受、处理或有效利用的范围。我们每一个身处这个时代的人都有深刻的体会，我们的时间在被各种信息媒体和社会化营销争夺和运营。从我们睁开眼，须臾不离的手机里，社交账号不断同步着天下大事或朋友圈新鲜事；出门时，公交、地铁、户外、交通广播、电梯，你可以看见、听到的地方都是广告和资讯。各路互联网应用做信息“加法”的时代，做“减法”才是互联网科技公司所难达成的理性与克制。

“加法”和“乘法”流行的时代，难的是做“减法”。

我们对智慧学习定义的“做减法”，指的是通过人机交互，运用人工智能与大数据技术，帮助老师和学生选择适合学生并且能给学生带来价值的内容，让学生只学自己需要的。

| 三 |

在智慧学习模式下，人机交互将带给孩子们充满未来感的全新学习体验。让我们来想象一下这样的智慧学习场景:

周末的清晨，小雪舒服地坐在书桌前，打开自己的学习终端，人工智能小助手出现在屏幕上，对她欢快地眨眨眼睛:

“小雪，本周你一共学习了 9 个知识点，其中 8 个都掌握得很好，只有定语从句知识点中关系代词这一项内容还没有达标。我们一起来巩固吧！”

小雪点点头，手指熟练地滑动屏幕，接受了这个学习任务；随后，小助手将一段 3 分钟的微课视频推送到小雪面前：

“我知道你喜欢看漫画，这一段微课是用手绘漫画讲解 6 个常用关系代词，易懂又有趣，98.3% 的同龄同学在看完之后都掌握了关系代词的用法，你也一定要认真看哦！”

小雪开心地看完了微课，形象生动的关系代词分析让她忍俊不禁、印象深刻。“看完了微课，我们来检测一下吧！”小助手把三道题目推送了过来：“这是针对关系代词最具有代表性的高频考题，试试看！”

小雪拿起笔，认真地读题后，在墨水屏上填写着每个从句的关系代词。作答完成后，自动批改瞬间完成，全部正确！但小助手却指着报告告诉小雪：

“小雪，虽然你全都做对了，但是在答第三道题的时候，通过你的书写轨迹和修改记录，我感到你很犹豫，不是非常确定。看完这道题目的解析之后，我想我们需要再巩固一下这一类题目。”

小雪回想起自己在做这道题时，确实在 who 和 whom 之间反复犹豫涂改，最终“猜”了一个写上去，虽然对了，却也瞒不过自己的小助手。小雪不好意思地笑了，仔细地阅读了小助手推送的 who 与 whom 用法的区别方式，然后又练习了两道有针对性的题目。

这一次，小雪又准确又果断地答对了！小助手开心地拿出一枚小奖章，宣布本周的知识点小雪已全部巩固和掌握！

这时，小雪妈妈敲敲门，笑着告诉小雪，她的手机上收到了小助手的通知。“既然本周的知识全都学会了，我们就好好放松一下，下午我们一起去看你一直想看的那部电影吧！”

“太好了！”小雪开心地欢呼起来。

在这样的场景下，我们可以看到，学生的自主学习方式实现了全面的升级。

> **人机交互，助力于让每一个孩子自主学习时，接受的内容恰恰是自己真正需要的。自主学习不再是题海战术，也不再是盲目地翻阅教辅资料，而是愉快而又高效地完善自己。**

智慧学习依托技术让课堂发生了改变，但真正让改变发生的不是技术本身，而是技术驱动下教与学思维的转变。当技术和教育深度融合时，人机交互提供了一种更为精确的用户行为采集方式，为人们描绘出未来教育更加智慧的蓝图。

05 | 智慧课堂、智慧校园到智慧教育城市

与传统的教学模式相比，基于智慧课堂环境的教学模式更具开放及创新性。当各类智能交互设备进入课堂后，老师与学生、学生与学生之间的连接交互关系更强，设备的自适应学习也使它可以成为一个“懂得”主人的人工智能环境。

在智能时代，基于物联网的智慧课堂环境中，教学和学习场景将自带大数据属性，基本知识的传授将被支持个性化学习的智慧学习环境所替代。

在城市中，新型的教育生态体系的构建，形成了智慧的学习、智慧的校园、智慧的管理，智慧的教育助推着城市的文明与繁荣。

一

不同于传统的课堂，智慧课堂是智能化技术环境下应运而生的新的教学组织模式。

关于这一智能化技术环境，不得不提的即是人工智能和教育物联网。

人工智能技术的发展使得教学全场景数据的有效采集与反馈得以实现，内容、应用、平台一体化的智能终端应运而生。智能终端在课堂中的常态化应用，大量真实、完整、有效的教学数据在同一个智能化平台上的互联互通，实现了数据的有效留存与流转。

而当教育遇上物联网，学生在课前、课中、课后的听说读写行为均转化为数据，通过终端的物物互联与老师、家长及教室的终端互相感知。在这种环境下，场景是无缝切换的，用户角色、行为、过程是自动感知的，计算是无处不在的。

1999 年出现的物联网 (the Internet of Things) 概念，是把所有物品通过射频识别等信息传感设备与互联网连接起来。在这个网络中，物品能够彼此进行“交流”。其实质是通过计算机互联网实现物品的自动识别和信息的互联与共享，构造一个覆盖世界上万事万物的“物联网”。

国际电信联盟 2005 年的一份报告曾描绘“物联网”时代的图景：当司机出现操作失误时，

汽车会自动报警；公文包会提醒主人忘带了什么东西；衣服会“告诉”洗衣机对洗涤剂和水温的要求；等等。

通过物联网，人类可以以更加精细和动态的方式管理生产和生活，达到“智慧”状态，提高资源利用率和生产力水平，改善人与外界环境的关系。

对于计算而言，物联网部署不再依靠于中央处理节点，而是利用分布式储存与算力，实现数据的分布式存储、数据分析、记录及更新。通俗地讲，就是每个终端都是中心，每个终端都可以实现计算、连接并影响其他节点。

当人工智能与物联网相遇，AIoT=AI+IoT，这可以被认为是 AI 越来越接近边缘，让数据计算发生在各类 IoT 设备所在的位置。

当 AIoT 应用于课堂，每一个老师、每一个学生手中的智能终端都成为智慧课堂的组成部分。

在智慧课堂中，不论是在课前、课中还是课后的任何学习场景，老师、学生及家长均可利用其所使用的终端或 App 实时感知教学数据及学习资源。

在任何场景、任何地点及时间，登录相应的账号后，系统自动感知用户，无须点选或查找，系统将为学生、老师、家长智能配对，推送相应的个性化数据。

| 二 |

虽然近些年，国内一些学校通过建设信息化教室，改变了教室的传统形态，为教学过程中的视、听、说提供了诸多的便利和改观，但仅有信息化是不够的。

纵使技术再先进，最终也要回到教育的本质上来，教育现代化本质关注的是教育而非技术。

智慧课堂是把“人”的因素放在整个智能系统的中心地位，而不仅是对教学内容的设计。

智慧课堂围绕教学的核心场景构建，实现学习行为数据的收集和分析、优质资源的汇聚和个性化推送、多种研究模式的融合以及学习者多维度的综合分析，为学生开展自适应学习提供智能化指导，并精准匹配各类资源服务。

智能环境下，智能应用的效果受制于网络的连接、速度与质量，一旦出现断网、网络信号差等情况，所有智能应用将受到极大影响。在教学与学习环境里，对智慧课堂中的智能终端提出了更高要求。

端计算的智能终端具备独立的 AI 计算、知识图谱、机器学习、自适应交互等能力，凭借其高能效、低延时等特点加强教学和学习中的瞬时、无网体验感。在断网断电的极端情况下，正常教学活动不受影响，教师仍能够应用智能终端教学，学生仍能够应用学生终端完成资源学习、题目作答等学习活动。

人工智能 + 物联网等新一代信息技术使学习者的学习时间、空间和体制隔阂被打破，学习者可以在任何时间、任何地点通过多种渠道接入学习，并实时记录和传输学情数据，服务于教师，为学生进行定制化教学指导。

而 5G 稳定的高清视频、更多的终端接入数量、更低的互动时延，可以支持大型开放式网络课程与资源平台，突破传统教育手段，让学习者选择更适合自己的教师与资源学习，让偏远山区的学习者享受到与优质教育地区学习者同样的教育。

可穿戴设备、VR 虚拟现实等技术能够在学校物理空间之外营造虚拟空间与交互空间，让学习场景更加接近现实，可以模拟高风险的化学和物理实验，模拟高成本的车辆拆装、飞机驾驶、手术等的教学培训，实现了涵括学习全场景的教育场域重构。

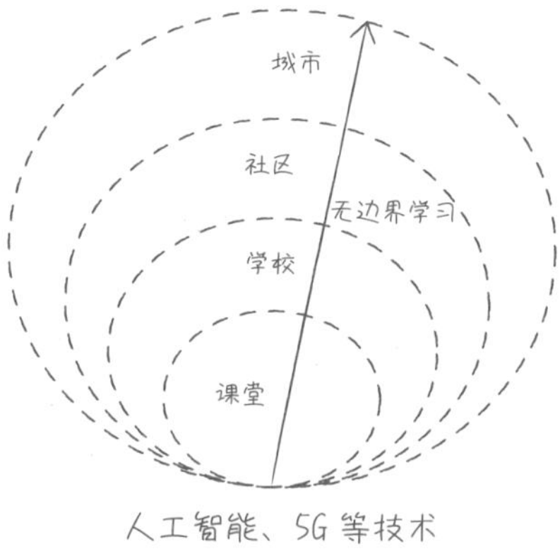

智慧课堂环境改变了学习资源的分布形态，改变了参与者之间的教育关系，使学生的学习场所突破了校园的界限，既可以在教室，也可以在社区，或者在不同城市游学，让任何可以实现高质量学习的地方都是学校。

可以预见，未来的智慧课堂将采用面对面学习和在线学习同时并存、互为补充的混合学习模式，是一个时时可教、处处能学的无边界的课堂。

三

当一个个的智慧课堂通过网络相连接，就组成了一个个的智慧校园；当一个个的智慧校园通过网络相连接，就构成了一个个的智慧教育城市。教育的智能化成为城市现代化的重要组成部分。

智慧教育城市又是什么样的呢？

可以预见，智慧教育城市是一个智慧教育“4A”生态体系。这个生态体系，是以学习者为中心、基于人工智能等新技术构建的智能环境，可以满足学习者个性化教育的需求。

通过重构的智慧教育生态体系，让每一位学生学自己所应学、学自己所想学，有针对性地自主选择自己需要的学习内容，选择最合理的学习方法来实现高效的知识获取和巩固，从而实现个性化的智慧学习，逐步建成以**人人、时时、处处、适应性内容**（**Any one、Any time、Any where、Adaptive content**）**为核心的智慧教育“4A”生态体系**。

智慧教育“4A”生态体系

这种教育生态以体系化、生态化的视角考察技术在教育中的角色与定位，从以往对“老师教、学生学”的行为关注，转变为对老师和学生实际教育和学习需求的关注，更好地实现了技术与教育生态的融合。

智慧教育“4A”生态体系是开放的、动态的，在此生态下，学习环境、学习方式、教育管理、教育服务等方面将发生变革，而这般颠覆性的变革将改变传统的教育模式与方法。

> **智慧的课堂、智慧的学校，每一个智慧的点背后由 AI Cloud（智慧教育云）连接起来。智慧教育城市的网络基础也是 AI Cloud。**

教育中的各个角色，学生、老师、家长及教育管理者，在 AI Cloud 上均拥有自己的用户画像；教学中的内容被颗粒化、数据化、标签化，形成知识画像；内容在整个城市的 AI Cloud 中流转，与教育中各个角色的需求实现精准的适配。教育由此变得智慧起来。

在此生态下，每个学生都能享有优质的个性化教育服务，老师的教学效率与质量将大幅提升，学校的教学管理模式得到升级，城市的教育管理与决策将实现智能化。

智慧的教育、现代的城市，当教育的形态被重塑，一幅现代化教育的生动图景将在现代城市中徐徐展开。

CHAPTER

03 | 第三章

智能时代，是智慧学习的时代

乔布斯在生前留下了著名的“乔布斯之问”：“为什么计算机改变了几乎所有领域，却唯独对学校教育的影响小得令人吃惊？”

教育，为何这般特殊？互联网深刻地重构了商业、传媒、娱乐和工业，却为何一直难以攻破教育领域？

把我们的视角拉长到历史的维度，可以清晰地看到，教育的本质不容易被科技改变，但教育的模式又一直在被科技改变着。

从印刷术到互联网，每一次技术的变革都重塑着知识传递的形态。

新的技术产生新的应用，新的应用产生新的模式。

教育中，每一项新技术的应用，都需要与教育场景相融合，发展出新的教学模式。也唯有教学模式的改变，才能真正实现科技与教育的融合。

我们把这样一套基于新技术的新模式，称为“Know-How”——Know how to do。

01 | 技术带来变革，关键在于 Know-How

说到科技、发明、新工具，你的脑海里最先浮现出来的是什么？也许是互联网，也许是汽车，也许是中国古代的四大发明。但如果细数下来，你能说出多少呢？恐怕最多也只有几十件。

然而，仅仅是在近 500 年内，全世界称得上是“重大发明”的，就有 800 多件。那么，在这众多的新发明中，为什么有的能够改变世界而有的却消失在历史的长河中呢？

新的技术要实现新的应用，新的应用要实现新的生产组织模式，才能将技术真正转化为生产力。

科技改变教育，其关键也在于能否基于新的技术形成新的教学组织模式，即形成“Know-How”。

| 一 |

珍妮纺纱机作为第一次工业革命的开端，马克思对它的评价是：

> 在 18 世纪珍妮纺纱机发明以前，要想找出一个能够同时纺出两根纱的纺织工人，并不比找一个双头人容易。

如果能发起一场跨越时空的交流，这评价，13 世纪的黄道婆恐怕会第一个反对。她发明的脚踏三锭纺车，早就能够实现同时纺三根纱了。

脚踏三锭纺车

紧接着反对的，应该是一位叫王祯的年轻人。在他所著的《农书》中有翔实记载，早在14世纪初期，中原的某些沿河地区，就已经开始把能够同时纺32根纱的水转大纺车应用在纺织业中了。而且从王祯的记述来看，这种水转大纺车已经是一种相当完备的机器了，它已具备了马克思所说的“发达的机器”所必备的三个部分——发动机、传动机构和工具机。

中国古代，从来都不缺新技术和新工具。

但遗憾的是，即便中国的纺织技术和工具领先世界500年，那场影响了世界格局、颠覆了社会生产方式的第一次工业革命依旧爆发在英国。

那么，为什么同样是新技术、新工具，珍妮纺纱机能够成为第一次工业革命的开端，而比珍妮纺纱机更为先进的水转大纺车却消失在了历史长河中呢？

假设，在中国元朝有这样一个场景：

村子里一户以纺纱为生的人家，最近得到了一款名叫“水转大纺车”的新工具。这种新工具，可以用水做动力，也可以用畜力或人力做动力，每天可纺麻纱100余斤，功效是脚踏三锭纺车的30多倍，工作效率非常高。使用这台纺车，这户人家仅用半个月的时间，就生产出了一整年需要的纱量。

见水转大纺车的效率这么高，心思活络的农妇就提议，既然已经生产了足够的自用纱，为什么不用节省下来的时间多生产一些纱卖到别的村子里去呢？于是，他们就生产了更多的纱，拿到别的村子里卖。

由于他们的纱又便宜又好，所以非常受欢迎，于是尝到甜头的农户就扩大规模，召集了村子里其他赋闲在家的农户建立起了纺纱工厂。

随着纺纱工厂的订单越来越多，工厂的规模越来越大，甚至连很多褐发碧眼的外国人都漂洋过海来购买他们的纱。于是，为了进一步扩大规模，他们开始研究更先进的工具，以期进一步提高生产效率……

说到这里，大家肯定已经发现了不对劲儿。

如果按照这个剧情发展下去，那么，第一次工业革命恐怕就要在中国元朝爆发了。

然而现实是，男耕女织的自然经济模式在我国延续了上千年，大家思想上已经习惯了自给自足，而在“一户一织”这种作坊式的生产组织模式下，即便这个农户用新工具纺出了更多更好的纱，也没有用武之地，更不可能出现大规模机械化的工厂。

我们再看英国。

18 世纪，现代资本主义经济萌芽、发展，一系列先进的管理思想开始出现。比如说，亚当·斯密在《国富论》中就阐述了劳动分工的经济效益，详细分析了劳动分工带来的好处。这在当时引起了极大反响。到了 19 世纪，这些先进的生产管理思想已经逐渐深入人心。

而随着珍妮纺纱机的出现，传统的手工业无法适应机器生产的需要。为了更好地进行生产管理、提高效率，资本家开始建造工房、购置机器、雇用工人集中生产。这样一来，“工厂”这种新的生产组织模式就应运而生。随着工场手工业的蓬勃发展，市场需求不断扩大，一场生产手段的革命就呼之欲出。

也就是说，单纯的珍妮纺纱机是无法促使变革的，是在“现代工厂”这种新的生产组织模式的支撑下，才让新工具产生了改天换地的能量。

> **所以，在变革的背后，除了技术和工具的革新外，我们缺的就是一阵能够把科技的星火燎向世界大地的“东风”。而这阵“东风”，就是与新工具相匹配的思维方式和组织模式，我们可以称之为 Know-How，即 know how to do。**

二

单独提起 Know-How 这个词，有点难懂。用通俗的话翻译一下，大致可以将其理解为“秘诀”。

就好比同样的食材、同样的炊具，很多人做出来的菜就是没有五星级大厨做出来的好吃。

为什么呢？当然是炒菜的方法不一样。材料的配比、下锅的先后、时间的掌控、多年来积累的经验……综合在一起，就是让食材变美味的秘诀。

而这套方法，也就是厨师的 Know-How。

如果我们把历史上的一切重要变革都当作一盘大菜，那么科技的发展、工具的迭代就是食材和炊具，而与新工具相匹配的思维方式和组织模式就是让这盘大菜变得美味的 Know-How。

我们拿这套逻辑来看看人类社会的起始——智人征服世界。

大多数人都知道，智人之所以能够战胜狮狼虎豹之类的猛兽以及其他更为强壮的原始人种，一个非常重要的原因就是他们学会了使用新工具——石器和火。

石器和火是很好的新工具没错，但我们来设想一下，如果给你石器和火种，把你送入原始森林中，会是怎样的一幅场景：

你费尽力气用石斧杀死了一头比你强壮的野猪，然后花费两个小时钻木取火，把野猪烤熟。然而还没等你吃到猪肉，横空出现的棕熊却跳出来咬住了你的脖子，顺便也享用了你烤熟的野猪肉。

也就是说，石器和火也许可以让一个独居的原始人生活得好一些，但很难帮 TA 征服世界。

那智人是怎么做的呢？他们明白个人的力量太过渺小而难以抵抗猛兽，于是就改变了延续了 200 万年的独居采摘的生活方式，以群居的协作模式分工合作，共同使用石器和火围猎野兽、烹煮食物。这样一来，工具的价值就呈几何倍数增长。

所以，现在我们来看“智人征服世界”这部宏大的史诗，石器和火的发现及使用就是基本的技术和工具，而群居分工合作的思想及组织模式就是智人征服世界的 Know How。

这样的逻辑，几乎适用于世界上一切重要变革。

令“六王毕、四海一”的秦国，在战争中可以说是百战百胜。

那么，秦军凭什么所向披靡？

除了得益于合金冶炼技术的发展，让秦军拥有了较其他六国更为先进的兵器，更是因为他们有一套能让新工具的价值发挥到最大的 Know-How——军功爵制。

军功爵制，斩首以得爵。用敌人的脑袋来换取爵位，脑袋越多，爵位越高。反观其他六国，没有任何一个国家的军事改革能像秦军一样彻底。

正是这种军事制度搭配先进的兵器，才让秦军拥有了歼灭百万六国军队的实力。

内燃机技术的发展和汽车的发明，让世界的一只脚从“马车时代”迈进了“汽车时代”。但是，想要让世界的另一只脚也跨入汽车时代，仅仅有内燃机和汽车是不够的。

直到流水线的生产模式出现。

流水线模式之前，每人每年仅能生产 1 辆汽车；但流水线模式出现后，每人每年平均就能生产 50 辆汽车。成本大幅下降，产量大幅提升。

也就是说，流水线这种模式的出现，就是汽车在全世界范围内普及并且从“贵族阶层玩具”变成“大众出行工具”的 Know-How。

流水线模式
推动汽车从“贵族阶层玩具”变成“大众出行工具”

在教育领域，新技术的应用也有赖于教学模式“Know-How”的出现。

就拿这次疫情中的“停课不停学”来说，教与学在短时间内完成了线下到线上的大迁移。如果没有教学模式的更新，仅有互联网和云教室，是无法完成这样的大迁移的。

这次史无前例的“停课不停学”，已经给教育留下了新一轮变革的基因。

更多案例，这里我们不再赘述。透过这些案例，我们能够总结的一个经验就是：**在关注技术和工具的同时，适配技术和工具的 Know-How 同样也是我们关注的重点。**

02 | 智能时代，教育 4.0 呼唤新 Know-How

2000 年前，孔子杏坛设教， 柏拉图兴创学园，启蒙之光在口耳相授中被点亮。

教育进入 1.0 时代。

500 年前，印刷文明初现，带来知识传播的重大变革，文明的普及以书本为载体。

教育进入 2.0 时代。

50 年前，互联网文明发轫，颠覆了信息传播的既有面貌，知识在网络空间中快速流动。

教育进入 3.0 时代。

今天，智能时代开启，一个数据化的世界日益显现，数据让知识与人的关系再次重构。

教育进入 4.0 时代。

时代变，教育变。当智能时代到来，孩子的学、老师的教将变得不同以往。

| 一 |

今天，通过书本来连接老师和学生的“班级授课制”，在很多人眼中，已经成为“大米饭”一样不可或缺的存在。

但这碗大米饭之所以能够进入人们的生活，其实经历了一系列重大变革。

其中浓墨重彩的一笔，同样要从科技说起。

在印刷术出现前，书籍十分稀少而珍贵，且大多数的“著书”都是为了“立说”，学生和书籍之间的距离非常遥远。这段时期，我们称之为教育的 1.0 时代。

在 1.0 时代，学生想要获取知识，主要依靠老师的口耳相传。比如说，在中国，大家都想跟孔子学；在西方，大家都想跟苏格拉底学。但老师的数量毕竟有限，老师的精力和生命也有限，所以不论东方还是西方，教育都是小众的，学习都是少数人的“权益”。

这种状态一直延续了几千年，直到古登堡印刷术的出现。

金属活字铸造和印刷技术难题的解决，让书籍能够以更加低廉的形态出现。据日本人庄司浅水统计，从 1450 年古登堡活字技术研究成功，到 1500 年这半个世纪内，遍布欧洲的印刷厂一共印刷了高达 600 万部金属活字书籍。

印刷文字的爆发，打破了知识的垄断，让知识传播的效率倍增。

然而，这个时候，“书籍”这种工具的普及仍旧不具备颠覆教育的力量。

书籍的大量普及并没有改变小众教学的现象，口耳相传的教学模式规模小、效率低，根本就无法满足新社会对于人才的大量需求。

真正意义上的现代教育，出现在 140 年后的 17 世纪。捷克民主主义教育家夸美纽斯提出了普及教育的主张，他认为“所有男女青年，不论富贵和贫贱，都应该进学校”。

在夸美纽斯出现之前，人们很难想象教育可以像工业化、流水线一样把知识快速“生产”出来。

但“班级授课制”这一整套 Know-How 的出现，就阐述了学年制、全日制、考试制度等一系列的学校教育改革方式，使教学内容和教育组织形式有了更符合工业时代的标准化、体系化特点。

与“班级授课制”相对应的教育思想也日臻成熟，即以知识的体系化、学习的流程化为特色的“大教学论”。

至此，世界教育进入 2.0 时代——大规模的学校出现，人人都有机会接受教育，书本把师生紧密连接起来，学生的学习效率也显著提高。

而这个时候，我们回顾教育 1.0 到教育 2.0 的变迁：其关键不仅仅在于技术的发展和新工具的应用，更在于“班级授课制”这个伟大 Know-How 完美适配了当时的技术变革，让知识实现了有组织、有模式的高效传播。

所以我们看到，教育变革与世界上一切重要变革有着相同的逻辑——在特定的时代背景下，新技术和新工具的出现，再加上适配技术变革的新的教学组织形式，即新的 Know-How，才可能会给整个教育生态带来颠覆性的改变。

| 二 |

同样的逻辑，我们来看看教育 3.0 时代。

在说教育 3.0 之前，我们先来说说 2020 年初新冠疫情下的“停课不停学”。

受新冠疫情影响，为了防止疫情在学校蔓延，包括幼、小、初、高、大学、辅导机构在内的一切教育场所全部延期开学。

但延期开学不等于不学，孩子们的学习阵地从学校转移到了互联网。通过视频、直播等方式，老师们在线教，孩子们在线学。学习这件事不仅摆脱了时空的限制，更摆脱了纸质书籍的禁锢，只要通过手机、Pad、电脑等互联网终端，孩子就能完成全场景的学习任务。

这次的“停课不停学”，其实是一个很典型的教育 3.0 时代的缩影——在线教育让孩子们可以脱离课堂的束缚，随时随地接受教育。

但这个时候，我们其实可以发现 3.0 时代下的一个十分重要的“漏洞”，那就是：虽然拥有了互联网这个新工具，但并没有形成与新工具相匹配的思维方式和组织模式。

什么意思呢?

随着互联网技术的高速发展，电脑、手机、Pad 等新工具也日益先进，这就给教育进入 3.0 时代提供了技术支持。但这仅仅意味着上课的场所从教室搬到了互联网，而孩子们学习的内容和学习的方式和从前相比并没有大的改变，依旧是在标准化的课堂上学习标准化的内容——这也就是为什么大家身处 3.0 时代，而并没有感觉到在线教育对孩子们的学习有很大的颠覆的原因。

| 三 |

现在，让我们把视线拉回到今天。

毫无疑问，人工智能、大数据、云计算、5G 等新兴科技，已经用一种势不可当的态势把人们推进了智能化时代。如雨后春笋般出现的智能化设备，已经实实在在地改变了人们的生活方式。

大街上跑的可能是无人驾驶的智能汽车；做饭、送快递甚至看病的也可能是智能机器人；人们对生活娱乐的一切需求，几乎都可以通过手上的那台小小的智能手机来完成。

而关于学习，智能化的学习终端也已经应运而生。通过智能化学习终端，孩子的一切学习路径都被记录下来变成大数据永久地储存在云端；基于大数据的分析，人工智能会给孩子推荐 TA 最该学的知识点和最该做的那一道题。

时代变了，学习工具变了，适合新工具的 Know-How 没有道理不发生改变。

那么，什么才是智能时代教与学的新方式、新模式，也即新的 Know-How 呢?

这也就是本书想要探讨的重点——智慧学习。

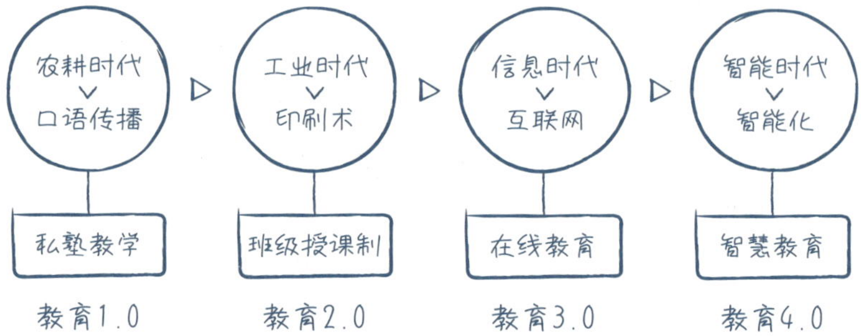

在智能时代，“智慧学习”就是我们给出的与智能化工具相匹配的 Know-How。

吴军在《智能时代》中指出：在未来的智能时代，受益者可能只有 2% 的人，也就是那些在智能革命到来之际拥抱新技术变革大潮的人们。

在教育领域，智能时代技术变革的大潮也为教育带来了巨大的改变。

基于人工智能技术支持的互联网和大数据系统，教育的连接范围、连接时效性被大大增强；教学内容，从单向输出向互动化、场景化学习转变；数据被采集、分析、流转；教与学的方式，正从标准化转向个性化。

这时候，对教育中的每一个角色来说，需要的是着眼未来，率先拥抱新技术、应用新工具，为自己成为受益者创造更多可能，而不是被时代前行的步伐所抛弃。

我们期望能够和老师、家长们一起，用智能时代的视角来看教育，让孩子们以更加智慧的方法来学习，帮助他们真正能够赢在未来。

03 | 智慧学习，打开教育 4.0 的大门

技术的革新，推动着人类社会的进步。从蒸汽时代到电气时代，从电气时代到信息时代，从信息时代到智能时代，人类社会的每一次跨越都源于划时代的新技术、新模式的应用。

今天，AI、大数据、云计算等新技术已经涌现，它们与教育相结合，将为老师的教、孩子的学带来改变。

那么，有了先进的技术、智能化的工具，学校的教学效果、孩子的学习效果是不是就一定能迈上一个新的台阶？

事实上，同样的智能技术应用，与不同的学校相结合，往往会产生不同的化合反应，得到不同的结果。凡是应用成果好的学校，均是在技术之上形成了智慧学习模式的学校。

| 一 |

我们先来看一下，通常技术创新是如何驱动社会变革的。

蒸汽机技术的发明，开启工业化时代；电力技术的发明，推动人类进入电气时代；计算机与网络技术的发明，引领第三次科技革命，人类进入信息时代。

每一次社会变革，这中间都有很多的逻辑链条：技术创新推动工具的变革，新的工具应用，使人们认识世界和改造世界的能力越来越强，催生出了新的生产组织模式，于是原有的利益分配体系重新洗牌，导致社会革命。

其中，“技术创新”与“模式创新”这两个变革要素是关键。

技术创新，是从无到有的发明创造，比如说瓦特改良蒸汽机、电力和内燃机的发明、中国古代的四大发明。

模式创新，是在现有的新技术层面上，对技术、工具的使用方式和生产生活的组织方式进行创新，比如说基于网络与信息技术的电子商务、移动支付。

技术创新带来的是效率提升的可能性，而唯有生产和生活模式的创新才能让我们每个人享受到技术发展的成果。

举个例子：

中国火器

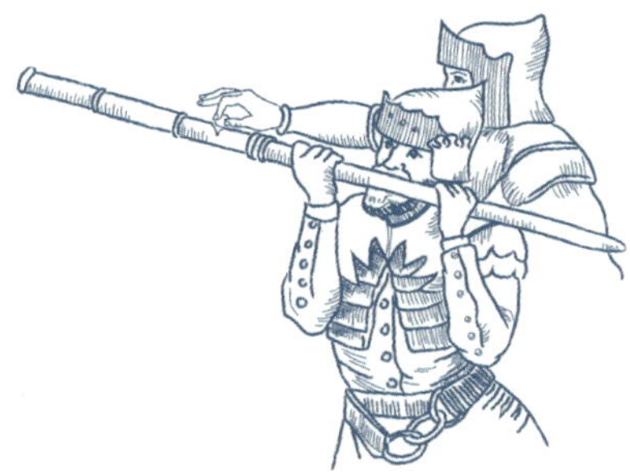

西方枪炮

在古代，东西方都发明了火器，火药被称为中国古代的四大发明之一，唐朝末年火药就被应用于军事了。

为什么火器在西方演变成了现代的枪炮而中国没有呢？新技术是出现了，但是中国没有将之运用到战争模式的升级当中去。

在中国，作战讲究的是冷兵器时代的那一套军事谋略、排兵布阵、战争的仪仗，较少谈武器，把火器的应用视为战争中的奇技淫巧。

相反，西方没有这样的战争文化和思想束缚，他们基于定性、定量的实证科学方法，不断迭代火器技术和应用产品，并在此基础上发展出了现代军事思想和作战模式。

而中国的火器水平一直停留在 16 世纪之前，并没有发生实质性的迭代而成为现代武器。火器的作战运用也在明朝晚期被欧洲远远甩在后面。

到了洋务运动时期，清朝认识到了先进装备的重要性，为清军配备了一流的洋枪洋炮，包括先进的连发步枪、加特林机关枪、后膛炮。在当时，北洋水师的装备实力曾一度是东亚第一。

但是，由于缺乏近代军事思想，军事编制单调混乱，在战术运用上，清军因循守旧，囿于国内战争的旧方法，最终导致甲午等战役中的一败涂地。

可见，虽然清军装备了世界先进的武器，但骨子里还是一支封建模式的古代军队，军事水平和作战模式还停留在冷兵器时代，势必会输掉战争。

所以，要想实现革命性的发展进步，只做到了技术创新、产品创新这一层仍远远不够，还必须要有与之相关的一套新思想、新组织模式的变革创新。

事实上，每一项新技术都需要与使用场景相融合，在这个过程中发掘出新的产品需求，并建立起能够适应这些需求的新思想、新模式，从技术到产品，从产品到模式，搭建起一整套的带来变革创新的“Know-How”。

| 二 |

回顾人类的教育发展史，也是基于技术层面进行组织模式上的变革创新，打通了这一套“Know-How”，才得以实现从私塾教育到班级授课制的跨越式发展。

北宋时期，毕昇发明了活字印刷术，西传到欧洲。欧洲文艺复兴前期，德国人古登堡发明了金属活字印刷术。

古登堡发明金属活字印刷术

古登堡印刷术在欧洲普及非常快，50 年内就涌现了 3 万多种印刷品。可以说，这项技术的发明，让知识传播的范围拓展、效率倍增。

有了批量可复制的书籍，先进经验通过书本广泛共享，但印刷技术、书籍的普及此时还不能带来教育的颠覆性变革。

要打破以往教育只属于小众阶层的现状，实现知识传授的普及性、系统性、连续性，还需要现代的教育组织模式。

直到1632年，捷克教育家夸美纽斯出版了《大教学论》，创造性地提出了现代学校的组织形式，才完成了从印刷书籍到现代学校教育思想革新的关键一环。

夸美纽斯认为，要“把一切知识教给一切人”，主张普及初等教育。他比较完整地提出了班级授课制的相关理论，提出了扩大学科的门类和内容、完善学校体系，阐述了学年制、全日制、考试制度等一系列的学校教育改革的方式，使教学内容和教育组织形式标准化、体系化。

因为夸美纽斯，现代学校以其特有的集约化、标准化组织优势以及高效运作模式登上历史舞台，延续至今。

这种教学组织形式的确立，其实并不容易。试想，在近现代标准化教学之前，知识是混沌的状态，人们怎么知道一个知识点是属于数学的领域还是物理或化学的范畴？学科领域是怎么被清晰地划分的？直到现在，在一些学科领域，还仍然有学者对本学科的核心与边界甚至是学科的合法性存在争议。

> **可见，如果没有教育思想上的革新、没有组织形式上的革新，班级授课制就不会出现；这一套从新技术到新工具、新思想、新模式的“Know-How”没有走通，就没有今天这样大规模、标准化的现代教学。**

三

今天，在人工智能时代，大数据、人工智能、5G等新技术的发展，再一次推动教育迎来跨越式发展。

但是，我们也看到，先进的教学装备走进课堂，传统的教学“老三样”黑板、粉笔、课本换成了“新四样”电脑、网络、白板、多媒体课件后，对很多学校来说就像装备了一流洋枪洋炮的北洋水师一样，这些技术设备进驻校园后，大多因为和教学应用脱节而成了点缀，工具的变化“雷声大”，但学习效果的变化“雨点小”。

教育的进步，从来不是简单的新旧教学设备的替换。

只有把新技术、新产品应用到教育的实践中，运用到课堂的核心场景中，改变传统的学习模式，才能真正提升教与学的成效。

比如说山东省临沂高新区高级中学，从往年仅零星几个孩子上本科，到2019年本科上线率一举超过40%，跨越式进步的背后，正是因为应用了全新技术产品后实现了课堂学习模式的创新。

在临沂高新区高级中学的课堂中，每个学生的书桌上都放着一台智能终端，老师的手中也有一个终端，小小的终端连接着师生，组成了智慧课堂。课堂上，整个班级的孩子，依据学习数据被分成各个学习小组，每一个小组的孩子互相补充、各有分工。学生在接收老师推送的学习任务后自主学习，然后带着各自的疑问来到课堂；上课时，老师先不讲课，每个学生的问题先小组内部解决，之后小组学习数据实时同步给老师，针对小组内部没有解决的问题，老师有针对性地讲解。

经过预习、小组学以及各个环节的测试，老师通过学习数据，能够清楚地了解每个学生当前所处的层次，然后分层布置作业。

这就是临沂高新区高级中学的“AI小组思辨课堂”：依托大数据、AI技术、教学智能终端，设计“三段八步”的教学流程。从学生自主学习、小组合作学习、课后复习三个部分，让学生以自己的需要为中心，站在课堂中央，成为学习的主人；让老师通过数据研究学生，实现因材施教，成为学习的引路人；让教学提质、增效、减负。

所以，真正让改变发生的，不是技术和产品本身，而是以教师为中心、以教材为中心的知识传授模式让步于以学生为中心、以问题为中心的教学模式。

这种教育理念和教学模式的创新，也正是教育发生变革的实质与核心。

先进的技术和装备已经具备，再加上与之相适应的教育新理念、新模式，形成一整套学习全流程的“Know-How”，智慧学习也已经迈出了坚实的一步，让更多孩子得以迈入一个全新的智慧学习时代。

04 | 在智能时代，让孩子们智慧地学

人工智能、大数据等新技术的应用，改变了我们的生产和生活。

在制造业，全自动的装配线上，机器人高效完成重复工作；在医疗领域，智能影像可以快速进行筛查，更早发现病灶；在交通领域，基于传感器、计算机视觉等技术的无人驾驶，已经上路测试……

智能革命，已经来临。科技在加速向前，教育在深刻变革。拥抱新技术，应用新工具，才能让我们有机会成为时代的受益者。

那么，智能化技术是怎么应用到学习中从而让孩子的学习变得更加智慧呢？

| 一 |

在学习的过程中，课前预习是学习闭环中打头阵的部分，非常重要。

一方面，孩子通过课前的预习，对要学的新知识有了一定掌握，在听课的时候就能有所侧重。

另一方面，预习的结果反馈给老师后，就能帮老师进一步确定备课的重难点、课上知识点容量。

但是，在传统预习中，绝大多数情况下，孩子课前自学中的疑问、困惑是无法传达给老师的，自然也不能帮老师来了解孩子们的预习情况从而进一步修正教学方案。

现在，智能化的技术和工具，正在弥合这个裂隙。

OK 智慧教育开放平台就给师生提供了教师空间、学生空间、云课堂。孩子在家，用电脑或者 OK 学习机登录学生空间，就能查看老师发布的预习课件。

孩子通过预习找出自己学习的重点、难点，自学数据再传输到教师空间，老师就能更精确地了解班级学情，以解决孩子问题为导向，更好地进行二次备课。

打通了课前预习中孩子向老师反馈学情这一环，反哺了孩子们课上的学习效果，孩子们课堂上的学习效率提高，课后自学也会更高效。

山东省曲阜市第一中学的高一学生们，疫情期间在家实现了减负高效的学习。

课前，学生们通过登录学生空间，接收到老师布置的预习内容，看微课、导学视频。后台对学生们的学习进行过程数据追踪，学生根据自己的学情报告重点学习不会的知识点。

曲阜一中的孔同学在给班主任发消息时这样写道：

对于我们来说，直播课与学生空间学习使我们增强了学习的自觉性，充分利用网络资源，使我们主动抓住网上学习的机会，让我们足不出户就能很好地学习。

不止是山东曲阜一中，包括湖北、四川等在内的千余所地方城市学校，都充分利用了智能化的技术和工具，让孩子们实现了智慧高效的预习，成为这次疫情特殊教学体验下的受益者。

一步先，步步先。

| 二 |

再来说孩子课上的学习，和课前预习一样，传统学习模式也避免不了信息断层。

举一个课堂上常见的场景做例子：

老师在课上提了一个问题，大部分孩子在琢磨，有一小撮孩子在开小差，这时候，有几个反应快的孩子举手，老师叫起一个，答对了。那么接下来，老师可能会简单补充两句，如果没人再提出疑问的话，一般就继续讲下一道题目了。

长时间下来，结果会怎样呢？

大概率就是，反应快的被老师重视，反应慢的屡屡受挫，开小差的渐行渐远，成绩差的跟不上，成绩好的吃不饱。

从这个小场景我们不难发现，在传统的学习中，孩子课上学一个知识点的时间成了常量，但对这个知识点的掌握程度却成了变量。

事实上呢，孩子对知识的彻底掌握才应该是常量，而孩子学会这个知识要用的时间才应该是变量。

那么，该如何扭转学习中的这种错位现象呢？

在部署了智能设备的班级中，每个孩子的手中都有一台智能学习终端，老师的手里会有一台智能教学终端。

随堂练习被推送给孩子们后，孩子们做完了练习，练习数据被采集分析后，共性的问题反馈到老师那边。比如，在山东省东营市东营区第一中学的一个班级，针对“轴对称现象”这个知识点，通过对孩子们的学习数据进行分析，发现掌握程度不足的有 34 人，老师可以就这个知识点集中讲解，提升班级整体成绩。

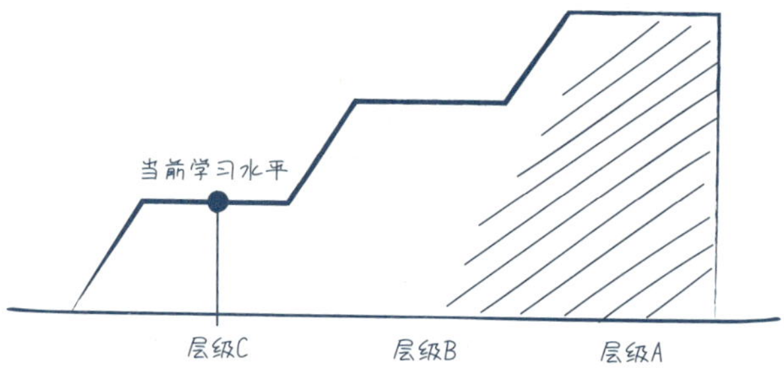

智能学习工具，精准定位孩子当前学习水平

对于个性的问题、听不懂的地方，学生可以进入云课堂反复回看录播课，还可以找老师或者同学答疑解惑，这就提高了学习效率和针对性。

在这样的学习模式下，推送给孩子的练习内容也会越来越个性化：接受能力强的，会匹配到更高难度的练习内容；认知能力弱的，学的是较为基础的习题任务。

孩子们收到的是适合自己水平的内容，学习的积极性、自主性也将大大提高。

三

数据技术对学习最大的作用，是在孩子课后自学的环节。

现在，很多孩子在课后都会上各种辅导班、做大量的题，但通常情况下，题刷了一遍又一遍，课上了一节又一节，问题还是没有解决。付出和结果严重不对等。

这背后的原因有很多：不清楚孩子的问题是什么，学的内容不匹配；或者停留在“头痛医头，脚痛医脚”的层面，学的方法不得当，治标不治本。

那么，数据技术和先进工具将如何解决这些问题以便帮孩子更好地自主学习呢？

一方面，大数据和人工智能，以极细的数据颗粒度罗列出每一个知识点考查了什么，知识点之间的关系是什么，重点、难点知识点有哪些。

把知识点标准化，构建出知识图谱。这是知识被标签化、结构化了。

另一方面，通过 AI 技术、人机交互的方式，机器会抓取孩子的学习痕迹，孩子的学习数据被实时地记录和积累。

对数据进行分析，构建出学生画像。这是人被标签化了。

这样两相对应下，知识就能有方向地流转到需要的人身上。

孩子使用智能硬件学习时，选择题、填空题、简答题，所有题型的作答记录都能被图文识别技术精准识别，这样，孩子的学习数据就更加全面。

比如某中学的一个学生，根据其学习行为，智能学习终端详细记录了答题量、答题正确率、错题量、错题重做量，发现总答题量为 431，错题为 296，并从中找出 25 个掌握程度欠缺的知识点。

这些失分项也将呈现在孩子个人的客观信息系统中。打开学习终端，这位学生就能看到自己哪个知识点没学好、每个知识点的掌握层级是什么。

这就是通过智能学情分析，精准定位出孩子的学习漏洞。

找到了关键问题，接下来就是针对不会的进行相应层级的强化练习。

每个知识点下，都有专门的视频讲解、专项练习和专题测试等。根据孩子当前的掌握层级，来设置相应难度的学习内容和资源。就像一位有着多年任教经验的老师，精确了解孩子的知识掌握情况，并随时给予讲解。

通过平台数据进行对比分析后得出：部分知识点达到了“掌握”程度，平均需要两个课时的课堂学习。

如果当前知识点下，孩子自主学习后还是学不会，学习规划师会根据孩子的学情诊断报告找到影响孩子学习的根源问题，为孩子匹配最擅长教这个知识点的老师，点拨孩子的思维方法。

这就是通过智能推荐，为孩子匹配到最适合 TA 的学习内容，帮助 TA 用最适合自己的学习方式学习。

在具体的练习过程中，通过智能批改，让孩子能从实时反馈中发现不足并更正。

比如，孩子练英语听说时，可以点击一下屏幕上的录音按钮，智能学习终端会针对孩子朗读的标准度、流利度、完整度实时生成专业口语指导报告，孩子从实时反馈中发现问题再进行有针对性的练习。对标注出的错词、难句，孩子可以进一步学习递进难度的内容，举一反三。随着学习的积累，个性化的学情分析曲线自动生成，让孩子全面了解自己的学习水平。

基于课前预习、课上学习、课后练习，数据和技术应用到孩子最需要的场景当中，让孩子能精确地了解自己不会的知识点。

> **知识有了方向，孩子要做的就是用最适合自己的方式在不会的地方学习，完成一整套以“数据导学”为核心的智慧学习。**

人工智能时代，传统教育的优势日渐转微，加持 AI 科技的学习模式将顺势调整传统教育中的不足之处，孩子的学习向个性化方向发展。

05 | 智慧学习的四个方法论

智慧学习一定是基于技术环境的吗？如果没有智能软硬件系统，是不是就不存在智慧学习了呢？

答案是否定的。“智慧学习”首先是一种思维方式，其次是一套学习方法。

没有智能化的技术环境，同样可以智慧学习。只不过，智能化技术能够基于网络和数据更好地实践这套理念和方法。

今天，我们就把这一套智慧学习的方法论告诉大家，也就是我们总结出的智慧学习的“Know-How”。

这是我们从多年的教育实践、技术研发，以及几十万师生的教学数据中，总结的研究成果。它绘制了面向未来的学习蓝图，创新性地提出了智能时代智慧学习的四个方法论：找到拐点、在学习区学习、学法点拨、刻意练习。

| 一 |

我们知道，在孩子的学习中，学到的知识往往难易有别。

拿最简单的来说，从 1+1、1+2……1+8 再到 1+9，就不是一个难度等级，因为涉及了新的知识点叫“十进位制”。但是，我们往往只知其一（这是一个新的知识点）而不知其二（都是知识点，为什么就难了）。

其实，看似简单的两个知识点，难就难在中间的跃迁，需要孩子的思维从数手指头的经验运用跨越到抽象的规则应用。也就是说，这两个知识点之间存在着一次大的能力跨越。

这个跨越就是孩子在知识点之间需要迈的“台阶”，我们称它为“阶点”。

所以，问题就来了：当孩子需要迈过去的“台阶”太高、太难而超出了孩子现有的认知和能力时，TA 很可能就会迈不过去，这儿就成了孩子的“拐点”。

比如，我们在对河北一所中学初一的 900 名孩子所做的调研中就发现，其中有 234 个孩子在刚入学时数学成绩出现了明显下滑，有 141 个孩子出现了数学课堂不适应的情况。

孩子用六年的时间，在小学阶段训练“数”的应用与计算，到了初一的时候突然发现有叫“代数”的东西，那么，这个概念对孩子来讲就太陌生了。数和代数，中间的这个阶，对孩子来说需要完成的是从“围墙”一侧迈到另一侧的难度。一旦孩子没有完成思维转换、知识迁移，势必会迈不过去。

一个事实是，知识之间的阶点是客观存在的，孩子必然存在可能迈不过去的拐点。

所以，为了防止出现苦学无效、成绩滑坡现象，在学习中，及时关注学不会的知识，找到并突破拐点就非常必要了。

尤其需要强调的是，如果要学习的知识需要跨越的“台阶”太高，遇到了拐点，靠孩子自己必然迈不过去，这就必须要老师或家长来帮一帮、扶一扶，给他们搭一些阶梯迈过去。

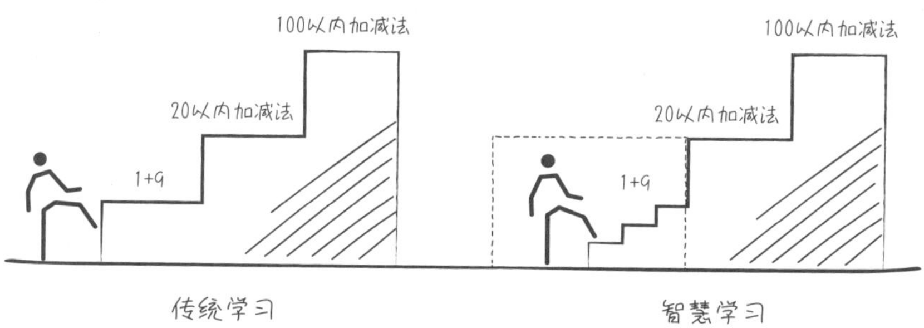

当下，我们之所以把找到拐点作为学习的关键一环提出来，就是因为，智能化的工具已经能帮助我们非常直观精确地掌握孩子的学习数据了。

也就是说，今天的人工智能、大数据已经能帮助老师了解孩子的拐点所在。那么，孩子在迈这些阶点的时候，教学中应该有的“Know-How”是什么呢？

就是及时关注拐点、预警拐点。如果出现拐点，今天的智能学习设备也已经能根据孩子具体的问题匹配出对应阶梯的学习内容了。

这是智慧学习的第一个方法论。

| 二 |

同样的逻辑，如果说已经了解到孩子的拐点在哪儿了、知道该学什么了，是不是就可以一味地把我们认为好的内容、认为优秀的老师不加选择地给到孩子呢？

其实并不是。这样带来的一个最直接的后果就是：如果难度系数太高，孩子完全掌握不了，就会打击孩子的自信心。

比如，北大附中的孩子们不少都是能上清华、北大的尖子生，他们所做的题，老师都不一定会，但如果把这些练习直接给到普通学校的孩子们，告诉他们这是名校的资源，告诉他们这有名师的指点、好好学，孩子们很可能就慌了，简单的还不会呢，这些内容更是无从下手。

反过来呢，如果说，孩子们已经越过了个位数的加法，开启了十位数的加法，甚至已经到了乘法、除法的时候，再告诉 TA 把个位数加法好好练一练。

那么，在这种无效、枯燥的重复当中，不仅浪费了孩子的时间，还虚耗了孩子本该用在不会的知识上的精力。

这就好比人走楼梯一样，如果这个“阶”设置得太高，人在走的过程中，身体势必会吃不消，一崴一咧，失去平衡；如果“阶”设置得太矮，势必会使人不停地小步重复，白白增加消耗。

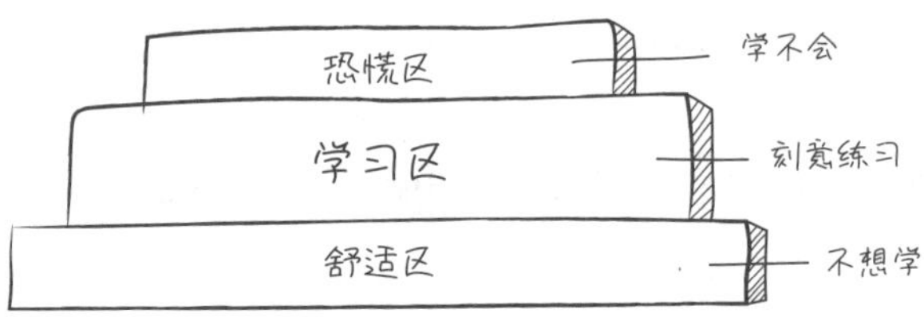

所以，对于孩子们来说，给他们的学习内容，应该是在合理的“阶”范围内的内容，孩子熟悉且跳一跳能够得着。那么，这个范围，在智慧学习中，我们把它叫作“学习区”。

进入学习区，有一个通用原则，就是 85%+15%，85% 是孩子熟悉的内容，15% 是孩子陌生的内容，让孩子在已知的基础上主动去探索未知。

这当然不是为难家长，因为在今天这种技术背景下，其实是能够根据孩子具体的学习过程采集到孩子的学习时间段、学习内容、掌握层级等多样化的数据，并且综合判断出孩子的学习喜好和学习层次的。

就拿我们经常使用的美团、淘宝来说，你为什么会产生软件“监视”了自己的错觉呢？就是因为你在使用这些软件的过程中，系统自动采集、记录了你的需求喜好、价格区间、所处区域，然后产生各种各样的用户标签，经过智能分析，把你可能需要的自动推送到你的账户上。

一样的道理，在孩子的学习过程中，哪里是孩子会的，哪里是孩子不会的，孩子处于什么层级以及需要匹配哪些内容，数据也会让孩子的学情变得一目了然。

这也是为什么我们提出要在“学习区”学习，就是因为人工智能技术已经可以实现学习内容与孩子学习需求的智能匹配了。孩子们“想不想学”“有没有兴趣学”这一根本问题，基于此就能得到很大改善。

这也是我们基于人工智能时代提出的智慧学习的第二个方法论。

| 三 |

前面我们强调了找到拐点、让孩子在学习区学习的重要性，但是，往往我们找到了拐点，孩子很可能不会迈台阶；我们评估了孩子的能力、给孩子适合的内容，孩子却不知道用什么样的方法学；那么，这时候，就必须给孩子必要的学法指导了，而不是让 TA 在那儿不停地受挫、不停地摸索。

这也就是我们要说的，在孩子具体学习过程中的第三个“Know-How”：给孩子必要的学法点拨，让孩子会学。

事实上，作为老师，最高的追求就是孩子自己会学。

什么意思呢？就像运动员进行游泳训练一样，专业的游泳教练一定是让运动员掌握游泳最科学的姿势，然后再让他们训练，而不是他们一上来就直接挑战100米，练不到某个成绩就一直练。所以，在这里，问题的关键在于，孩子有没有掌握形成技能的方法。

“学法”这种东西，听起来似乎很虚幻，看不见也摸不着，但却切切实实影响着孩子的学习效率、学习效果的方方面面。

其实，孩子整理笔记就是掌握某个知识点时最基本的学法梳理过程，是孩子充分理解某个知识点的思维方式最直接的体现。只有掌握了认识这个知识的方法，然后建立起自己的学习逻辑，才能真正会学。

比如，在孩子的学习过程中，往往会有很多“原认知”的知识，对孩子来说，这类知识往往是一个全新的认知。只有掌握了理解这套知识的方法，才能真正学进去。

像物理中的声学、电学、力学就完全是不同板块的东西，这也是为什么一开始接触力学或者一开始接触电学往往会有一大批学生遇到拐点的原因，就是因为他们没有掌握相应的思维方法。

然而，在过去的教学中，由于知识的传递往往占据了老师大部分的时间和精力，同时，老师也无法了解每个孩子具体的问题，也就无法给孩子有针对性的学法点拨。

在今天，大数据技术已经能从知识学习能力、学习轨迹等维度建立起数据采集标准，通过多角度的数据采集、标签生成，最终用算法匹配给每个学生最适合的指导老师，进行学习方法的指导。

四

前面三点，我们说要找到孩子不会的知识点，找到适合孩子的学习区域，让孩子用正确的方法高效学习。其实，都强调了一个很简单的道理，就是学习要有针对性。

智慧学习模式中的第四个方法论就是：刻意练习。在关键点上进行有针对性的训练，这个训练才是有效的。

比如短跑运动员的训练，如果每次都让TA跑10次100米，或者跑10次50米，而不做任何要求，那么，TA可能跑一辈子也不会成为100米短跑比赛的顶尖选手。

专业的教练，往往会怎么样呢？会在这个过程中，时时检测运动员的状况，了解TA的心脏承受能力、机体承受能力是否还有改善的空间，哪里可以改善。然后，有针对性地制订训练计划。

假如这个孩子一开始的极限在19秒、18秒、17秒、16秒，但是，如果TA的身体机能尚有余力，却不在这个临界点之上去训练，那么孩子就可能会进不到 14 秒、13 秒、12 秒甚至跃升到 11 秒，未来就难以成为短跑领域的顶尖选手。

杰出的钢琴家也是如此，不是懂了所有的音符，把它组合出来，一个美妙的乐曲就出来了；而是要从简单的音符、简单的曲谱，到复杂的曲谱，一遍遍有目标地练习熟练度、流畅度，练习力度、指法等，才能让自己的熟悉程度不断提高。

同样的道理，不让孩子淹没在书山题海，不让孩子进行无谓的练习，就是希望孩子能进行有针对性的练习，只练自己不会的，只练自己该练的。

所以，最重要的是，我们每次布置的作业，我们要求看的资料、要求的训练都应是“刻意练习”。

事实上，孩子比我们想象的要上进、比我们想象的要追求成功，如果家长、老师愿意坐下来跟孩子进行平等的交流，你会发现孩子懂事的程度是超过我们想象的，但是，如果孩子在学习的过程中一再受挫或者进行无谓的消耗，那么孩子的学习兴趣就会削弱。

也就是说，只有经过有目标、有计划、有反馈的刻意练习，同样的知识，孩子才能更有兴趣，才能掌握得更好，甚至熟能生巧，向更高一级进阶。

比如，孩子小学数学非常优秀，水平很高，和同龄孩子相比，同级内容已经非常熟练，是不是可以选学奥数呢，或者在训练数的时候引入代数的思维呢？将来能不能在学代数的时候引入几何空间思维呢？能不能在空间思维的基础上引入矢量思维呢？

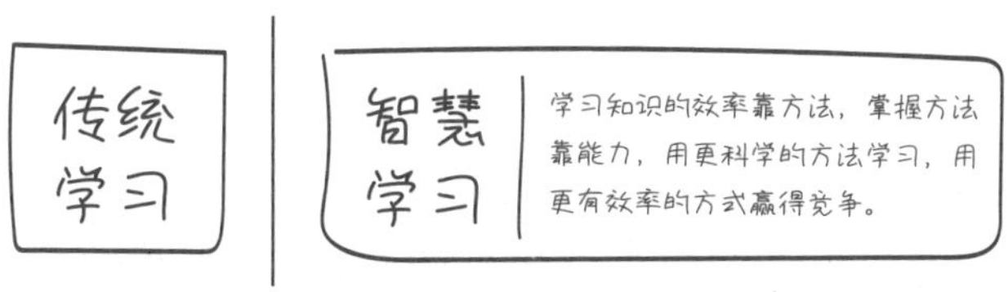

我们发现，如果在教物理的时候引入矢量思维，孩子们学物理很大程度上会一马平川，因为物理的解题无非就是受力分析和解析，这其实是数学思维。

那么，关于这一点，在智能设备的支持下，孩子每个知识点掌握的等级程度其实是一目了然的。

这也是为什么在智能化的今天，我们所要强调的：让孩子在学习区学习、在拐点处突破、在关键点上练习，才能真正学懂学通、熟能生巧，不断成就自己。

CHAPTER 04 | 第四章

智慧学习，从找到拐点开始

学习过程中，知识点与知识点之间客观存在着难度“阶梯”，在智慧学习中我们称为“知识阶点”。如果这个“阶”太高、太难，超出孩子现有能力和认知，孩子迈不过去，这个阶就会成为孩子的“拐点”。孩子成绩忽然断崖式下滑；小学很优秀，初中却跟不上了；学了很多遍，但总是学不会……这些学习问题的背后，往往就是因为孩子遇到了“拐点”。因此，解决学习问题的根源在于找到孩子的“拐点”，帮助孩子完成知识“跨阶”。

01 | 今天，有必要谈谈学习中的拐点

经过 7 年探索，我们总结出了智慧学习的四个 Know-How，即找到拐点、在学习区学习、学法点拨、刻意练习，并于 2019 年正式提出。**智慧学习的第一个 Know-How 就是找到拐点**。拐点很重要，它关系到孩子学习成绩的长期走向。

那么，“学习拐点”到底是什么呢？

| 一 |

在 2020 年这个让全中国人民印象深刻的新年，新冠疫情的暴发让“拐点”成为一个热词。

“我们期盼的疫情拐点将要出现”

“一个月内疫情拐点或将到来”

“正月十五前疫情可能出现拐点”

…………

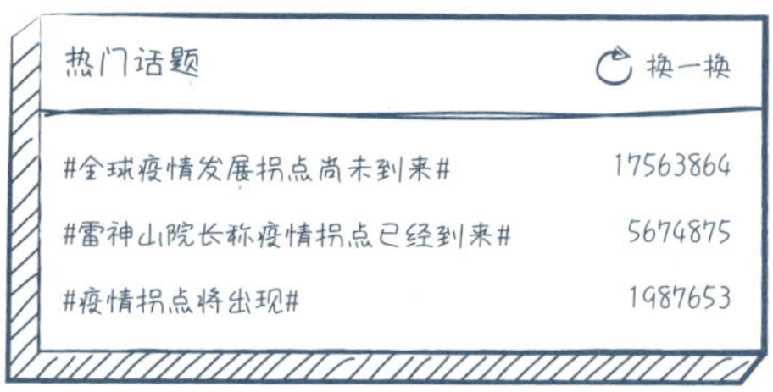

疫情期间与拐点相关的热门话题

这些都是疫情期间大家热议的话题。那么，在认识“学习拐点”之前，我们就先来看一看，在这场全民抗疫战中，大家是如何看待拐点的。

疫情拐点承载着大家的期盼。从 1 月下旬抗疫变成一场全民战时，全中国人民都期盼着疫情拐点的到来。

早在 1 月 28 日，我国疾病预防控制中心主任高福就率先提出了关于疫情拐点的推论，他提道：“目前防控措施在起作用，疑似病例在减少，如果按照现在的措施，应该在近期能看到一个拐点，预计元宵节情况可能好转。”

由此我们不难看出，我们之所以期待拐点，是因为当疫情拐点出现，就表明疫情的发展将出现扭转性的变化。

所以，对于拐点的一个基本了解是：当拐点出现，它预示着事物在发展的过程中发生了转变。

| 二 |

这次疫情中，拐点还出现在疫情暴发后人们“后见之明”的反思当中。在疫情发展的时间轴上，有很多关键事件，人们也把其称作拐点。

比如，吹哨人李文亮等医生的预警。

风起于青萍之末，早在 2019 年 12 月 8 日，武汉就已经确诊了首例新冠病例。然而，在武汉中西医结合医院向省、市、区疾控中心反映后，至 12 月 30 日，武汉市中心医院眼科医生李文亮等 8 名医生在微信群发布消息时，一直并未受到人们重视。直到 1 月 20 日，才最终发布肯定新型冠状病毒存在人传人的现象。

而恰恰在预警后的 1 月 1 日到 20 日的近 20 天里，湖北省两会仍在正常召开，武汉市百步亭社区“万家宴”照常举行，大规模春运轰轰烈烈地进行了近十天。

当病毒人传人的苗头出现后，是疫情发展的一个关键点，如果及时控制住，就等于拉下了疫情蔓延的急刹车。但是，吹哨人的预警没有得到足够重视，一传十、十传百，让传染基数、传染概率快速增长，造成感染人数大规模上涨。

作为事后者，人们会对关键事件作出一些假设，很多人都说，如果当时重视李文亮医生的预警，在春运前控制住出汉人数，疫情的发展态势就不会蔓延至全国。

还有很多个假设：如果武汉封城后，500 万的“离城潮”得到有效管控；如果疾控中心发现病毒人传人后，及时向社会公布，采取强硬措施……

当然，这都是事后者基于“上帝视角”的后见之明。但回过头来，在反思的时候，我们把这些事件称为“拐点”并不约而同假设那么多“如果”，都是因为这些关键事件的应对处理方式影响着全局的走向。

所以，对于拐点我们应该有的第二层认识是：**拐点是事物发展过程中的关键点，如何应对拐点决定了事物之后发展的好与坏。**

其实，拐点并不陌生，它以各种形式存在于各个领域当中。

在生物进化中，拐点是一个个生物进化的分化点，人类就是从一个单细胞在进化的拐点上不断分化而成为智人；在技术发展过程中，拐点是科技的一次次跃迁点，我们亲历的互联网技术到移动互联网技术，就是一个科技拐点；在企业发展过程中，拐点是企业的变革转型点；在历史发展中，拐点是一个个历史的转折点……

迈过一个个拐点，灵长动物发展成为智人

| 三 |

这时候我们再来看“学习拐点”。

为什么我们要沿用“拐点”这个词并提出“学习拐点”呢？

孩子学习的过程也是一个动态变化的过程，学习时，孩子不可能永远保持常态，像匀速运动一般前行。

经常出现的情况是：

有的孩子小学学习很好，但是到了初中忽然下跌；有的孩子努力程度一如往常，却忽然之间跟不上老师的进度；有的孩子学习就如同过山车一般，时好时坏，老师也把不准。

变化，也是孩子学习的常态。

也正因为如此，在中国，所有的父母都有一个一致的担心，那就是自己的孩子忽然被落下！

所以，家长会让孩子多学多练，提高熟练度，来应对被落下的风险；会让孩子超前学，把下学期要学的内容在假期提前学了，这样再学的时候就多了一重保障；会给孩子买成堆的学习资料，报一个又一个辅导班，让孩子尽量扩大知识学习范围，不会的等于又学了一遍，学会的等于提高了熟练度。

> **然而，变化背后的关键是拐点，如果我们能找到导致孩子学习出现变化的拐点，让孩子只学自己该学的，孩子就能从关键处着手，更高效地解决学习问题。**

疫情的发展情况是每天实时更新的一串数字，但是找到数字背后疫情变化的拐点，人们才能研究清楚疫情发展的情况，制定出更好的对策。

同样，孩子的成绩也是一串数字，找到数字背后导致成绩出现变化的拐点才能找到学习的症结所在，从而真正解决学习问题。

当我们认识到拐点对于事物发展的关键意义时，我们也该意识到帮孩子找到“学习拐点”对孩子学习发展的重要作用。

02 | 相同的知识点，不同的拐点

正如前面所提到的，变化是学习的常态，而变化背后的关键是拐点，那么，学习拐点从何而来？孩子为什么会遇到学习拐点呢？

| 一 |

先来看一个例子：1+1、1+2……1+8 和 1+9 之间，有差别吗？

在成年人看来，是没什么差别的。

但事实上，对于一个刚学数学的孩子来说，1+1、1+2……1+8 难度可能差不多，但是 1+9 却和前面的根本不在一个难度等级，它们之间有着巨大的差别。

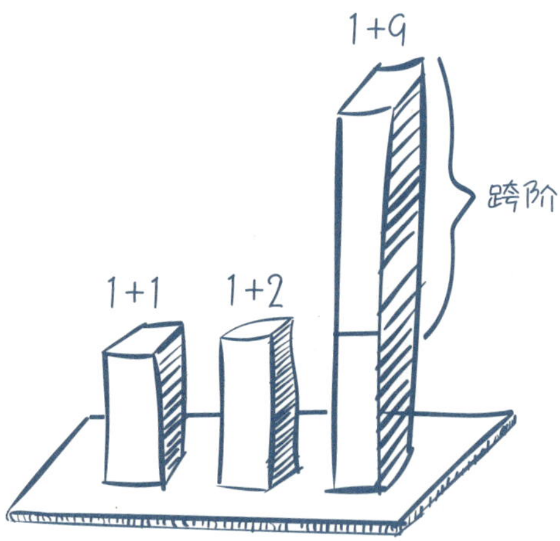

十进位制对于很多孩子来说是一个巨大的阶

在从 10 以内的加法跨越到 10 以上的加法的过程中，十进位制出现了。虽然看似都是简单的数字相加，但逢 10 进 1，却需要孩子的思维从数手指头的经验运用跨越到抽象规则的应用，这两个知识点之间存在着一次大的能力跨越。

如果回到这个知识点最开始，公元前 3000 年左右的时候，十进位制就开始发展了，但当时埃及人想写出 99999 需要用到 45 个符号。到了中国商代，因为有了进制的概念，基本具备了现代十进位制的雏形，不过当时没有符号 0，直到公元 5 世纪的时候，古印度命名了 0，完整的、现代意义的十进位制才终于出现。在整个人类发展历程当中，十进位制的发展历经了 3000 多年。

> **知识与知识之间并不是匀速递进的关系，由于对人的思维方式、能力要求不同，知识之间客观存在着很多个需要跨越的台阶，这是知识的阶点。**

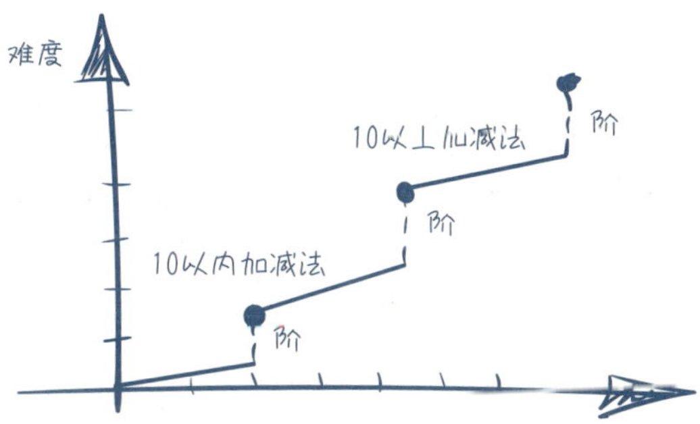

知识阶点示意图

很多孩子在小学 6 年级的时候，需要认识圆，并学习怎么求圆的面积。而在希腊数学发展过程中，一代一代数学家历经了几百年都没有跨过这个阶点，直到阿基米德应用了极限思维，圆的面积才得以初步确定。回归到知识发展的原始状态，每门学科就是越过一个一个的重大阶点才发展成今天这样。

| 二 |

当我们认识到了阶点，并了解到学习其实是一个一个上升台阶的过程，这时候我们再把目光聚焦到孩子的身上。

一门学科的发展，是一代一代的学者不断跨越各个阶点才得以推进的，一些大的阶点甚至需要行业专家历经几百年才能跨越。那么，就算前人已经总结出了简单、清晰的学科规律，但对于每一个孩子来说，从零开始接受这些知识，由于思维方式，以及知识基础存在局限，必然在很多阶点处无法按照统一进度跨越过去。

我们对一个一年级班级的学习数据进行跟踪分析时发现，在“数 1 ～ 20”到“两位数”这两个相连的知识点之间，班级的答题正确率、答题速度明显下降了 20% 左右，很多孩子从 1 数到 20 完全没问题，但是到了两位数这个知识点下，做“12 里面有（ ）个 10 和（ ）个 1”时就不会了。对于很多孩子来说，这是他们第一次接触到数学里的抽象规则，按照正常的学习进度，有一些孩子无法跨过这个台阶。

> **所以，当孩子个人能力与学科要求的能力失衡时，在跨阶点时孩子会迈不过去。那么，这个阶点就成为影响学习的关键点，也就是孩子的学习拐点。**

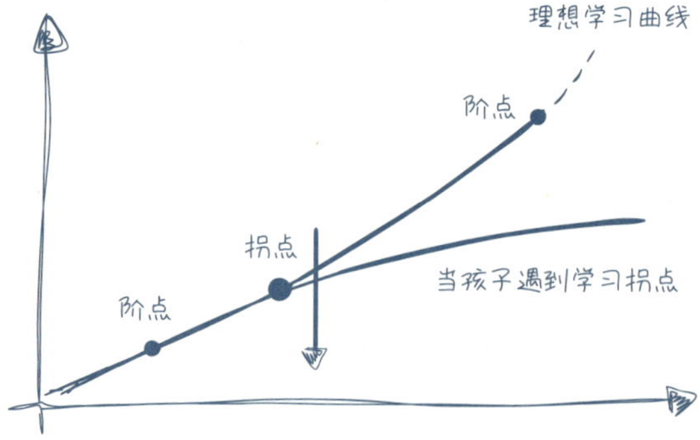

当阶点迈不过去时，就会成为孩子的拐点

每个孩子都有自身的特殊性，认知世界的方式、各自的经验和能力都是不一样的。面对同样的知识阶点，个体感知的难度完全不一样。

我们走访了很多学校，发现了一个有意思的现象，小学阶段，刚开始学习计数单位，有一些生活经验比较丰富的孩子一教就学会了，但是很多孩子却觉得特别难，经常出现一把刀的计量单位填 40m 这种让人忍俊不禁的情况。

所以，每个孩子的拐点都不一样，有的孩子可能会在“10 以上的加法”这个阶点处过不去，有的孩子可能会在“圆的面积”这个阶点处过不去。

| 三 |

在对一所学校 1 000 个孩子的抽样调查中，有一个问题是“你为什么不爱学习数学”，超过 52% 的人选择了“跟不上进度”这一选项。

教学进度都是统一的，当孩子遇到了拐点，如果老师、家长都没有发现，依然让孩子按照原有统一的进度学习，那么，孩子在接下来的学习过程中，必然会出现很多困难。

还是拿上面提到的十进位制这个案例来说，如果十进位制的抽象概念建立不起来，等到后面学习加减法就会出现问题。

可能会出现这样的情景：81−4=41，74−5=24，90−4=50。

甚至开始回归原始的掰指头方法，例如，25−7，掰指头算，25、24、23…数着数着就错了。

布鲁纳提出了对教学体系设置有着深远影响的“螺旋式课程”设计思维，强调要根据孩子的认知水平设置课程，随着年级的提升不断拓宽加深学科的基本结构，使之在课程中呈螺旋式上升的态势。

拿中学物理课程中讲授的杠杆原理来说，到高中物理课上概括为力矩的知识，到大学物理课上抽象为力的平衡知识，同时，在幼儿园，它也可以是小孩子学习的跷跷板知识。

因为孩子各个阶段的认知水平不一样，一些知识会分散在小、初、高各个阶段，所以，从某种程度上来说，知识阶点的难度并不只是从单一维度上升，甚至会是螺旋式上升。一个台阶，是下一个台阶的基础，也可能是下一阶段、某一个台阶的基础。

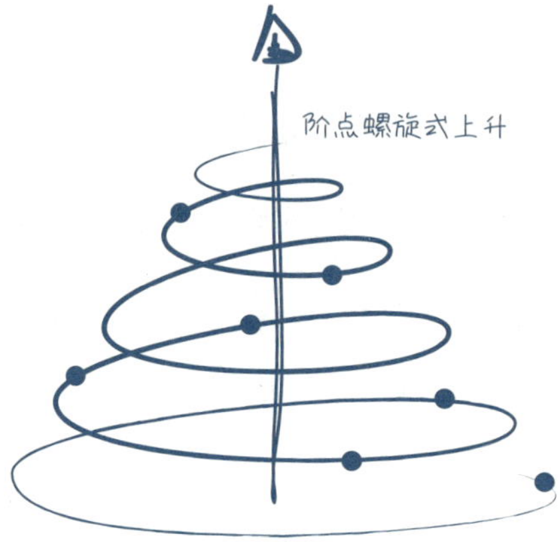

如果孩子“阶”迈不过去、遇到了“拐点”，但是却没有被发现，那么学习的台阶在螺旋式上升，等到了下一阶段，面向更高阶的要求时，之前埋下的拐点就会成为学习的隐患。

就像我们前面提到的，中学时候没有学懂杠杆原理，到高中物理课上学习力矩相关的知识就很困难，而这时候，如果让孩子一味地去掌握力矩的知识而不去回顾杠杆原理相关的内容，就可能会导致花了时间但是却没有效果。

所以学习的过程中，及时发现孩子遇到的拐点，找准孩子的拐点至关重要。**而智慧学习就是基于知识的阶点，找到孩子的拐点并帮助孩子突破拐点**。

四

今天，当我们关注拐点的时候，主要关注的是什么呢？

在固有的知识评价体系里，我们经常会提到重点、难点、易错点。一个知识点会影响很多其他的知识点并且考试频率很高，我们说其是重点；一个知识点很多孩子难以理解和接受，我们说其是难点。如果细细打量会发现，这些都是从标准化的知识以及学习固有的共性经验出发的。

但是，如果我们把目光聚焦在每一个孩子身上，纵使大多数人都会，但只要某个孩子不会，那这个知识点就算是难点！同样，对于一个“学霸”级别的孩子，大多数难点都不是难点，这时TA去反复学习那些普遍公认的难点，岂不是浪费时间？

> **今天，当我们把目光聚焦于拐点，是在客观的知识中加入了“人”的元素，转换了评价和考量的维度，以孩子来衡量知识，而不是拿知识来衡量孩子。**

而只有当这个衡量尺度变了之后，知识才能更好地服务于孩子。一个重点知识点，如果孩子已经学会了、练熟了，那么，TA 就没必要因为这是重点再去刷题；相反，TA 只需要找到自己的拐点，有针对性地提高即可。

同时，当我们不断去关注孩子本身，去寻找孩子的拐点，知识的阶点才能更加科学。

一直以来，教育改革之中，很重要的一项就是改教材，为什么要改教材呢？因为当知识和学生交互后，我们可以获得更多实践经验来进一步反思之前教材的制定是否恰当。

智能技术的运用提高了寻找孩子拐点的效率，由此也能发现很多阶设置得不合理，应在原有基础上进一步将知识进行精细化地分类与重组。举一个浅显易懂的例子，100 以内的加法和 100 以上的加法之间，很多孩子遇到了拐点，分析背后原因是百进位制有障碍，那么在这之间就可以设置一个新的知识阶点。

所以我们认为在学科体系里，阶点并不是固定的，而是随着云平台上每天几十万学生的学习数据不断校准的。由此在人与知识的交互中，知识体系的设置也在实践中不断地迭代，更加科学、合理化。

03 “本该”思维，让我们忽略了拐点

“不写作业母慈子孝，一写作业鸡飞狗跳”算是中国式陪娃的一大特色。受疫情的影响，今年学生的寒假延长到与暑假无缝对接，家长变成孩子学习的全职监督者，被委以重任，作业难题再次成为全中国家长的新课题，很多家长声称要被“逼疯”。

那么，家长与孩子之间关于作业的矛盾，真的有解吗？

疫情之下，家长因为辅导孩子写作业而生气

一

我们做过一次有趣的测试，在微信公众号里输入家长、吐槽、作业等关键词，可以搜出几十篇文章，很多阅读量都上了 10w+，评论区充满了家长各种各样的吐槽和困惑。这也说明在辅导孩子写作业这个事情上，全中国的家长都非常有共鸣。

微博上也曾有一个热门话题：# 第一批“80 后”已经被“00 后”气炸 #，就是在探讨“80 后”家长们面对正在上学的孩子的各种艰辛。

事实上，当一个家长愿意花费大量时间与精力在辅导孩子上时，说明家长已经做好了在孩子学习上无私奉献的准备。但是，为什么在陪伴孩子学习的路上，家长会控制不住地生气并觉得很难呢？

我们访谈过很多家长，并且在社交网络上很多家长的评论中也发现，在抱怨、吐槽的背后，有一个词出现了很多次，叫“本该”。

孩子**本该**记住了，为什么转身就忘了呢？

那么简单，**本该**算对的，为什么一算就错了？

那么，当我们了解到孩子会遇到拐点，这时候再来看一下，这些“本该”是应该的吗？

二

对于一名老师来说，TA 可以因为学生总是学不会而生气吗？教育心理学和教育规律告诉我们：肯定不可以！因为老师有一定的专业知识，而孩子的认知与老师是完全不对等的，我们不能违背客观规律强制要求孩子快速达到老师的认知水平。

> **同样，“本该”这个词，如果我们仔细品读一下，显然是家长在用自己的认知去考量孩子的认知。**

当家长讲了一遍又一遍孩子还是不会时，家长的情绪就会上来，很多家长理所当然地认为孩子不学习、不认真听、不带脑子，本该会了但是就是不会。家长忽视了背后孩子的能力所不及，把孩子学不会归为一个纯态度问题。

还是拿之前提到的 1+1 这个例子来说：

1+1=2 到 1+8=9，对很多孩子来讲，其实只要 TA 知道 1+1=2，TA 就很快能知道 1+2=3，一直到 1+8=9。

但是 1+9 等于几呢？这之间有了一个难度系数的跃迁，这个点是一个阶点，而这个阶点，可能在家长看来，从 1+1、1+8 一直到 1+9 都一样。但是对于孩子来讲，这个点可能跃不过去，这个阶点就变成了孩子的拐点。

如果家长们感知不到这个阶点，很有可能就会责怪孩子说：“1+8=9 都知道，1+9=10 已经教了十遍了，为什么还不会呢？”在孩子面对知识鸿沟的时候，家长反而以责骂甚至是殴打来对待孩子。

我们对 400 多位家长做了一次简单的调查，在问到“辅导作业时为什么生气”这个问题时，57% 的家长选择了“本该会做却做错”这一选项。与之相比，选“孩子不会做”这一选项的只有 13%。

可见，“本该”思维在家长对孩子的教育中是客观存在的。但其实，父母如果能在辅导孩子的时候放下自己对于知识的胸有成竹，不是拿自己的认知去衡量孩子，而是从孩子的学习表现中寻找孩子的拐点，这个矛盾才能解决。

毕竟在一对博士父母眼中，微积分也没什么难的，每一个知识都是本该、应该学会的。但是对于一个刚上初中的孩子来说，一个未知数就够让 TA 解上一整天了。

| 三 |

人们对学习的固有认知是：老师教，学生学，师生之间通过“书”在联系。

回想一下，老师在教书的时候，通常是一道题、一道题地讲，一个知识点、一个知识点地教，那么剩下的问题就看孩子的掌握能力和接受能力了，最后根据学习的结果来评价孩子。

然而事实上，每个孩子的认知水平不一样，原有认知基础也不一样。面对课堂上同样的知识，**孩子对知识的接受程度存在差异，这时恰巧遇到迈不过的“阶”，就很容易跟不上课堂的节奏。**

如果在这个过程当中，老师没有及时发现孩子掉队，给 TA 降一降难度，多搭几个阶梯，让 TA 一个一个迈过这个“阶”，那么这个孩子在这节课就会被落下。这时候，如果孩子回家后还是被强行地按在 TA 不会的阶上硬学，那孩子的自信心就会严重受挫。

所以，面对孩子的学习，家长们一定要警惕这种“本该”思维，如果孩子真的遇到了学习拐点，这种“本该”思维会让家长站在孩子迈不过的阶上压着火辅导孩子，而孩子就是听不懂、学不会，学习反而陷入了一种苦学无效、鸡飞狗跳的僵局当中。

当然，老师在课堂上不能关注到每一个孩子的拐点，而让家长做到也是不可能的。好在，科技的发展一直在竭力解决这个问题。今天，我们可以通过把人工智能学习工具和学习相结合找到孩子过不去的阶，也就是孩子的拐点在哪里。当拐点被找到时，我们就可以考虑搭一个什么样的梯子给孩子，是降低难度，还是给孩子适合自己的学习内容，或者换个学习方式。

这也是接下来我们将提到的，智能时代，技术将如何帮孩子找到拐点、突破拐点。

04 | 聪明的科技如何破译拐点

社交网络上，孩子们对于学习数学有一个这样的调侃：

我是什么时候听不懂数学的呢？那天老师讲课的时候，我的笔掉地上了，于是我便弯身去捡笔……从那次抬起头后，我就再没听懂过数学。

这个场景和孩子遇到拐点时的情形非常相似，孩子经常察觉不到自己碰到了学习拐点，明明前几天还驾轻就熟，也不知道发生了什么，忽然一下子，学习就变成了一件吃力的事情。

如果我们能帮孩子找到拐点从而对症下药，这一切就好说了。可问题是，如何找到拐点呢？

| 一 |

在过往的学习当中，找到拐点确实很难。

我们曾做过一次关于“学生自主学习能力”的问卷调查，在对一个区域 10 所学校 2 000 个孩子的抽样调查中，关于“自主学习时是否有明确目标”，19% 的孩子知道自己该解决哪些学习问题，有明确的目标；36% 的孩子是边学边明确自己的学习目标；高达 45% 的孩子学习时没有明确的目标，只是按部就班地在固定的时间做练习。

可见，大多数孩子并不能明确自己的学习问题。

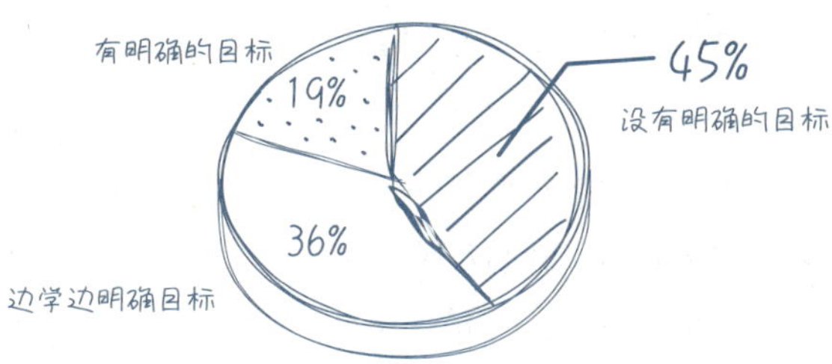

是否有明确的学习目标

对于孩子来说，每天同时学习多门功课、接收多个陌生的知识点，正如上面提到的，可能一晃神，一个关键的地方没听懂，或者理解错了某个知识点，就造成了学习上的拐点。

学习时，学生往往会处于一种“当局者迷”的状态。

甚至于，孩子们会把很多错误的理解奉为正确，那么之后与此相关的知识一错一大片，但自己却不知道原因出在哪儿。

那么老师呢？老师能不能快速帮学生找到学习中的拐点呢？

每一个上过学的人，对这一幕应该都不陌生：

老师问：“这个知识点大家都学会了吗？”坐着的学生当中，就算有一个确实不会，但是 TA 一看周围没什么人举手，自己也会默默地把准备举起来的手缩回去。

老师了解学生的渠道其实很单一，一个老师面对班里几十个学生，没有精力全面了解每一个学生，更别说详细到每一个学生的拐点。

而对于家长来说，这就更难了：让一个家长对孩子具体的学习问题样样精通，这要求实在有点高。

那么，在今天提出拐点又有什么实质性的意义呢？

| 二 |

让我们再把目光聚焦于疫情中的拐点。

2020 年这场疫情，拐点频上热搜，几乎全民都在谈论“拐点”。人们也经常会把这次疫情和 2003 年的“非典”作对比，不过在 2003 年的时候，“拐点”这个词甚至都很少出现在相关的新闻报道中。

那么，17 年后的今天，我们凭什么能大谈“拐点”呢？

因为时代变了。

在这场“抗疫战”中，有一个很重要的“战场”，那就是“信息战场”。

2003 年，在疫情暴发的高峰期，仍有两万名观众涌入天河体育场观看罗大佑演唱会。别说实名制的演唱会门票，甚至连火车票也是 2012 年才全面实行实名制的。

17 年后，在大数据的帮助下，通过追踪每一个人的移动轨迹，通过交通、电信、地图等数字化信息的自动汇合，最终生成人员移动的精准轨迹，是否和疑似人员有过接触、是否到过疫区，这些信息全部一目了然，甚至能够根据确诊人追查到所有疑似患者。

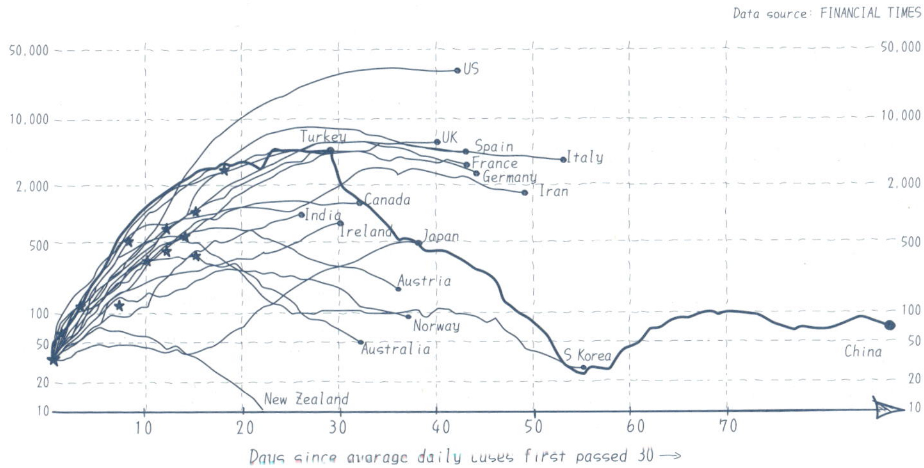

COVID-19 暴发后全球疫情趋势图

我们不但能够清晰地看到全国各地的人口迁入、迁出信息，更能随时监控国内外疫情数据。这样，确诊人数、疑似确诊人数、待观察人数等各个数据都更加精准。有了这些数据，疫情拐点的出现可以根据流行病学模型来得出，通过建立数学模型拟合新冠肺炎的累计发病数据，来推测发病高峰、发病持续时间、累计发病人数，并绘制出流行曲线，掌握疫情动态。

疫情暴发后，英国兰开斯特大学、美国约翰霍普金斯大学、中国香港大学等高校的多个研究团队，通过建模评估、预测病毒的传播路径、速率，为防疫决策与行动提供了重要依据。

也就是说，相较于 2003 年，17 年后的今天，我们之所以能够大谈“拐点”，其中一个非常重要的原因就是——**依赖于数据技术的发展，信息公开透明的程度越来越高，我们也能够更加准确地预测拐点了。**

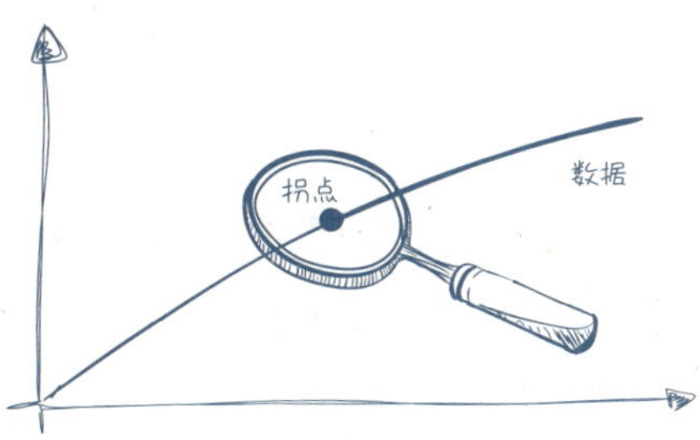

数据找到拐点

对于这次疫情来说，疫情暴发后的信息公开透明，无疑是锁定疫情拐点的一剂“特效药”。

三

那么，在学习中，也是一样的道理。

今天，学习中我们又凭什么大谈拐点呢？

试想，如果我们让一个老师只教一个孩子，全天候地观察孩子的学习，老师可以看到孩子每一道题的对错、了解到孩子每一道题的答题时间，那么，一个经验丰富的老师能够发现孩子遇到的拐点吗？

答案肯定是毋庸置疑的，一定可以！因为老师获取到了足够多的信息，足够了解学生。

现实当中，一个老师可能无法做到随时跟随孩子，但是智能技术的到来让这一切成为可能。

斯坦福大学的吴恩达教授曾经开设了一门叫“机器学习”的课程，他从课程的学习数据中发现，有大量学生会做错一道“计算成本”的线性回归题，但是在浏览了第 830 篇论坛文章后，有 64% 的学生可以自我纠正。

于是，当后面的学生再犯同样错误的时候，系统就会自动为学生推送第 830 篇论坛文章，为他们答疑。

今天，教育进入 4.0 时代，每个孩子手中的学习工具不再是课本，而是一个电子化的智能终端，当孩子通过智能化学习工具学习时，孩子学习的每一步都被实时收录、分析。智能化工具和云端相连，云端基于孩子学习数据刻画孩子的学习画像，并和知识画像进行匹配分析，从而帮助孩子找到自己的学习拐点。

智能化的学习工具就是每一个孩子的专属学习教练，时刻记录孩子的学习状态，让孩子的学习过程透明化，并智能分析孩子的学习拐点，为老师个性化教学、孩子自主学习提供依据。

四

今天，智慧学习模式在很多学校的课堂已经悄然流行，因为智能技术的运用也让教与学中很多孩子的拐点可以被快速发现并突破。

我们曾去一所学校考察，一个七年级的孩子地理成绩总是“低空飞过”。家长当然很发愁，想要帮孩子解决这个问题。然而学不好地理这件事儿，原因太多了，想要依靠传统的方法来找到孩子的拐点，难度其实不亚于蒙眼狙击。

但是，依靠智能终端，当孩子的学习有技术支撑后，他的做题过程被实时记录，综合对错题数据的分析发现，孩子 70% 的错题都和经纬网这个知识点相关，这时候，平台又为孩子推送了一些和经纬网高度相关的综合题，发现错误率达到了 90% 以上，最后发现，导致孩子地理成绩上不去的根本原因，不是逻辑能力不行，也不是阅读能力不行，而是几根经纬线——因为孩子始终不明白，地球上为什么要画横横竖竖的线。

如果这个问题能尽早通过公开透明的学习数据展示出来，那么，孩子的这个拐点就能更早得到解决。

> **所以，今天智能技术在学习中的应用，让学习信息更加透明化，不仅能提高锁定孩子学习拐点的准确率，更能提高应对拐点、解决拐点的效率。**

疫情期间，在“停课不停学”的号召下，全国学生同时进入在线学习，师生无法见面。这种情况，也只有在智慧学习模式下，依靠数据技术和智能化工具，孩子才能够快速找到自己的拐点，清晰地看到哪些知识是重复在做的无效内容、哪些知识是需要重点攻克的有效内容，就算在家，也能够有重点、有节奏地学习。老师也能够随时看到学生不会的，因材施教。

从古到今，科技的发展赋予了人类更多的便利性，对于今天的孩子来说，要更善于运用这种时代给予的福利，在学习中找到自己的拐点，精准学习。

05 | 关注拐点，重新审视起跑线

起跑线、起跑线、起跑线……中国家长教育焦虑的源头大多来自于此。当“别让孩子输在起跑线”成为家长的集体口号时，幼升小、小升初也上演着各种奇观：家长揣着数万元现金到学校门口只要求“借读”；小学面试要考孩子英语完形填空；5 000 多名小学生参加民间组织的“小升初”模拟联考……

在社会一致助跑、抢跑的大氛围下，也有很多家长是被裹挟着进入这一场追逐战中的，毕竟“剧场效应”下，不跑无疑更焦虑。

那么，“赢在起跑线”真的管用吗？

| 一 |

从好幼儿园到重点小学，再到重点初中、重点高中，最后上一个好大学，这是人们对起跑线的一个顺理成章的期待。

但是现实当中，也往往不乏与家长这种期待相反的种种现象。

有些孩子小学特别厉害，语文、数学、英语门门 90 分以上，在学习上出类拔萃，占足了起跑线的优势，但是到了初中忽然就不太行了。这是为什么呢？

还有那些我们常常称之为“黑马”的孩子，刚开始表现平平，但是忽然有一天一鸣惊人，成为班级或者年级第一。按理说，这样的孩子并不具备起跑优势。这又是为什么呢？

我们在山东省临沂市高新区高级中学也发现了这样的现象，进入初中，一学年下来之后，很多孩子的成绩和入学时相比差了很大的一截，有些孩子甚至降到了 70 分以下，也有很多孩子只考了几十分。

为什么孩子们明明一开始都差不多，一年下来，有的孩子就会被落下了呢？于是，我们在平台上看了一下整个初一学段的学习数据，最后有一个极其令人惊奇的发现：孩子们成绩的下跌，并不是在这一年当中一点一点逐步下跌的，而是在某个阶段出现一种突然的、断崖式的下跌。

很多孩子在一个时间段内成绩直线下降，之后一部分孩子会慢慢爬回来，一部分孩子降下去了就再也没回来。通过后台“班级答题正确率”“错题重做正确率”等学段数据统计，我们发现，初一成绩下滑的关键点大致是从数到代数这个阶段。

这就很好理解了。

小学到刚上初中时一直学的是数，这个阶段考查的是对具象的数的理解，以及对基本的算法原则的理解，是数理逻辑阶段。但是到了代数，就成了一种抽象化的结构了，考验的是孩子的抽象思维。

所以，孩子在一开始学数的阶段，数轴、相反数、绝对值都掌握得很好，而一旦过渡到代数，可能余数这个概念TA很容易理解，但是学到3a+b，TA就不知道如何去接受了。这一个阶段落下了，等到之后函数阶段就更不知所云了。

所以，很多孩子没跟上，是因为在数到代数这个阶点处，孩子遇到了拐点。

同样，我们观察了那些被称作“黑马”的孩子，他们之所以取得成绩，也是因为找到了自己的学习拐点并突破了拐点。

| 二 |

那么，这时候再看，起跑线重要吗？

家长抢跑、助跑心理背后，有一个明显的逻辑是，人们认为在学习这场比赛中抢跑可以具有先发优势，如果这种优势一直保持，可以更快跑到终点。

但是学习阶点的客观存在，决定了学习不是一场永久恒定的匀速运动。

学习就像一场马拉松。

马拉松比赛有一个特别重要的阶点——“35 公里的体能极限区”：当人跑到 35 公里前后的时候，体力消耗就差不多了，得燃烧脂肪了，这时候就需要更多氧气，心肺负担特别重。

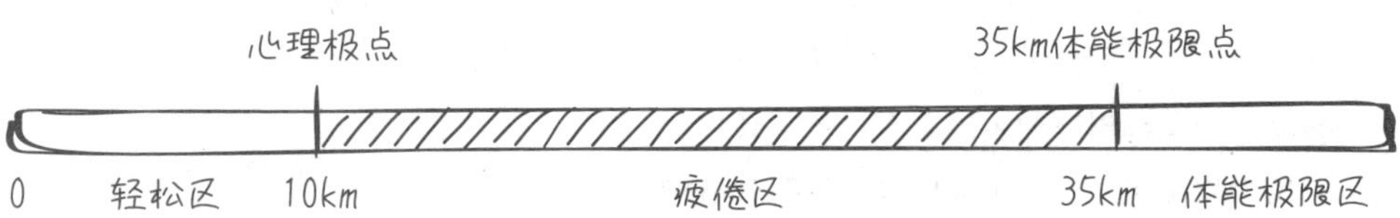

跑马拉松的老手都不会为了前面的起跑优势而打破自己的节奏，他们注重的是体力和速度的平衡，这样才能在达到 35 公里左右时调整好自己机体的状态，在大家体力达到极限的时候加速突出重围。

有很多跑马拉松的新手，起跑后，一开始会跑得很快，但往往跑了 5 公里后速度就跟不上了，最后越跑越慢，起跑优势彻底被稀释掉了，快到 35 公里时遇到拐点甚至因体力不支退出比赛。

那么，在学习这场非匀速前进的马拉松中，导致速度下降的关键点无疑就是拐点。

在被起跑线支配的恐惧下，今天的孩子面临的是假期超前学、开学重复学。在新闻报道中我们经常看到这样的现象：

“二年级下学期刚开课，班上超过一半的孩子已经学完了这学期的数学。”

“朋友的孩子初中物理已经上了第四遍，每次考试成绩都在 90 分左右，家长还不满意，现在又开始上第五遍，初三才上的化学已经上了两遍。”

…………

抢跑氛围下，孩子重复学习已经学会的知识。如果重复学习的内容覆盖到了不会的知识点，拐点也许会被解决；如果没有，就会给孩子的学习埋下隐患。

有人统计过 2013 年优秀马拉松运动员的跑步数据，发现运动员跑得最快的时候和跑得最慢的时候，差距不超过 1m/s。马拉松运动员在整个跑步过程中非常注重对速度的把握，这样，在应对 35 公里人体极限这个阶点时才可以顺利渡过。

学习当中，假期补习时，很多孩子会抱着“开学后还学一遍”的心态，吊儿郎当不好好学；开学后则抱着“反正我已经学过了”的想法，不认真听课，以至于影响整个学期的学习状态。

我们对一所学校初一全体约 1 200 名学生做过一项调查，当问及假期提前学初一的课程内容是否有必要时？过半孩子都认为没有任何实质性的效果。

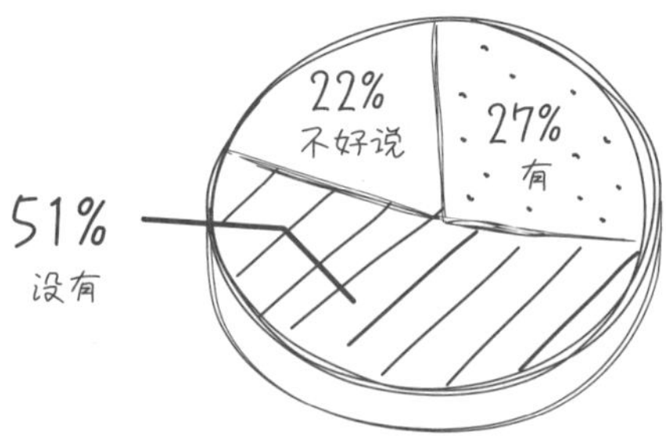

假期提前学有必要吗？

不断抢跑的过程也稀释了孩子本该花费在自己拐点上的精力和时间，当真正需要发力的时候就跑不动了。甚至，这种重复学直接导致了学习上的疲态，学生失去了对知识的新鲜感，出现更多学习拐点。

| 三 |

2020 年新冠疫情下，开学一再延迟，教育部提出了“停课不停学”的号召。这个措施的本意是让学生能在家学习，让教师能借助网络平台对学生进行学习指导，帮助他们实现更有价值的自主成长。

但与此同时，中国教育中的一大鲜明特色也开始甚嚣尘上，社会整体会错意，在原本的寒假还没有结束之前一致把“停课不停学”推向了超前学。

2020 年 2 月 4 日，教育部不得不再增加特别提醒，要求各级教育行政部门、中小学和校外培训机构，在各地原计划的正式开学日之前，不要提前开始新学期课程网上教学！

家长会错意的背后，是因为在无形的起跑线面前，抢跑已然成为今天家长“鸡娃”的常态。家长们都希望自己的孩子在开跑前，能往前挪一寸就是一寸。

而撑起这场追逐竞争的，除了家长被透支的钱包，还有孩子被透支的时间。

但是，每一位家长更应该清楚的是，人生是一个漫长的长跑过程，小学、初中、高中、大学，处处是拐点，到哪儿都有跌落的可能；真正决定孩子能否更好地走向目的地的，是学习过程当中遇到的拐点以及应对拐点的方式。

“我们无法预测孩子什么时候会遇到什么样的拐点，所以，比起起跑线，我们更应该把精力放在关注孩子的拐点上，及时发现拐点、突破拐点，这也是一种更为科学的奔跑方式。

06 | 找到拐点，尊重每一个孩子的个性和差异

在很多初中班级，有这么一个常见的现象：初二刚开始学习物理的时候，不少成绩好的女生一下子会有很多知识点掌握不了，遇到学习拐点导致成绩下滑；相反，很多男生学起来却很轻松，成绩一路上升，甚至反超原来比自己厉害的女生。

一个班里，同样的老师，为什么与男生相比，女生会遇到更多的拐点呢？

| 一 |

大家平时也经常会听到一些说法，比如女孩子不如男孩子机灵、女孩子不适合学习理科等。这种说法大行其道，影响了很多家长的决策，孩子还没开始学物理就已经安排上了一大堆辅导班。这甚至会打击很多女生学习物理的自信心，会让很多孩子给自己下一种“可能会学不好”的预设。

然而实际上，毋庸置疑，这是大错特错的！

女生之所以会遇到更多的拐点，其实是因为男女之间先天的智能倾向差异。关于这一点，美国著名的教育家、性别科学领域的泰斗古里安在《男孩女孩学习大不同》这本书中也曾提到过。

从大概率上来看，男孩更擅长演绎推理的思考方式，他们常常能很快地从一个总原则开始往下推理，并将其运用到具体事例中。这表现在学习中就是，当男生掌握了一个规则时，能够更快更好地和实际事物相结合。

女孩则更擅长归纳推理的思考方式，她们看到具体事例后开始做归纳，一层层添加论据，最后得出结论。在学习中，以实物或实例进行教学，对女孩来说效果会更好。

再来看物理这门学科，它涉及很多抽象的概念，比如电场、磁场、各种力等，同时，需要拿这些抽象的规则去解决很多实际问题，比如受力分析、电流计算等，而这刚好是很多男生天然擅长的思考方式。

而受制于教学环境、教学条件等，很多物理实验学生无法亲手做，当缺少实物展示时，只学习抽象概念，很多女孩子一时间确实无法掌握。

所以并不是女生不适合学理科，而是她们需要更个性化的解决方案。

|二|

从群体来看，男生和女生不一样；放到每一个个体，人人都不一样。

“多元智能理论之父”霍华德·加德纳最早曾系统地提出过，人类的智能是多元化而非单一的。他认为人有八项智能，一个人不可能八项全能，也不可能一个智能都不行。各个智能就像搭积木一样，不同优势组合，从而造就一个个特殊的孩子。

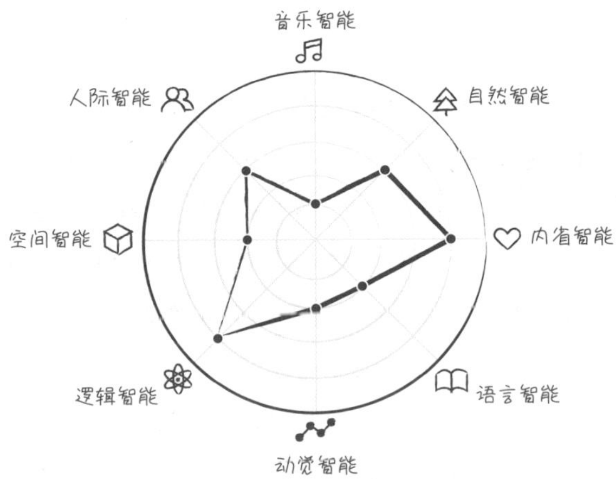

人的八个智能倾向

拿爱因斯坦来说，他在逻辑智能方面表现出了卓越的天赋，但与之相比，他的语言智能、运动智能以及人际智能就逊色不少。他到了三岁才开口说话，父母非常着急不得不请来医生，医生说“孩子没有病，只是不善于说话而已”，这时父母才放心。

每个孩子的劣势智能不同，这就决定了每个孩子遇到的拐点也不同。

拿语言智能来说，它说的是有效地运用口头语言及文字的能力，即听说读写能力。如果一个孩子语言智能比较弱，那么在理解一些抽象概念时，可能就会产生偏差或者误解，造成学习上的拐点。

> **因为个体的差异性，每个孩子遇到的拐点不同，相应地，突破拐点的方法也不同。这时候，就需要我们基于拐点，深入分析导致孩子出现拐点的原因是什么，应该帮孩子搭一个什么样的梯子来顺利跨阶。**

比如说记忆元素周期表，有的孩子音乐智能比较强，那么，一些怎么都记不住的元素变成歌曲、顺口溜很快就记住了；但这种方法对于那些音乐智能很弱的孩子来说，可能并不奏效。

| 三 |

除了孩子个体差异所造成的**“智能倾向型拐点”**，外在学习状况的差异也会造成不同的拐点。

有的孩子会遇到**“知识断层型拐点”**。初中的时候没有理解杠杆的原理，等到高中学习力矩相关的知识，就会遇到拐点。正如前面提到的，知识的台阶是螺旋式上升的，当孩子第一阶段遇到了拐点，没有解决，到了第二阶段，与之相对应的知识必然也学不会，会成为拐点。

有的孩子会遇到**“基础型拐点”**。很多孩子到了三年级的时候，语文和英语的学习忽然变得很吃力，做题速度下降，审题错误。这可能就是遇到了“基础型拐点”，也就是阅读这项基础能力没有跟上。2019 年新修订的《小学语文新课程标准》中，对小学生的阅读能力提出了非常全面的要求：一二年级，年阅读指标是 5 万字；但是到了第二阶段即三四年级的时候，年阅读指标就达到了 40 万字，阅读量的要求比一二年级提升了 8 倍。因为在三四年级，数学和英语等学科的综合性、复杂性都提高了，需要更强的阅读能力支撑。

有的孩子会遇到**“认知偏误型拐点”**，在刚开始学习的时候，对于某一个知识点理解错误，这种错误如果没有被及时纠正，这个拐点就会一直影响后续相关知识点的学习。

有的孩子会遇到**“熟练度型拐点”**，虽然理解了，但是练习的强度不够，和知识之间没有形成强关联，做题的时候丢三落四。

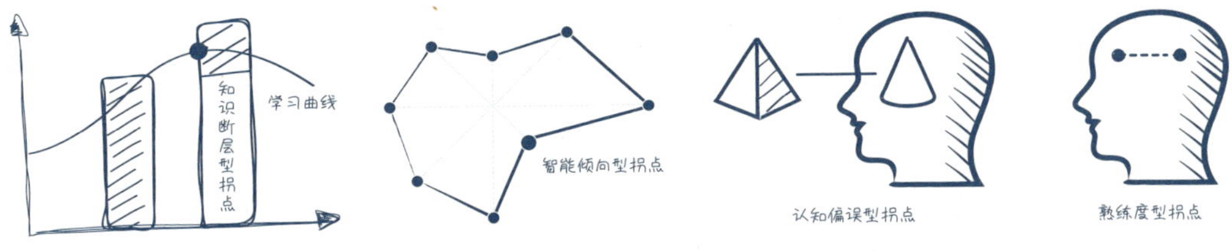

孩子遇到的拐点类型

我们曾对一个学校几千个学生做过抽样调查分析，通过分析一个月内的学习数据，我们发现，超过 20% 的孩子会遇到“认知偏误型拐点”，近 45% 的孩子会遇到“熟练度型拐点”，近 50% 的孩子遇到了“智能倾向型拐点”。

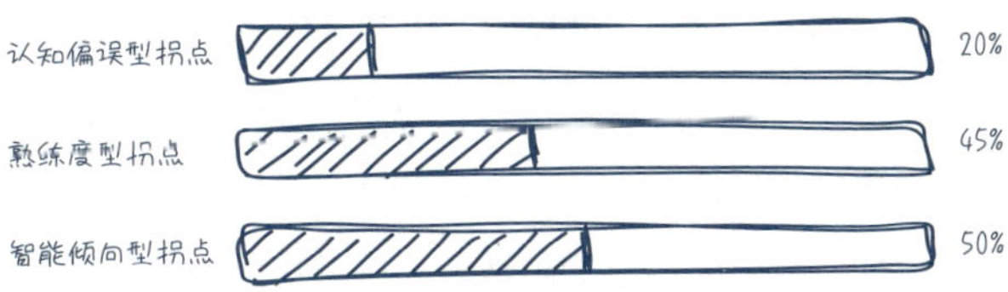

学习是学生内外因共同作用的综合过程，与孩子内在的智能倾向相关，与孩子外部的学习过程相关。如果我们不找到具体拐点，就无法发现背后与孩子个体差异相关的深层次因素。

由此，就只能依据单一的学习表现，一刀切地给出“女孩子笨”等这样一系列笼统而错误的结论。这无疑是对孩子最大的伤害。

孩子遇到的拐点不同，造成拐点的原因不同，解决拐点的方法也不同。只有找到孩子的拐点，才能找到一个锚，去探寻每个孩子的个性和差异，基于孩子的个人情况，具体情况具体分析，对症下药，真正帮助孩子解决学习问题，同时也能帮他们更好地发展自己的个性。

07 | 突破拐点，从掌握知识到培养能力

是学习知识重要还是培养能力优先？知识与能力之争是教育领域一直以来的热点话题。比如大家很熟悉的“高分低能”这种说法，经常会被一些家长、孩子提起，今天我们重新来看一下这个问题。

| 一 |

在以成绩定成败的大环境下，为了追求高分，机械化知识训练也已是家常便饭。确实是，在同样的知识内容和统一的考核标准之下，某种程度上成绩就代表了“错误率越低，分数就越高”。那么，在已知的知识当中，只要不断地去重复，多写、多听、多看、多练，就会对知识越来越熟练，这也就意味着在测试中出错率会更低。

当教育的竞争变成了成绩的竞争时，就变相地成了拼对知识内容的掌握度。

由此，尽管很多孩子掌握的知识越来越多、越来越深，但是与之相关的能力、创造力、深度思考能力、逻辑能力、表达能力等却没有得到相应的增长。

今天，如果学习拐点可以被找到，会让知识和能力之间达成一种新的平衡吗？

| 二 |

我们发现，学习中有这么一个矛盾：

记忆力是一项很重要的能力，毕竟想要把很多知识拿来就用，必须要在理解的基础上再牢牢地记住，比如“九九乘法表”、拼音字母等。

不过往往也会出现一种情况：记忆力越好，很多学习问题就藏得越深、暴露得越晚，尤其在小学阶段。

为什么这么说呢？

有一种说法：小学数学教育就是“上课老师教包饺子，回家作业是包饺子，考试考包饺子”。

那么，会出现的状况就是：那些天生记忆力好的孩子，一般能理解的还是会努力去理解，无法理解再通过自己的诀窍去记下来。课上认真听了老师的讲解，仔细记住了水和面的比例以及每个细节，一般来说，在小学阶段也可以考得很好。

有一个很典型的例子，是一个小学低年级的测试题：

船长养了 20 只鸡、15 只鸭、16 只羊，问船长多少岁？

很多小朋友加减凑凑，20+15+16=51，所以船长 51 岁。

记答案、记套路，孩子利用自己学到的加减法来解题，而没有根据题意进行逻辑分析，只要题不按套路，答案就会出错。知识学到了，但孩子对应的能力却并没有得到提升。

家长教育孩子有一句口头禅是“死记硬背不好”，但很多孩子依然躲不开这样的陷阱，因为在早期的学习中，只要记住了、背下来了，就能拿一个漂亮的分数。

如果一个擅长记忆的孩子，通过记忆的方式考了 95 分，家长看到这个分数一般都会很开心，认为孩子已经学得很好了。

但事实上，孩子在学习中已经遇到了拐点，这些拐点通过一个阶段性的试卷很可能测不出来，直到有一天成绩突然下滑，家长就纳闷了，之前一直好好的，怎么突然就跟不上了？

> **那么，拐点的出现其实也拉响了孩子能力欠缺的警报。在把知识内化、形成能力的过程中，关注孩子的学习过程，找到拐点，会及早发现孩子能力上的漏洞。**

｜三｜

学习就是这样一个综合的系统，各个科目、各种能力相互作用、共同发展。

浙江省教育厅发了一份报告，在对 1000 多个小学生测试后，发现学习中“得阅读者得天下”，一个明显的现象是：阅读能力不仅仅影响着语文学科的学习水平，还会影响数学学习。

因为，阅读能力好的孩子，能更快理解那些抽象的文字和符号，所以学数学时，看到插图等提示信息，反应会更快，能直接从阅读状态进入理解和做题状态。但是，阅读量低、阅读能力弱的孩子，就需要花费更多的时间了。

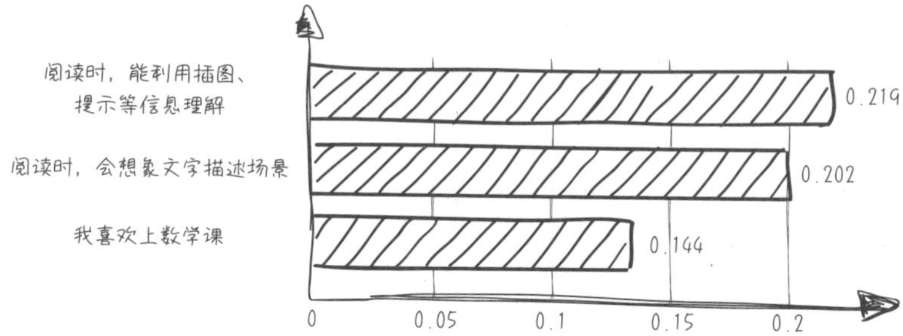

阅读品质对教学学业水平的影响
标准化回归系数

找到孩子的拐点，可以确保在解决学习问题时能对准孩子的能力短板，治标更治本，进一步保障孩子综合能力的协同发展。

我们去河南省汤阴一中调研时，高三数学老师刘千霞分享了一个孩子的拐点故事：

张贝纳算是一个尖子生，在三角函数这个知识点上做题量很大，但是正确率却一直提不上来，明显是遇到了学习拐点。我也曾多次和她交流，问她到底哪里没懂，她只说没有掌握，也说不出个所以然来。

于是，我就把她一段时间的学习数据调取出来分析，发现她不是没有掌握三角函数，而是计算老出错，很多题做错了都是这个问题。

我判断，这孩子可能是速算能力不足，碰到函数这一块需要短时间内处理大量运算的题目时，这个短板就暴露了出来。后来，我专门在她做题时教了她很多运算技巧，毕竟这也不是短时间内能一下提起来的，又专门安排了相应的题目让她定点练习。一段时间后她的运算能力上来了，函数这一块的正确率很快就上来了。

在和很多老师、家长、学生的沟通中，我们发现，找到拐点其实也是找到了孩子的能力短板，突破拐点的过程也是孩子提升能力的一个过程。

当然，成绩本身是非常重要的学习评价手段，只不过不是结果，而是一种反馈。一道题的对错也是成绩，做题时间也是成绩的一种呈现形式，把这些极细颗粒度的成绩线索连在一起，就能判断出孩子的拐点，进而找到能力短板，**这时候，拐点也是知识与能力之间的桥梁。**

我们认为，这是今天提出学习拐点的一大意义，也是成绩驱动学习更有效的手段。

08 | 用拐点思维培养可持续发展的孩子

遇到挑战迎难而上，面对挫折百折不挠……这些特质应该是每一个家长都希望自己的孩子能具备的。

那么，让孩子智慧学习，关注孩子的拐点，会让孩子离这些特质更近。

为什么呢？

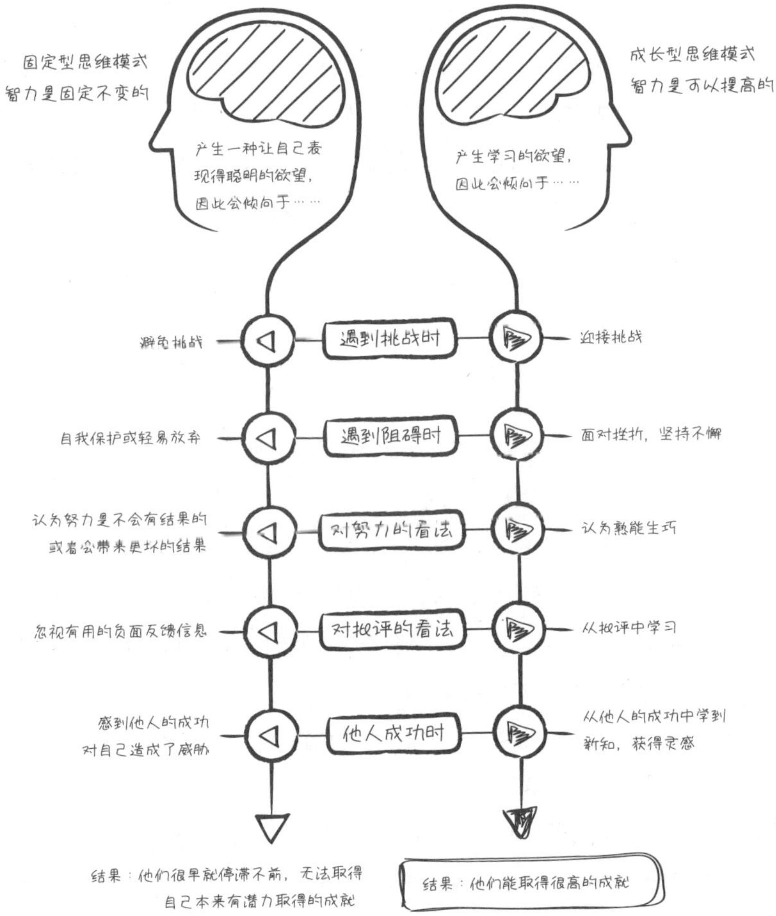

| 一 |

其实，以上提到的积极态度和孩子的个人思维方式有非常重要的关系。

斯坦福大学心理学教授卡罗尔·德韦克通过大量的试验项目及案例，基于人的学习和成长，提出了两种思维模式：**“成长型思维模式”和“固定型思维模式”**。

有成长型思维的孩子，相信世界上没有一成不变的事情；他们的心态都比较好，认为事情会往好的方向发展，遇到问题了会觉得自己能比现在做得更好；他们能从错误中学习，从别人的成功中获得启发。这种孩子会觉得努力和态度非常重要。简单来说，成长型思维是一系列积极的人生态度。

与成长型思维相对的是固定型思维。有这种思维的孩子，遇到困难会选择放弃；不愿意别人批评 TA，不想做自己能力之外的事情；看到别人成功了会感到威胁；认为很多事情都是一成不变的甚至是注定的，看不到努力和坚持的作用。

学习中，孩子都会遇到困难，有成长型思维的孩子会说，“再试试看吧，我找人帮帮忙，我好像有感觉了，终于有进展了，我当初没有放弃是对的”，然后 TA 会跨过这个阶段。但固定型思维的孩子，还没开始跨越就放弃了。

| 二 |

诚然，每个家长都希望孩子能够拥有成长型思维，但是教育过程中，我们对孩子的评价方式，经常无意地把孩子推向固定型思维模式。

卡罗尔·德韦克曾经用了 10 年的时间做了一个研究，来考察不同评价对孩子的影响。

他找了几百个小学生，让学生独立完成四轮智力拼图。第一轮的测试题目非常简单，几乎每一个孩子都顺利地完成了。测试者对其中一些孩子赞美他们的结果：“你太聪明了！”对另一些孩子则夸奖他们的努力过程：“你刚才很用功。”

出人意料的是，那些被夸奖聪明的孩子在接下来的测试里，很多都不愿意再选择更难的题目，哪怕这些题目能够让他们学到新的知识。

当研究者安排了一些很难的题目时，这时候所有的孩子表现得都不怎么好，包括那些被夸聪明的孩子。但是，被夸聪明的孩子接下来对解难题再也没兴趣了，他们的表现也直线下降，即使重做一些容易的题目也很难让他们再有信心。相反，那些被夸奖很努力的孩子却越挫越勇，他们保留着对解难题的兴趣，表现也越来越好。

为什么两种不同的评价方式会造就不一样的结果呢？

因为“表扬聪明”和“表扬努力”这两种看似没有太大差别的评价方式，实质却激发了孩子两种不同的心智模型。

表扬“聪明”实际上是一种结果型评价，让孩子把能否解难题和证明自己聪不聪明绑定了。一旦孩子接受了“人的能力是相对固定的”这样的观点，而他们又被夸聪明，那么他们自然就会努力维护聪明的形象，会把注意力从挑战任务的本身转移到对结果的关注上来。

相反，表扬“努力”是一种过程性评价，传递出的信息是人的能力并不是固定的，我们可以通过努力来发展自己的能力。既然人的能力并不固定，孩子没有了证明自己的包袱，自然就会把目光专注到努力本身。

所以，一个孩子成长型思维的形成与其成长过程中个人的努力过程能够“被看见”有关。

| 三 |

这时候让我们把目光聚焦于孩子的学习。

在传统学习模式下，孩子的学习成果是通过周考、月考等阶段性结果来呈现的。当家长对孩子学习成绩极度重视时，就会让孩子把目光聚焦于成绩这个固定成果上，而不是个人能力的增长上，同时也把孩子推向了固定型思维模式。

然而实际上，这些阶段性结果并不能精准定义孩子的学习，可能孩子已经努力了一段时间，但是并没有在量化指标中有所显示，孩子努力的过程就不会被重视。但是，当我们真正关注拐点时，家长也得以真正关注孩子一整个连贯的学习过程。

孩子做的每一道题都是一次成绩，这些动态成绩能反映出孩子真实的学习状态，也能反映出孩子真实的进步，让成绩回归反馈的本质，让家长和老师能够真正关注孩子的努力过程：

某一类题型正确率是不是提高了？

之前某一个易错的知识点，这一次是否都对了？

…………

> **在智慧学习中，我们关注孩子拐点的同时，也就从结果型评价转向过程型评价，从而让孩子感觉到学习的过程比结果更重要。那么，在孩子遇到挑战时，孩子就会把重点专注在努力的过程中。**

我们对比了同一个班级在传统学习和智慧学习两种模式下的自信心表现，关于“你认为自己的学习会越来越好吗”和“你认为自己的学习目标会实现吗”这两个问题，智慧学习模式下，孩子们平均个人自信心提高了 22.4% 和 25.6%。

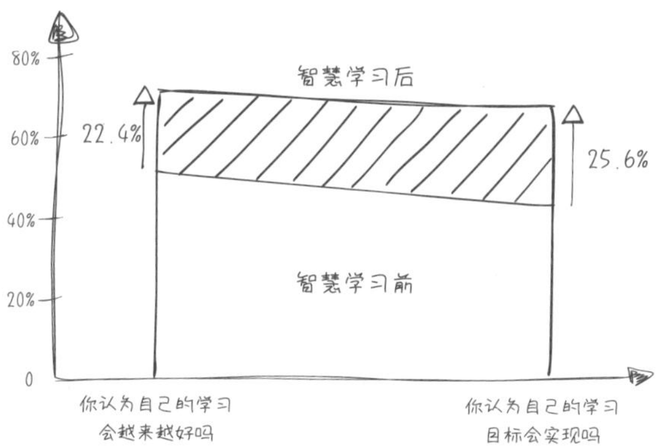

过往我们都觉得，要培养孩子学知识的能力，要让孩子变得更聪明；事实上，除了学知识，我们更要培养孩子的成长型思维。

以前我们习惯了依据成绩做横向比较，在这样的评价体系下，“学神”“学霸”才是值得被夸奖的。**但是，当我们关注拐点，一个孩子只要今天比昨天进步，突破了自己的拐点，就值得被鼓励。所以，我们更需要依据孩子自身的纵向比较，帮助孩子树立成长型思维。**

而当孩子具备了成长型思维，以后不论在任何一个领域，都能通过持续的努力不断发展，这也是成为一个行业内顶尖人才必备的基础之一。无疑，在社会整体向更科学、智慧的教育转型之际，关注学习过程、找到学习拐点将是科学养育的第一步。

CHAPTER

05 第五章

要在学习区学习

学习的内容太难，超出了学生接受能力的上限，学生就会听不懂、学不会；反之，学习的内容太简单，学生会不屑于听，也无法进步。以孩子的学习水平为依据，85%+15% 的学习内容难度配比，可以让孩子始终在“跳一跳就能够得着”的范围内学习，学在当学处。

过去，很多孩子始终无法找到学习的乐趣，或困于书山题海却没有学习成果。而这，往往就是因为学习内容的不匹配，没有在学习区学习。智能时代，数据让知识与人相匹配，精准定位孩子的学习区正在成为现实。

01 | 尊重孩子成长规律，拒绝超前超难学

2020 年 5 月 6 日，教育部发布《义务教育六科超标超前培训负面清单（试行）的通知》（下文简称“负面清单”）。该清单针对语文、数学、英语、物理、化学、生物六门学科，根据知识点作出了详细的内容限定，严禁超标、超前学习。可以说，这是历史上第一张如此详细落地的“教育负面清单”。

那么，“超标超前”这件事为什么会让教育部门如此重视呢？

| 一 |

关于“超前超难学”的问题，可以说由来已久。像是“问：孩子四岁，英语词汇量 1 500 左右，是不是不太够？答：在美国肯定够了，在海淀不够。”等类似的段子层出不穷。甚至，在某教育机构对 180 名一年级学生家长的调研中，发现有 60% 的孩子已经学到了二年级，竟然还有 5 人学到三年级、1 人学到了四年级，这才仅仅是一年级的数据。

严重的教育焦虑下，孩子们的学习已经从“赢在起跑线”变成了“不在起跑线落后”。那么，“超前超难学”真的有用吗？

这其实和孩子们的成长规律有很大关系。

我们先来举个例子：

会走路，是每一个正常人的基本能力，我们很少听说一个人四肢健全但是不会走路。因为走路是人类成长的一个自然规律，只要没有疾病，我们认为会走路是一件自然而然的事情。

但其实，“学会走路”这件事，对身体的成长发育来说并没有那么简单。

人从一出生开始，必须要经历翻身、坐、爬、走、跑、跳等一系列的过程，伴随着大脑、骨骼、肌肉的逐渐发育，才能真正地“学会走路”。

在新闻报道里，一些从小和动物生活在一起的“猴孩”“狼孩”“豹孩”等，无一例外都很难学会直立行走。

难以学会直立行走的“狼孩”

这是由于在直立行走发育的关键期，这些孩子没能接收到外界给予的相应的信息刺激，所以他们就很难和普通幼儿一样轻松学会走路。

当然，走路这件事也并不仅仅是有刺激就能学会的，提前或过量刺激对孩子学走路也会造成不好的影响。

学步车这个工具，家长应该很熟悉。把孩子放进学步车里，既能让孩子学走路，又能解放家长的双手，可谓一举两得。

但其实，如果孩子跳过爬行这个阶段，提前用学步车来学走路，那么，孩子的骨骼和平衡能力没有得到足够的锻炼和发育，就很容易引起感统失调、骨骼畸形等问题，严重的甚至影响孩子未来的行走。目前，包括美国、加拿大在内的很多国家儿科学会甚至都已经建议家庭不要使用婴儿学步车。

所以，在孩子成长的关键期，外界给予的刺激很重要，但是这个刺激一定要适时、适量。

| 二 |

当然，对于很多想“让孩子赢在起跑线”的家长来说，超前超难似乎是一个被裹挟下的选择。但是，提前学、超难学真的会让孩子赢在起跑线吗?

拿写字、背诗来说，写字、背诗肯定需要用到眼睛。但在孩子幼儿阶段，视觉的发育需要经历黑白期、彩色期、立体期、空间期这几个阶段，直到 9 岁左右，孩子的立体视觉功能才能达到正常水平。

所以，在孩子 9 岁之前，一定要让孩子多接触光线、多接触大自然，才能更好地发育视力。

如果在这个阶段，孩子的时间大部分都花在看书、写字上，接触的都是平面的书籍，那么，没有足够的光线和空间刺激，不仅会影响孩子的视力，甚至会影响孩子对空间物体的把握和手眼协调能力的发育。

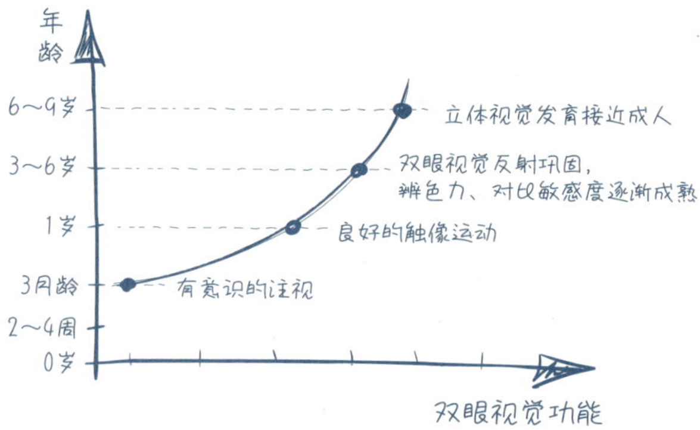

再比如说，让孩子学算术。

学算术需要调动孩子的运算能力、逻辑能力甚至是较为集中的注意力和一定的生活常识。而 6 岁之前的孩子，大脑并没有发育完全，只能接受简单的数的概念，而不具备学算术的能力。

儿童智能发育的九大关键期	
0～6岁	语言关键期
2～4岁	秩序关键期
0～6岁	感官关键期
1.5～4岁	对细微事物感兴趣的关键期
0～6岁	动作关键期
2.5～6岁	社会规范关键期
3.5～4.5岁	书写关键期
4.5～5.5岁	阅读关键期
6～9岁	文化关键期

这个时候，让孩子适当接触数，培养孩子对数的兴趣，是可以的。

但是，如果强制孩子学习算术，很多家长就会发现，无论怎么学，孩子就是学不会，因为这已经超出了 TA 的理解范围；而即便孩子学会了，也可能只属于单纯地模仿和强记强背。这类强迫性的记忆，很可能会让孩子过度紧张，严重的甚至会损伤大脑。

所以，勉强孩子在 TA 的能力范围之外“超难学”，可能不仅得不到想要的效果，甚至会适得其反。

| 三 |

这个时候，我们再回头看教育部颁布面向义务教育阶段儿童的“负面清单”这件事。

显然，负面清单里超标、超前的内容，已经影响了相当一部分孩子的正常学习生活。

比如说，为了让孩子能够更好地衔接小学和初中的知识，孩子小学一毕业，家长就马不停蹄地给孩子报了初一课程的预习班。然而，如此一来，不少孩子常常会觉得反正开学后还要再学一遍，于是从心理上就不重视；开学后，觉得假期已经学过一遍了，重复学一样的知识也提不起劲儿来。

再比如说，有的孩子，课内的数学知识点还没有掌握牢固，家长就给 TA 报了奥数班；有的孩子，甚至小学就开始学物理了。然而，奥数和物理的学习需要整个学段内很多没学过的知识点来支撑，可以说，初中物理的学习已经超出了绝大多数小学生的理解和承受范围，TA 很可能学不会。最后，超难学不仅影响了孩子学习的积极性，更耽误了孩子学习其他课程的时间，让孩子该学的内容也没有学好。

> **所以，针对社会上越来越严重的超前、超难学现象，及时给出正确的引导，是非常有必要的。只有让孩子在最合适的时候学最该学的内容，孩子才能更好地成长。**

02 | 学习区，提升学习效率的关键

前面我们提到，在孩子的成长过程中需要遵循一定的自然规律，要在适合的时间给予孩子适量的刺激。那么，在孩子的学习过程中，同样需要遵循一定的规律。

想要让孩子学有成效，就需要让孩子在适合的时间学习适合的内容，这也是智慧学习中一个非常重要的理念——让孩子在“学习区”学习。

| 一 |

“学习区”通常和“舒适区”“恐慌区”一起出现，简单来说，是人的一种心理状态。“舒适区”和“恐慌区”，顾名思义，是让人感觉舒适或让人感觉恐慌的区域，而“学习区”则介于两者之间，是对人来说有挑战又不至于太难的区域。

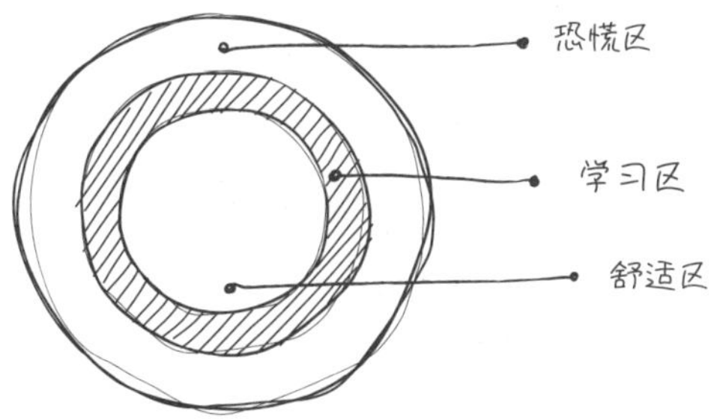

举个例子：

2020 开年，“疫情”黑天鹅突降，给孩子们的学习生活带来了非常大的影响。

经过两个多月的严密防控，随着疫情态势向好，居家隔离了两个多月的孩子们纷纷表示想要开学，甚至去各省市教育厅的官方微博下催开学。

然而，真的要开学了，孩子们的画风却变了，想要开学的学生人数直线下降，有相当一部分孩子表示：虽然很想开学，但是听到开学的消息后，内心是十分拒绝的。

那么，为什么期盼开学的孩子，到了真正要开学的时候却纷纷患上了“开学恐惧症”呢？

这其中一个重要的原因就是：开学恐惧症作为孩子表现出来的一种情绪障碍，在一定程度上和“舒适区”“恐慌区”有关。

比如说，疫情期间被大家热议的“网课学困生”，就是非常典型的处在“舒适区”里的孩子。这类孩子一上课就网速不好，一提问就闭麦，躺在床上，吃着零食，玩着游戏，日子过得非常“滋润”。

他们因为习惯了舒适的环境，睡得晚、起得晚，有电视看，有游戏玩，突然恢复规律生活并且被迫学习，就会不适应，甚至产生抗拒的心理。

再比如说，学校对于有的孩子来说，是一个令TA恐慌的环境。在学校这个环境中，有包括人际关系、学习学业、学校生活等方面的压力，而面对这些孩子难以承受的压力TA就不由自主地感到恐慌。长时间处于对学校的恐慌状态下，孩子当然就容易产生开学恐惧症。

也就是说，脱离舒适区或进入恐慌区，都可能会让孩子产生焦虑、恐慌的情绪。而想要减轻孩子焦虑、恐慌的情绪，就需要给孩子创造进入“学习区”的环境。

对于习惯了舒适区的孩子来说，就要及时纠正他们的生活习惯，帮他们制定和上学时一样的作息时间表，督促他们按时起床、饮食，以便有充足的精力保持学习状态；对处于恐慌区的孩子，要引导他们说出自己的真实想法，了解他们焦虑恐惧的症结所在，以便对症下药。

| 二 |

这个时候，我们回到孩子的学习问题上。

在智慧学习中，我们提到的“学习区”更多的会偏向于内容层面。在孩子的学习内容中，同样有“舒适区”“恐慌区”“学习区”之分。

我们还拿孩子的开学恐惧症来举例，造成孩子开学恐慌的另外一个深层次的原因就是学习内容的不适配。

如果孩子所学的内容在孩子的恐慌区，那么，TA很容易就会产生对于学习内容的畏惧，以及对学习的逃避情绪。

在网上，我们经常能看到一些家长辅导孩子写作业的视频：一道题反复教，孩子还是不会，家长崩溃，孩子更崩溃，孩子一边号啕大哭一边喊着“太难了，我学不会”。这个时候，孩子所学的内容很可能是处在了 TA 的恐慌区，TA 根本就学不会。

还有的孩子，一个很明显的特征是：只愿意在舒适区学习。比如，写作业的时候，只挑自己擅长的题写，遇见自己不会的题就空着，从来不去挑战。如果安排 TA 做稍微有点难度的题，就会百般推脱、非常焦虑。

长期处于舒适区或恐慌区的孩子，他们无法在学习中获得成就感，自然而然就会对学习产生焦虑、恐惧的心理。

所以，想要让孩子不抗拒学习并且让学习有效果，让孩子保持在学习区学习至关重要。

在学习的过程中，每一个孩子都有属于自己的学习区。

如果老师讲的内容太简单，低于学习区的下限，那么，孩子就会懒得听。比如说，孩子已经学会了一元一次函数，而老师依然在课堂上反复讲、反复布置练习题，那么孩子就会觉得这个内容我已经会了，学起来没意思，不想学。长此以往，孩子很容易就会形成习惯了舒适区而很难走进学习区的状态，很难进步。

同样，如果老师讲的内容太难，超出了孩子学习区的上限，那么孩子根本就听不懂。而听不懂、学不会的状态，会让孩子无法在学习中感受到成就感、胜任感，从而影响孩子的学习积极性，同样也很难进步。

同样是 100 分的努力，用在恐慌区，可能只有 10 分的收获；用在舒适区，可能会有 50 分的收获；用在学习区，才能有 100 分的收获。当孩子的付出和收获成正比时，孩子才能在学习中获得成就感。

“

所以，警惕“舒适区”和“恐慌区”，培养孩子在“学习区”学习的习惯，让孩子在学习区进行挑战，才是帮助孩子热爱学习并且不断进步的关键所在。

03 | 在学习区进入心流：让孩子好学的“秘诀”

通常，家长对孩子的期待是无止境的。也因此，只要能够为孩子的学习增加一点助力，家长们往往都会不惜成本地去努力，比如买学区房、买学霸笔记、给孩子报名师辅导班等。

然而，孩子学习这件事，并不是花钱就能解决问题的，有的家长甚至会想：如果学习有“秘诀”就好了，找到孩子好学的“秘诀”，孩子们的学习问题，就迎刃而解了。

我们也曾经针对 1340 名初中学生家长做过一份问卷调查，其中“针对孩子学习不好的问题，你认为原因是什么”这一问题，有 29.42% 的家长都认为可能是因为孩子不好学。

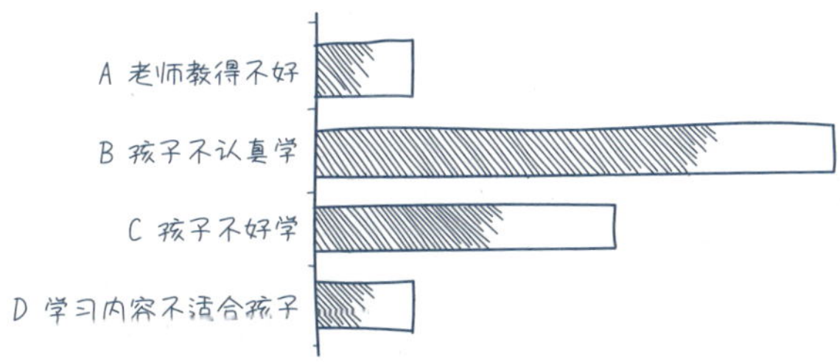

针对孩子学习不好的问题，你认为原因是什么？

那么，想要让孩子好学，到底有没有“秘诀”？

一

其实家长们可以重点关注一下“心流”。简单来说，“心流”是指一个人全神贯注地做某件事的状态。在这种状态下，人们甚至能够忘记时间的存在，并且体验到一种幸福的感觉。

比如说，当孩子玩游戏的时候，就很容易沉浸在游戏的世界里面，根本听不到家长叫 TA 吃饭，这就是进入了一种心流状态；再比如说，居里夫人在发现新元素前要做上万次实验，但是她不会感觉这有多枯燥，因为她在这个过程当中有心流体验。

那么对孩子来讲，我们有没有办法让他们在学习中进入这样的心流状态呢?

| 二 |

其实，不管是孩子打游戏还是科学家们去攻克一些难题，都需要一点一点地进入这种状态。

比如说打游戏，孩子不可能刚一开始就能进入忘我状态，而是打着打着就忘我了；科学家们也并不是一开始就对这些枯燥的数字、枯燥的实验产生兴趣的，而是在对未知的探索过程中一点一点地去努力，慢慢地接近成功的。

那么，在实际的学习当中，一些有经验的老师往往是这么给孩子布置作业的：TA 给孩子的任务中，85% 是孩子熟悉的内容，15% 是孩子陌生的、未知的内容，这两部分非常巧妙地放在一起——这在教学上叫教学设计。

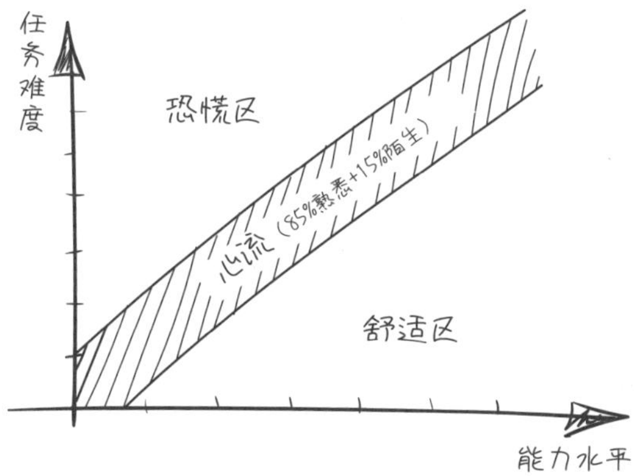

举个例子：

孩子在个位数加法到十位数加法的学习过程中，有一个“阶”需要跨过。有的孩子遇到拐点，跨不过去怎么办?

在这个时候，聪明的家长和有经验的老师不会一下子告诉孩子，1+9 等于几，也不会让孩子接下来去做 1+9。那么，接下来干嘛呢？

TA 会让孩子做 2+1=3、2+2=4，一直到 2+7=9。这时候，TA 再停住，不会让孩子做 2+8。接下来，3+1、3+2 到 3+6，类似的个位数加法题目，TA 会让孩子一直做到 8+1。

当孩子明白 1+8 和 8+1 都等于 9 的时候，就到了跨过阶点的最佳时刻了，TA 会给孩子 1+9。

只要孩子明白 1+9 等于 10，那么，经过前面的一系列铺垫，孩子自然就很容易理解 2+8=10、3+7=10……9+1 也等于 10。

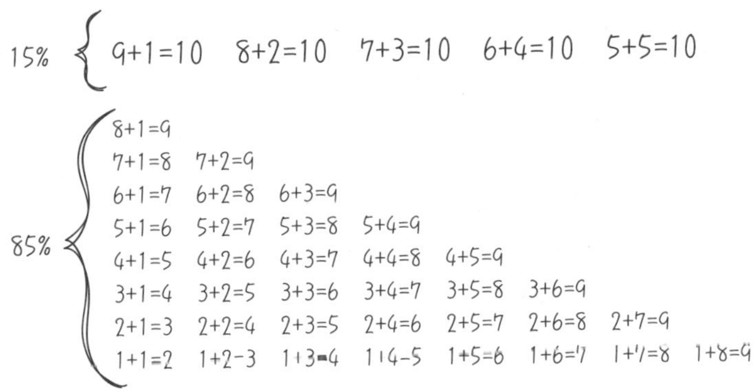

85% 熟悉的 +15% 陌生的

也就是说，经过前面 85% 的铺垫，孩子很容易就能理解 15% 的新鲜内容，一下子就从个位数加法的领域成功跨到两位数加法。孩子一旦体验到这种成功，很容易就会进入心流状态，沉浸学习，享受学习的快乐。

三

想要进入心流状态还有一个前提，那就是：让孩子在学习区学习。

不管是家长还是老师，给孩子布置学习任务的时候，要有意识地在孩子熟悉并且力所能及的范围之内来设置孩子跳一跳能学会的内容，这个范围就是“学习区”。

就像我们前面提到的，我们把两位数的加法藏在了个位数加法当中。那么孩子在这个学习区当中，就会进入心流状态，然后去体验学习取得的成功和乐趣。

相反，如果我们一上来就让孩子死记硬背 1+9=10，即便孩子当时记住了，但等 TA 回到家，拿出作业来的时候，很可能就不会了。因为这个时候，1+9 对于孩子来说理解不了，当然也就迈不过这个阶点。

同样，如果我们不把 1+9、2+8 藏在个位数的加法当中，而是不断让孩子学个位数的加法，没有增加新的难度，那么，孩子感受不到突破难点的成就感，慢慢地就会感到厌烦，没有任何新鲜感，更别提心流体验了。这样一来，孩子很可能也会对学习失去兴趣。

我们都知道，兴趣是最好的老师，当孩子失去兴趣时，学习就变成了孩子的任务，逼孩子学习变成了家长的任务，学习就会变成学生和家长共同的负担。

所以说，让孩子基于学习区学习，将 15% 左右的陌生内容与 85% 左右的熟悉内容合理配比，让孩子循序渐进地学习，一步一步体验到学习的乐趣，其实就是最好的“秘诀”。

04 | “一听就会，做题就废”是怎么回事？

相信不少老师和家长都遇见过这么一类孩子，遇到不会的知识点，给 TA 讲解后，TA 会恍然大悟地点头：“哦！原来是这样！”。然而，当你信心满满地让 TA 去做题的时候，却发现一教就会的孩子，到了做题的时候就不灵光了，是典型的“一听就会，做题就废”。

那么，明明听懂了，为什么到了做题的时候就做不对了呢？

| 一 |

首先，孩子“一听就会，做题就废”的一个非常重要的原因就是：所学内容不在 TA 的学习区。

举个例子：考驾照这个事情，大家应该都很熟悉。通常，科目二和科目三，就会难倒一大片，不少人挂科。一项非常令人意外的调查结果是，挂科概率更大的，往往不是初学者，而是已经有很多年驾龄的老司机。

比如，一位拥有五年驾龄的老司机被吊销了驾驶证，所以不得不重新考驾照。按理说，一个老司机考科目三的时候应该得心应手，但真正到了考试的时候，TA 的科目三却连考了五次都没有过。

为什么呢？就是因为对于这位五年驾龄的老司机来说，开车是件驾轻就熟的事儿。也正因为这点，才让 TA 在面对自己舒适区的内容时粗心大意。即便是技术不错，由于常年开车养成的习惯，很多动作未必规范，如果不在意的话，考试挂科也在所难免。

同样的道理，如果让一个刚刚开始学习开车的人直接去练漂移，那么，即便非常仔细地告诉 TA 漂移的所有技巧，TA 也非常认真地背下了所有的注意事项，TA 依旧不可能完成这个动作。TA 连起步都还没学会，又怎么能完成漂移呢？

显然，漂移对一个新手来说，是处于 TA 的恐慌区。

| 二 |

现在，我们回到孩子的学习上。

如果孩子的学习内容处在了 TA 的舒适区或恐慌区，那么孩子的学习效果也会大打折扣。

比如，越是孩子舒适区的内容，学起来越简单的，孩子就越是容易粗心大意，学习无法投入，那么学习的效果也就可想而知。

而恐慌区的内容，则更需要家长警惕。因为对于家长来说，和孩子之间是客观存在着一些认知差异的，这些认知差异可能会让家长错误地判断孩子的承受能力。

比如说，“把数字 1 到 9 按照从小到大的顺序排列起来”这道题，任何一个成年人立刻就能明白，这里的从小到大排列是数字意义上的大小。

但是对于孩子来说，TA 脑子里对“大小”的概念可能是视觉意义上的“大小”，和成年人完全不一样。

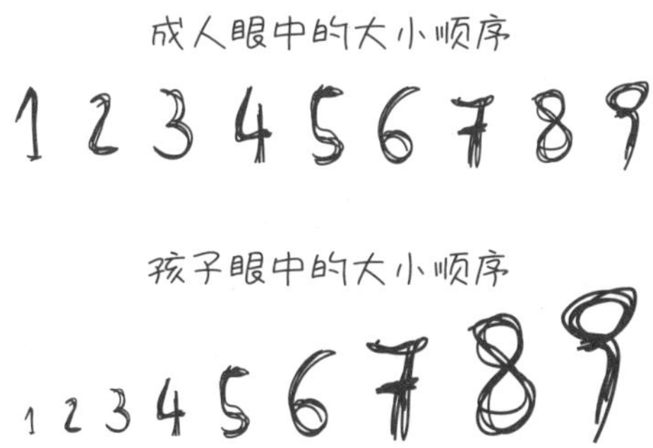

这个时候，对于一个连“数的概念”都没有弄明白的孩子来说，“给数排列大小”已经处在了 TA 的恐慌区，TA 根本就学不会。想要让孩子真正会做这道题，家长就需要找到孩子真正的学习区，让孩子先把数的概念弄明白。

所以，对于孩子来说，不论是薄弱、疑难、未知还是拓展知识点，都需要在孩子的学习区内：太简单，孩子可能会觉得没意思；太难了，孩子又可能学不会。

| 三 |

当然，也有情况是，教给孩子的内容，的确是孩子学习区里的内容，孩子也的确是听懂了。

那么，为什么孩子做题的时候还是会错呢?

这里就必须要提到智慧学习中另外一个非常重要的环节，那就是“刻意练习”。

刻意练习不等同于普通练习，它是一种有目标、有反馈、在学习区的专注练习。

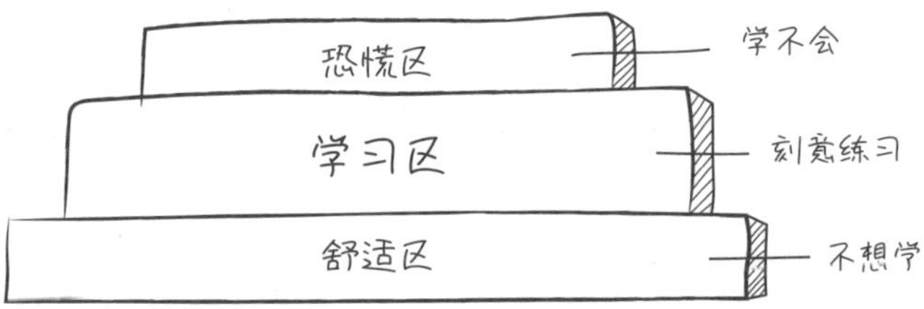

还拿练车举例：

科目二是新手练车的一个难点，因为其中包含了很多的细节和难点。

通常来说，在练习的过程中，教练会给学员找“点”——当到达某个位置时就怎样怎样。比如倒车入库的时候，教练会说：当车子边线与黄线平行时（说明车身已摆正），就要把方向盘回正。

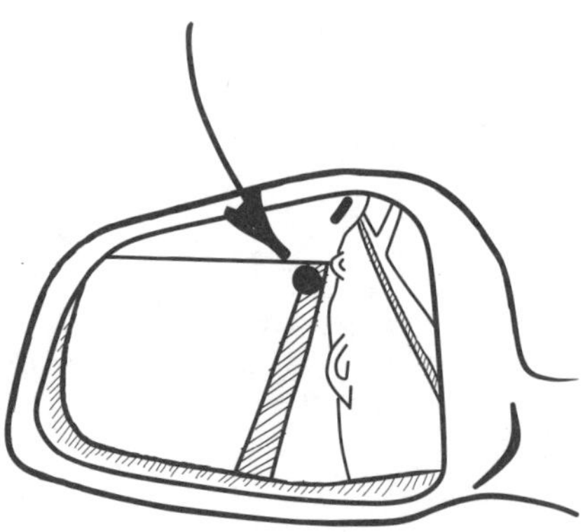

倒车入库时需要刻意练习的点位

这样的表达非常清晰，听在学员的耳朵里也非常简单。但是，真正想要做好做对，却并没有那么简单。很多初学者就算练了很久，往往也不能很好地停进去。就是因为开车这件事，不但需要理论知识，更需要大量的练习，特别是“刻意练习”。

倒车入库，其实需要的是学员在教练的指导下，把整个过程拆分成对离合、车速的控制，对座椅、后视镜的调整，甚至是对车身角度的控制，然后针对每一个动作进行强化、重复的训练，直到熟练掌握。这样，才能完全掌握科目二的所有项目。

四

孩子的学习也一样。想要让孩子的学习有成效，仅仅找到孩子的学习区是不够的，还要让孩子在学习区刻意练习。

通常，一个知识点讲解完毕后，老师会给孩子布置统一的习题进行练习。但实际上，每个孩子的学习情况不一样，接受程度不一样，练习题的侧重点也应该不一样。因此，统一的练习要求往往就会造成大量重复、无用的练习。而真正的高效练习，应该是“刻意练习”。

我们来举个例子：

比如，在我们调研的学生中，曾有一名八年级学生在“一元二次方程的应用”这个知识点下，错题的重复率达到了 42.50%。

姓名	王XX		
年级	八年级		
学科名称	数学	知识点模块	一元二次方程的应用
微课观看数量	5	自主观看时长	322
教材版本	人教版	错题重复率	42.50%

通过对数据的分析，我们发现，TA 之所以出现掌握薄弱的情况是因为概念还没有理解透彻。

于是，系统就为孩子智能匹配了针对性练习。

首先，系统给孩子推荐练习，并不是直接给孩子大量同类型的错题，而是按照易、中、难、极难四个程度，把一元二次方程这个知识点拆解出几个子知识点。

在这个过程中，系统能够判定孩子对每个知识点的掌握程度，并针对已经掌握牢固的知识点减少相应练习题，而针对孩子再次出错的知识点继续加强练习。

另外，智能学习终端还可以在孩子做题的过程中实时地给出反馈，让孩子时刻掌握自己的学习情况，及时观看微课或找到学科老师做针对性的点拨，用最快的速度解决自己薄弱存疑的知识点。

经过这一系列有目标、有反馈的针对性练习，这位同学用最快的速度掌握了“一元二次方程的应用”这个知识点，练习后的答题正确率提升到了 90% 以上，没有继续出现错题重复出错的情况。

> **所以，面对孩子“一听就会，做题就废”的问题，不但要让孩子在学习区里学习 TA 疑难、薄弱、未知、拓展的知识点，更要配合“刻意练习”，才能让孩子达到真正“学会”的状态。**

05 | 精准定位学习区，学在当学处

在今天，孩子学习负担太重已经成了一个社会性的话题。即便是在新冠疫情期间，停课在家的情况下，仍有不少高三学生需要一天学习近 15 小时、做 8 张试卷。更有学生表示，高三时期一天用完一支中性笔芯是很正常的事，要知道，一支正常中性笔芯的书写长度大约是 500 米，差不多有 10 000 字。

显然，对于孩子们来说，读书已经变成了读“书山”，做题也已经变成了做“题海”，学习负担不可谓不重。然而，即便孩子的学习负担已经如此沉重，很多同学的学习效果却往往不能和付出成正比，不少孩子处于“苦学无效”的状态下。

那么，如何才能减轻孩子的学习负担而让孩子学有成效呢？

| 一 |

想要让孩子摆脱书山题海、学在当学处，找到学习区至关重要。

举个例子：

在 2020 年初的新冠疫情中，由于新冠病毒具有非常大的隐匿性，所以短短两个月的时间，确诊病例就已经达到了 8 万多例，远远超过了 2003 年“非典”的确诊人数，传播速度可以说非常快。

而想要有效遏制病毒的传播，一个非常重要的方法就是：在茫茫人海中，找到确诊患者的密

切接触人群，并对这部分疑似患者进行集中隔离观察。

这其实就很像孩子的学习。

高中三年，一个孩子仅在物理这一个学科就要做上万道题，而在这数以万计的题目中，有多少题是孩子已经会了根本不用做，又有多少是孩子根本学不会的题呢？如果孩子把大量时间都花费在那些 TA 不需要的练习题上，学习效果自然就不理想。

而想要让孩子真正学有成效，就需要让孩子在茫茫题海中找到自己最需要做的那些题进行刻意练习。

| 二 |

然而，“让孩子在自己的学习区学习”这句话，说起来容易，做起来却并不容易。

我们还拿疫情期间定位密切接触者这件事来举例：

和确诊患者密切接触过的人，可能出现在火车、飞机、电梯、餐厅、咖啡馆、电影院等非常常见的公共场所中。

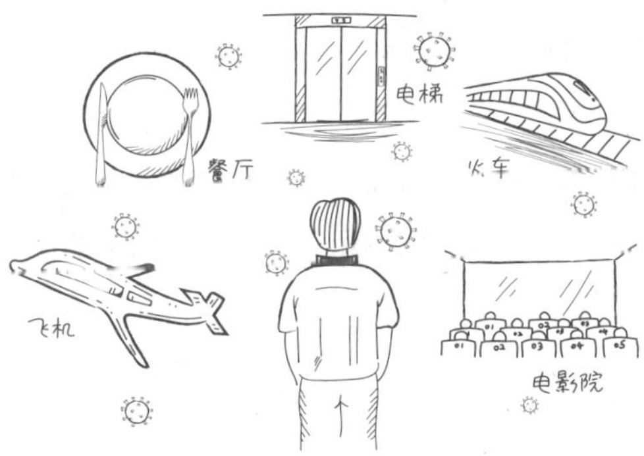

然而 2003 年非典疫情时，没有人工智能，互联网并没有普及，甚至连火车票实名制都是在 9 年后的 2012 年才全面施行的。这也就意味着，擦肩而过的陌生人一旦分别，几乎没有重逢的可能，想要找到他们，基本上很难。

但在 2020 年初的新冠疫情下，正如我们每个人感受到的，智能技术已经极大弥补了这个缺憾。

比如说，一位确诊患者曾经有武汉出差史，TA 在确诊前，曾乘坐飞机从武汉到天津，又从天津乘动车回到北京。回到北京后，TA 先用打车软件回到家，又到某商场去看电影、吃饭、喝咖啡。这一连串的出行轨迹，其实都已经在智能化的设备中留下了足迹。

首先，飞机、火车是实名制的，只要明确飞机航班和火车车次，基本就能准确定位同行的密切接触者。其次，在 TA 使用的打车软件上，可以通过后台数据，准确找到搭载这位乘客的司机，以及这位司机之后搭载的所有乘客。最后，在商场中，从 TA 进入商场的那一刻起，电梯的摄像头就能够采集到所有乘客的人脸数据，通过人脸识别，就能匹配到相应的联系方式。而电影院、餐厅、咖啡厅等休闲娱乐场所，也可以通过移动支付软件的后台找到同一场所的其他消费人群。这样一来，就能够较为准确地追踪到确诊患者密切接触过的所有人群。

也就是说，智能技术对人的行为的深度捕捉，让及时、快速找到目标人群成为可能。

| 三 |

现在，我们回过头来看孩子的学习。

通常，孩子的学习环节会设置为课前预习、课堂学习、课后练习等环节。然而一直以来，孩子们的各个学习环节是标准化且相对不透明的。老师教授的内容不一定适合孩子，孩子学习情况的反馈老师也不能及时获得，就会造成始终会有一部分孩子无法在自己的学习区学习。

正如前面提到的，智能技术可以深度捕捉人的行为数据，同样，在学习领域，智能化的学习工具可以深度捕捉孩子的学习行为，从而更准确、快速定位孩子的学习区。

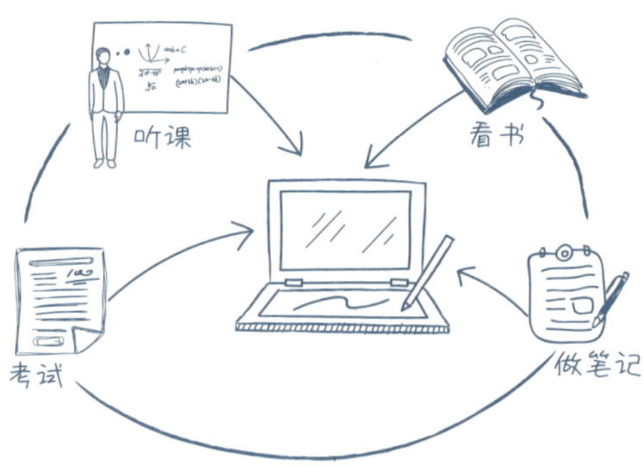

比如，当孩子看书、听课、做笔记、做练习、考试等一系列学习行为脱离纸张，全部依靠人工智能的学习工具来完成的时候，这些学习行为就不再是单纯的行为，而会变成公开透明的数据永久储存在云端，并且成为判断孩子学习区的重要依据。

回到学习的各个环节中来。在孩子的预习过程中，智能化的学习工具就会自动捕捉孩子所有的预习动作，包括预习的时间和预习的情况、哪里是孩子存疑的知识点、哪里是孩子已经会了不用再学的知识点，并生成预习数据，从而帮助老师快速确定孩子疑难、薄弱知识点，为孩子安排学习区的学习内容进行针对性解决。

课后练习也是一样的。有了智能化的学习工具，孩子要完成的也不再是老师统一布置的作业，而是基于孩子课上的学习情况为孩子推送的适合 TA 的练习题，并即时批改，让孩子获得及时有效的反馈。

在练习题做完之后，孩子当前没有掌握牢固的知识点就会被准确识别并且智能收录到错题本中，这样，孩子接下来就不用大海捞针地做新的练习题了，只要针对性解决没有掌握的知识点即可。

我们基于后台数据，对山东某高中 2016 届、2017 届的学生做过一次统计，数据对比后发现，相比较用传统学习方式进行学习的 2016 届学生，在人工智能的帮助下进行学习的 2017 届学生，高中三年物理学科的做题总量下降了 39.6%，错题的重做率上升到 86.7%，平均成绩提高了 15.2 分。也就是说，相比从前，虽然孩子的做题总量下降了，但是解决问题的效率大大提高了，学习的效果也相对更好了。

时间	做题总量	错题重做率	平均成绩
2016届	28 740	43.20%	66.3
2017届	17 359	86.70%	81.5

> **所以，让孩子跳出书山题海、减轻学习负担的关键在于让孩子在学习区学习。而在人工智能时代，智能化的学习工具为孩子“学在刀刃上”提供了有力的技术支撑，从而让孩子可以真正学有成效。**

06 | 在动态变化中把握学习区

随着疫情好转学生们陆续开学，有一个细节值得我们关注，那就是有越来越多的学校门口安装了人脸识别设备。这种设备无论是妆容、发型还是戴眼镜都不会影响它的识别效果。它就像是一面“魔镜”，可以把一些安全隐患隔离在校园之外。

而这面“魔镜”背后的一个底层逻辑其实就是数据。

其实，不仅仅是保障孩子们的健康安全，对于找到学习区这件事来说，大数据也起着“魔镜”一般的作用。

为什么这么说呢？

| 一 |

首先，我们需要明确，学习区并不是一个静止的概念。

举个例子：

在人的一生中，相貌不是绝对固定的，而是会不断发生改变的。比如，一个人 10 岁时候的照片，和 20 岁的时候会有很大差别；30 岁时候的照片，和 60 岁也会有非常大的差别。

迈克尔·杰克逊的容貌变化

这些极大的变化并不是一朝一夕就发生的，而是会随着年龄的增长而不断变化。从幼儿到晚年，人的相貌会随着头部骨骼肌肉的生长、面部皮肤肌肉的逐渐衰老而改变。变胖了、变瘦了、面部受伤甚至是近视造成的眯眼、皱眉，都可能会改变一个人的容貌，这些改变几乎每天都在发生。

也就是说，人相貌的改变，是一个随着时间、空间的改变而动态变化的过程。

现在，我们来看看孩子的学习。

孩子的学习区，同样也在随着持续的学习而不断地发生改变。

举一个最简单的案例：

一个一年级的小学生，需要掌握“10 以内的加减法”，当老师用“数火柴”或“加减法儿歌”的方式一步步引导孩子完全掌握这个知识点的时候，孩子的学习区就出现了变化——

“10 以内数的加减法”这个知识点就会从孩子的学习区变成孩子的舒适区，而孩子的学习区里的内容就需要变成下一个难度稍高的知识点。

这一整个过程，可能需要一两天，也可能只需要 1 小时。根据不同孩子的不同掌握程度，他们的学习区也呈现出不同的动态变化。如果不注意孩子学习区的变化，很可能就会把孩子推向舒适区或恐慌区。

所以，家长在辅导孩子的时候，要及时关注孩子学习需求的变化，根据孩子不同的掌握程度给予孩子适合的指导，避免“刻舟求剑”。

| 二 |

了解孩子的学习区这件事本身就不是一件容易的事，加上孩子的学习区又是一个动态的过程，所以想要准确找到孩子的学习区就难上加难。

那么，作为家长，要怎么帮孩子准确找到学习区呢？

其实，从某种意义上来说，数据要比人更可靠。

我们还拿“相貌”这件事来举例：

2019 年，重庆警方抓获了一名 17 年前的命案嫌犯，而真正帮助警察锁定这个嫌犯的其实是“人脸识别警务系统”。要知道，一名潜逃 17 年的嫌犯，就算是至亲的家人面对面走来，也不一定能准确地认出来。

相比人的肉眼识别，人脸识别系统会根据人脸面部的眼形、脸型等细节，综合大数据的分析来进行对比，即使脸上的皱纹、胡子再多，也不会影响判断。

包括在被拐儿童的找寻工作上，大数据也起着非常重要的作用。新闻中也曾报道过，警方凭借丢失儿童三岁时的照片，借助数据分析推断出幼儿成长以后的模样，成功帮助一个家庭找回了丢失十几年的儿子。

也就是说，面对动态变化着的相貌，肉眼的判断远远比不上数据准确可靠。

那么，让我们再回到孩子的学习问题上。

想要准确定位孩子不断变化着的学习区，单纯地依靠老师和家长其实很难实现，因为几乎没有人能做到时时刻刻关注孩子的学习过程。但当技术代替了人力时，这个问题就能得到更好的解决。

我们拿曾经调研的一所位于新泰市的学校举例：这所学校在 2018 年以前，一直都是比较薄弱的，招生质量不高，升学率也不高。为了让同学们获得更好的学习效果，这所学校其实尝试着做了很多改变，其中有一条是——推行小班教学。

然而，所谓的小班教学，本质上依旧是一个老师对 N 个学生，老师依然很难同时关注到每个学生来进行个性化的教学。

而真正让学校的教学模式发生改变的，就是在引进大数据技术之后。

孩子的一切学习路径、学习动作，都变成了大数据储存在云端。不需要人为地进行判断，人工智能会自动分析孩子的学习数据，从而快速精准定位孩子的掌握层级和适合孩子的学习内容。

这样一来，孩子目前的学习情况、接下来优先学什么、应该熟练掌握什么也就一目了然了。短短半个学期，这个学校智慧班的孩子们成绩就平均提升了 40% 以上。

可以说，大数据起着“魔镜”一般的作用，可以智能定位该学的内容，让孩子有方向地学习。

智慧班	期中平均分（未部署智慧课堂）	期末平均分（已部署智慧课堂）	成绩提升
七班	532.03	573.84	41.81↑
八班	542.97	583.74	40.77↑
九班	536.48	582.99	46.51↑
十班	535.20	576.95	41.75↑

三

那么，对于家长来说，如何利用大数据技术找到孩子的学习区从而指导孩子学习呢？

很简单，如果你的孩子已经拥有了人工智能的学习工具，那么，就利用好先进的学习工具，让孩子走一条便捷的路。

如果你的孩子暂时还没有人工智能的学习工具，那么，在学习时，也一定要有“数据导学”的思维。

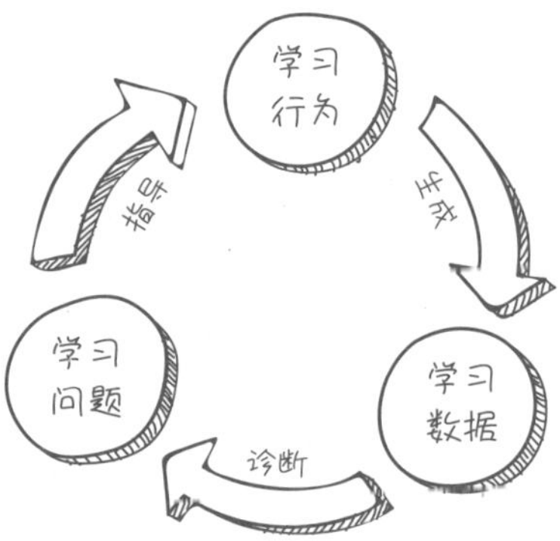

拿考试来说，不少孩子在考试过后就会把考试的试卷和分数抛在脑后，但其实，每次考试，各类型题目的正确率、失误率，每个知识点的作答，都反映着孩了的掌握情况。

再比如，单次的考试，通常能反映出孩子某个阶段的学习情况，反映哪个知识点没有掌握牢固；连续数次的考试情况，其实就是一组非常翔实的学习数据，能够指导老师和家长更为准确地判断孩子的学习区。

> 所以，家长在辅导孩子学习的过程中，不仅要认识到孩子的学习区是一个动态的过程，更要依靠数据的指导，才能更快、更准确地找到孩子的学习区，为孩子提供最有效的帮助。

07 | 让孩子沿着自己的智能倾向，持续进阶

“望子成龙”是无数家长的心愿，在孩子的实际教育过程中，相信每一位父母都希望能发现孩子的优势，并希望孩子在这一领域出人头地。

我们可以看到，越来越多的学生，上完课之后，继续奔波于各种各样的兴趣班，钢琴、绘画、围棋、舞蹈、击剑、马术、冰球……然而，一份对某小学学生的调查问卷显示，165 名参加兴趣班的同学中，单项兴趣班累计学习时间不超过一年的有 122 名同学，三年以上的仅有 30 人。

究其原因，我们会发现，在孩子的实际培养过程中，往往会遇到这两种情况：一是孩子始终没有表现出任何领域的兴趣和擅长点；二是孩子小时候虽然在某些方面表现出了超长之处，但随着年龄的增长，孩子的天赋却慢慢减弱，甚至完全没有了。

那么，这到底是为什么呢？

| 一 |

第一种情况往往非常常见，家长明明已经费尽心思培养孩子的兴趣爱好了，但孩子却唱歌唱歌不行、画画画画不行……干啥啥不行。

关于这一点，其实在之前的章节中我们也提到过，在孩子的成长过程中，有一些关键期是需要外界给予适时适量刺激的；而想要让孩子的优势智能得到良好的发展，就更加需要关注这些智能发展的关键期。

比如，一个孩子在舞蹈方面很有天赋，就需要在爬、走、跑、跳和音乐、韵律、肢体等协调能力发育的关键期给予孩子适时适量的刺激。

而如果在孩子学走路的关键时期，孩子的骨骼和平衡能力没有得到足够的锻炼和发育，家长提前让孩子使用学步车学走路，引起感统失调、骨骼畸形等问题，自然也就损害了孩子的舞蹈天赋。又或者在舞蹈的最佳启蒙年纪，家长却并没有让孩子在这个时间段接受相应的训练，那么，孩子

很可能就会错过跳舞的最佳发展阶段。

也就是说，在孩子的成长过程中，不论是太早还是太晚接收到学习内容，都可能会让孩子错过智能发展的关键期。这样一来，孩子的天赋也很可能就被错过了。

| 二 |

第二种情况，则需要家长们明确，有些孩子不是天赋没有了，而是天赋被浪费了。

我们还拿跳舞这件事来举例：

不少孩子在很小的时候，就有着极强的肢体协调能力，对音乐非常敏感，听见音乐就能随之舞动，在肢体运动和音乐方面表现出了很强的智能倾向。

通常，面对孩子展现出来的天赋，大部分家长都会加以培养。然而，在培养孩子的过程中，往往就会出现这样或那样的问题。

拿跳舞来说，后天的练习其实是一件非常艰苦的事情，劈腿、下压等各种基本功，常常会让孩子在教室里哭得撕心裂肺，让妈妈在教室外默默流泪。

这个时候，当孩子下课后边哭边说“我要学舞蹈，不要练基本功”的时候，基本上就已经停留在了舒适区，很难在舞蹈这件事上有所成就了。

另外，也有一部分家长在培养孩子的过程中，会出现“完美主义”情结——既然我的孩子有天赋，那么，作为家长，我就一定要帮孩子做到最好。

于是，家长花大价钱给孩子找最好的舞蹈老师，辛苦督促孩子练习，在练习的过程中不断提高要求，想要让孩子以最快的速度做到最好。

但学跳舞这件事，讲究一个“过犹不及”，当家长过分地给了孩子许多能力范围内根本无法承受的学习、练习内容时，孩子的身体就会承受不住——因为提前练习超难动作，导致孩子脖子、脊椎、腰部、腿部等受伤的案例比比皆是。

这其实就是把孩子推入了恐慌区，孩子的天赋不仅没有得到良好的发展，身体、心理健康还被伤害了。

所以，我们说，在孩子的教育过程中，最遗憾的其实不是孩子没有天赋，而是孩子的天赋被白白浪费了。

三

那么，如何保护孩子的天赋，从而让孩子在 TA 的智能倾向下发展成稀缺性人才，甚至是顶尖人才呢？

这里，我们需要提到一个正反馈的概念。所谓正反馈，简单来说是指一个循环增强的过程，它能使系统处于一种良性循环的状态。

比如说，超市花 1000 元购置了一批商品，通过零售输出的方式获得了 1200 元收入，接下来，超市会用更多的资金来购入更多的货物，从而获得更高的收益。

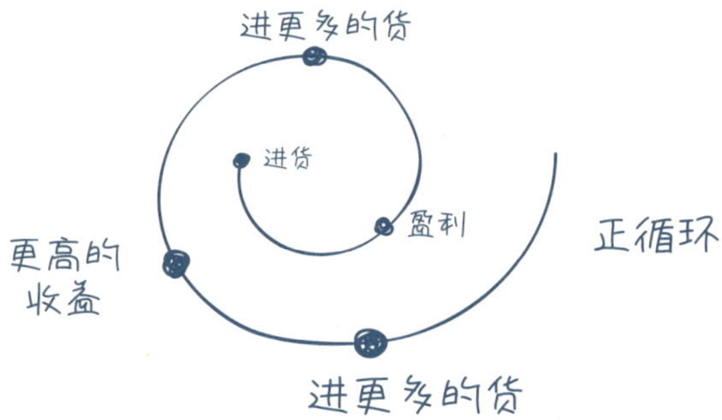

同样，让孩子发展成为稀缺性人才，甚至是顶尖人才，也应该是一个循环增强的过程：在学习区学习找长板—在长板下保持在学习区学习—继续在学习区找长板。

比如说，在孩子的成长过程中，家长发现了孩子的动觉智能突出，有舞蹈天赋，那么接下来，家长就可以把孩子送到专业的舞蹈培训班，让孩子接受专业老师的指导，在 TA 的学习区来进行学习；而在孩子学习舞蹈的过程中，家长可能会发现孩子创意能力很强，能够独自编舞，或者发现了孩子对芭蕾舞这个小舞种更擅长，那么，家长就可以继续把孩子往编舞的方向或芭蕾舞的方向来进行培养。

这样循环往复，孩子的优势就会越来越突出，逐渐在自己擅长的领域拥有一席之地。

我们在调研中，曾遇到过一个非常典型的孩子。这个孩子在小学、初中一直表现很平凡，特别是数学成绩总是“低空飞过”。为了让孩子学好数学，家长给他报了很多辅导班甚至是奥数班，都没有效果。

直到他升入高中，进入了学校的智慧课堂班，在人工智能和大数据技术的帮助下，老师和家长发现孩子虽然数学成绩不好，但是几何题这一块的正确率已达 95% 以上。

而且经过沟通了解，老师发现孩子十分擅长搭乐高，为了这个“玩物丧志”的兴趣爱好，孩子还和家长发生过矛盾。种种迹象表明，孩子的空间智能其实非常突出。

发现了孩子的长板后，经过老师和家长的沟通，孩子的学习方向就开始往空间智能的方向上倾斜，一些孩子不懂的知识点，老师会想办法通过画图、模型等方式来帮助孩子理解，一段时间后，孩子的数学成绩就有了一个较大的提升。这样循环往复，孩子对数学也不再恐惧，在考大学的时候也选择了自己喜欢的建筑系。

所以，在全球化背景下，要想让孩子成为在未来社会有竞争力的稀缺性人才，甚至是顶尖人才，就需要家长警惕舒适区和恐慌区，让孩子始终保持在学习区学习，形成良性的循环，让孩子的优势像滚雪球一样越滚越大。

08 | 真正的教育均衡：关注每个孩子的学习区

作为父母，为了能够让孩子接受更好的教育，往往毫不吝惜教育投入：高价买学区房，只为让孩子进更好的学校；想方设法落户北、上、广、深一线城市，只为让孩子赢在起跑线上……

实际上，教育投入的问题，在更深的层面反映的是当下依旧严峻的教育不均衡现象。教育资源相对落后，就加剧了对优质教育资源的渴求。尤其对于偏远地区的孩子来说，有越来越多的声音致力于让他们享受到和一线城市孩子一样的资源。

实际上，我们认为，想要改变偏远地区孩子的学习现状，要保证优质的教育资源，更要保证资源的适配性。

| 一 |

我们在一次偏远山村学校的访谈活动中，曾经接触过一位张老师。

这位张老师曾是省会城市重点小学的英语老师，为了响应对口帮扶偏远地区学校的政策，他就带着视频课程、辅导资料、课外读物等一线城市常用的学习资源来到了这所大山里的学校。

相比城市里的学校，这所学校的教学资源的确十分匮乏。由于英语老师有限，只能三年级和四年级的孩子们一起学三年级的课程，五年级和六年级的孩子们一起学五年级的课程。可以说，从师资到教材、教辅，这所学校都急需改善。张老师团队的到来，让一线城市的教育资源终于走进了山区学校。

然而，令人始料未及的是，在真正的教学实践中问题接踵而至。比如说，进校后的第一次英语考试，在张老师看来极其简单的试卷就几乎让所有孩子都两眼一抹黑。

优质的视频课程孩子看不懂，优质的辅导资料孩子更不会做。面对这样的孩子们，张老师说了一句话："我觉得我在重点学校练就一身的本事，在这里根本没有用武之地。这里的孩子，需要的东西其实都是最最基础的。”

显然，教育资源的“好”，其实是相对的。

一线城市的教育资源固然好，但它的好，对于偏远地区的孩子来说，很可能已经“营养过剩”了。如果不加筛选，直接把一线城市的教育资源复制到偏远地区，孩子们很可能根本就消化不了。

| 二 |

那么，到底应该实现什么样的教育均衡呢？

张老师在意识到一线城市的教育资源并不适合山区孩子的现状后，就重新规划了新的教学方案。其中，大家的首要任务，就是先了解孩子们现阶段的学业水平。

还拿英语这门课程来说。

由于之前教师资源有限，五年级和六年级的孩子统一学的都是五年级的课程。但是经过测验，很多孩子的英语水平其实连五年级都达不到，基础很差。

于是，张老师的团队就基于不同孩子的不同水平，给孩子们定制了适合他们的课程内容。孩子是五年级的水平，就给孩子安排五年级的课程；孩子是四年级的水平，就给孩子安排四年级的课程。

这些课程不一定是最好、最优秀的，但一定是最适合他们的。这样一来，经过一段时间的努力，孩子们的英语水平就有了很大的提高。

这其实就和我们的智慧学习不谋而合——想要让孩子学有成效，首先要让孩子在学习区学习。

也就是说，真正的教育资源均衡，不是让孩子拥有和一线城市一样的教育资源，而是给孩子匹配最适合他们的教育资源，让孩子在他们各自的学习区进行学习。

| 三 |

然而，这个时候，新的问题就出现了：

单纯依靠老师的力量，的确可以解决一部分孩子的问题；但老师的数量、精力都有限，而需要帮助的孩子数量庞大，单纯地依靠人力很难解决整个区域的教育均衡问题。

那么，如何才能让更多的孩子享受到最适合他们的教育资源呢？

其实，人工智能和大数据技术已经能精准定位每一个孩子的学习水平，并能为他们匹配最适合的教育资源了。

在陕西省榆林市靖边县就有这样一所学校，不仅基础设施陈旧、师资匮乏且人员频繁调动，学校生源中，留守儿童占30%，外来务工者子女占50%，服务区学生占20%，生源质量参差不齐。绝大多数学生的父母文化层次不高，忙于生计，无法督促孩子学习。

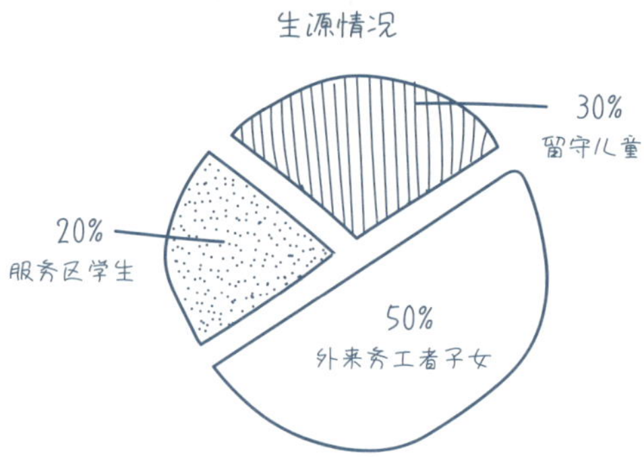

可以说，这是一所非常典型的教育资源落后的学校。而人工智能和大数据技术在教学中的引入，让这所学校真正发生了质的改变。

人工智能的学习工具可以实时监测每一个孩子的学习过程，定位所有孩子的学习区，形成整个学校甚至整个区域的学习数据，经过智能分析，为孩子们提供相应的学习方案，从而实现让学生们在学习全流程中采用适合自己的学习方式，针对自身薄弱点进行自主学习。

同时，在这样的智慧学习中，学生可以自主控制学习地点、学习时间和学习内容，不懂的问题可以通过看微课等方式解决，自主学习能力得到大幅提升。

> **未来，随着人工智能和大数据技术应用越来越成熟，孩子们也将更好、更快地享受到最适合自己的、最好的教育资源。真正的教育资源均衡，也有望从根本上得以实现。**

CHAPTER

06 第六章

有效的学法，恰当地点拨

关于学法，顾名思义，很多家长往往会想到学习方法，比如，数学中有假设法、反证法，单词记忆中有联想法、词根词缀记忆法，都被冠以各种“法”。

在智慧学习中，学法点拨，是具体分析孩子的学习数据，根据孩子的智能倾向，提供专业的学习方法指导，帮助孩子突破思维瓶颈。

学法强调的是孩子们掌握或理解某个知识点的思考方式，更确切地说是孩子在学习具体知识时，头脑中搭建起来的如何找到方法、如何解决问题的思考路径。今天，掌握学法正在成为孩子们的核心竞争力。

01 | 同样的错误总是犯，是时候重视学法了

在孩子们的学习百态中，最让家长崩溃的，莫过于教了好多遍，孩子依然不会！

2019 年，有这样一位父亲在网络上走红——他在辅导儿子作业时，把自己的双手反绑在身后。原因是反复讲过的题，孩子总是一错再错，他怕着急上火忍不住会打儿子，绑住了自己的双手。此情此景，令人忍俊不禁，却又透露着几多无奈。

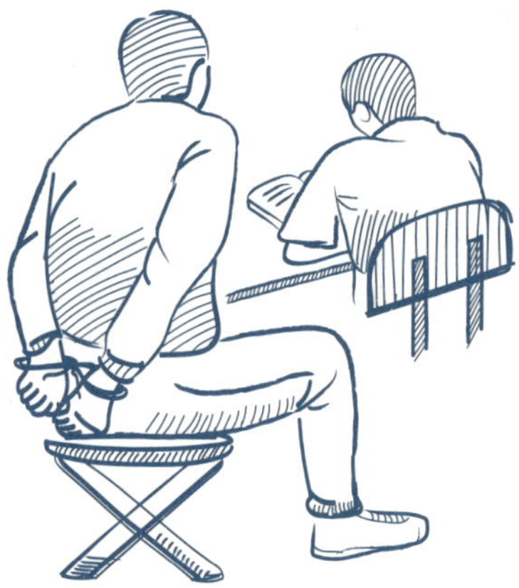

针对这种现象，我们想说的是，如果孩子一开始思考这个问题的方法没对，那么，遇到同样的题，TA 很大程度上仍然会做不对；即便对了，也很可能给日后学习埋下“隐患”。

为什么这么说呢？

| 一 |

一个事实是，在辅导过程中，孩子一旦被权威信息包围，就很容易失去思考力，失去本能反应，陷入“你说 - 我记住”的模式中去。

所以，如果孩子自己的思考路径压根儿没打通，无论讲多少遍，TA 依然无法找到解决问题的切入口。

这也就是我们说的，同样的错误频频再犯的关键原因——思考问题的方法没找到。

在智慧学习中，我们把这种理解知识和思考问题的方法叫作学法。这也是我们在智慧学习中提出的一个很重要的概念。

听起来似乎很抽象，我们来举个简单的例子。当孩子做错事或做错题时，不少家长是不是总会下意识地问孩子：“你咋想的啊？你咋想的？！”其实，学法指的就是孩子“咋想的”这个过程。

实际上，对于任何知识的理解和学习都是需要一定学法的。再次强调，这个学法指的就是“理解”这个动作本身的方法，是思考的方向和路径，让孩子形成对知识点的底层认知。

比如，分数的加减计算，反映的是实际应用中，同一个参照系下部分与整体的占比、消长关系。

那么，相应的，在孩子实际解决问题的过程中，思考的切入点就应该是：不同量之间是不是在同一参照系下，部分和整体的占比如何增减，然后进行判断计算。

比如，计算 1/2+1/2 时，演算过程就是，一分为二的同一整体，先取其一再取其一。但在计算 1/2+1/3 时，就不一样了，就好比把一块一分为二的蛋糕中的一份，和一块一分为三的蛋糕中的一份放在一起，究竟代表多少呢？两个加数参照系是不一样的，这时候就需要考虑把它们放在同一参照系下，再计算。这是关于分数的加减，孩子需要掌握的学法。

| 二 |

在孩子们的学习中，一个常见的现象是什么呢？

还拿分数的加减来说，我们总会习惯性地告诉孩子：同分母分数加减，分母不变，分子相加减；异分母分数加减，先通分再加减。

这似乎是教给了孩子一条很清晰的思考路径，先判断分母异同，再计算。

但在这里，我们很明确地告诉大家，这不是思考路径，更不是学法。

我们来仔细想一想，这条规则，其实无异于把整数加减的加数做了上下切割，然后让孩子在分子这个位置做个位数的加减计算，求取结果。

而这是孩子学分数的目的吗？当然不是。

这样一来，一个最直接的后果就是，到了比如 1 和 3/3 比较大小的时候，孩子就又懵了。就是因为对分数的底层逻辑认知没搭建好，孩子是无法认知到所有的部分相加就是整体 1 的。

这也是一开始，我们说的，如果孩子想问题的方法没找对，即便做对了，也很可能会给后面的学习埋下“隐患”。

> **所以，不恰当的规则技巧，往往只是重复训练了孩子已有的计算技能，而忽略了孩子本该掌握的学法。**

同样，为什么有的孩子越往上学越吃力呢？

就是因为，孩子当时的“做对”“很好”，是来自学的当下对“规则技巧”的程序化执行。而一旦遇到的知识内容、练习题目跳出固有设定，孩子的学习就会出现问题。

事实上，当孩子不是运用记住套路的方式，而是通过自己的思考方式，真正总结出计算技巧，才是孩子有成就感的时刻。

这也是为什么我们认为在智慧学习中，孩子必须掌握学法。

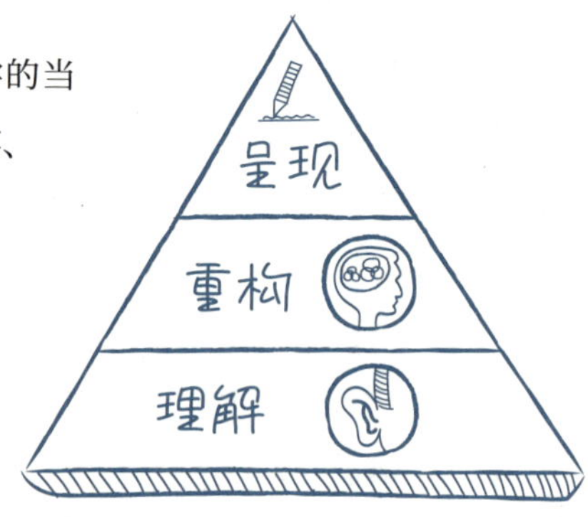

年级越高，对底层理解要求越高

| 三 |

当然，让孩子们掌握学法，并不意味着知识中的规则、技巧、窍门没用，而是技巧一定要建立在掌握知识点的底层学法上。

不过，就像刚才提到的，为什么大多数家长常常把规则当学法呢？

其实，在刚才提到的分数计算中，我们提到了一个关键词：技能。

通常，家长们判断孩子是否掌握了知识的标准，就是看孩子会不会做题，有没有做对。但“做对”这个结果，恰恰是能通过规则训练后，快速提升的运算技能可以带来的。

比如，当你告诉一个三岁的孩子 1+1=2，10+10=20，问 TA 100+100=？时，TA 也能快速回答出等于 200。

这种情况下，家长很可能就会认为孩子掌握了三位数的加法了。但其实，孩子很可能只是通过观察规律自己类比出来的结果，并不意味着孩子明白了三位数的加法是怎么回事，也不意味着孩子明白了 10 个 10 是 100，20 个 10 是 200。

也就是说，技能下的正确结果，往往并不代表着孩子已经掌握了知识以及知识的学法。

反过来，如果孩子在本该掌握学法的时候没有掌握，会怎样呢？

关于这一点，在我们对 3000 名学生所做的数据分析中，发现这样一个规律：同一个知识点，如果错因是方向性错误的错题率较高，那么相应地，错因是思路模糊的错题率也会较高。反过来，如果孩子的解题方向是明确的，思路混乱的情况就很少出现。

知识点	部分错因		
	方向错误	计算出错	思路模糊
导数及其应用	10	2	20
平面解析几何	11	3	27
坐标系与参数方程	2	7	1
概率与统计	2	10	1

而方向错误和思路模糊，直接指向的就是孩子对知识的底层逻辑认识不清。也就是由于孩子的学法没掌握或者不扎实导致的。

在这里，我们不难得出的一个结论是，如果孩子一开始的解题方向或者解题思路错了，训练答题的熟练度自然也就毫无意义。

所以，一个知识点的掌握，首先应该是学法的掌握。

因此，对孩子而言，不能一味重复训练过去的技能，也不能超前、超难去掌握不属于当下阶段的技能，而耽误了思维方式的训练。

要知道，从小学到中学，整整十二年的学习，如果学法不得当，足以毁掉一个人的独立思考能力。

所以，为孩子精心构建一个良好的思维训练的氛围和环境，让孩子通过智慧学习掌握“学法”，建立灵活变通的思考能力，就很有必要了。

02 | 老师角色的转变，从知识灌输到学法点拨

毋庸置疑，学法的掌握必须经过孩子自己的反复探索和琢磨。然而，在学习的过程中，孩子不是总能思考全面的，尤其是遇到全新的知识的时候，大部分孩子仍然需要成人的指引和推动。

那么，在智慧学习中，我们把基于学法对孩子的指导过程，叫作点拨。有效的学法往往离不开恰当的点拨。在传统学习中，老师的职责重在知识的传授，而在智慧学习中，老师的角色从“教书先生”向“导师”转变，学法点拨成为老师在孩子学习过程中重点关注的方面。

| 一 |

一个很简单的道理是，要想掌握“打鱼”的本领，就必须经过“师父教完—徒弟练习体悟—师父进行指点—徒弟再领悟”的过程，才能真正学会“打鱼”。

在学习中也是一样。一个知识点的掌握，往往也必须经过“孩子练习体悟—从中发现问题—纠正问题”的过程。

而这个过程中，孩子如果因为理解偏差或者理解困难而犯错是非常正常的。

拿物理中电阻的学习来说，常常就有不少同学在课上总是能一听就懂，对一些定律如“物体的电阻是由物体本身的性质决定的”张口就来，但是到了自己练习应用的时候，一做就错。

这就是因为他们在领悟应用这个知识点的时候，出现了理解偏差。具体是怎么回事呢？我们来看，在电阻的应用过程中，有公式 $R=U/I$，表示的是电阻等于电压与电流之比。但孩子们在应用过程中，往往会很容易受数学中乘除法的影响，认为电阻会随着电压和电流的变化而变化，电阻与电压成正比，电压越大，电阻就越大；与电流成反比，电流越大（小），电阻就越小（大）。但其实，物体的电阻是由本身的性质决定的。

很显然，孩子们并没有把物质属性融入到公式的理解当中，学成了“两张皮”，导致在应用时仍然运用惯性的数学思维解决问题，思考方向出现偏差。

然而，公式在这儿摆着，很多同学自己是很难扭转这种思维的。

这时候，来自他人的学法点拨就非常必要了。

比如，通过数学当中正比例函数的图像，其实可以很简单地解决这个问题。

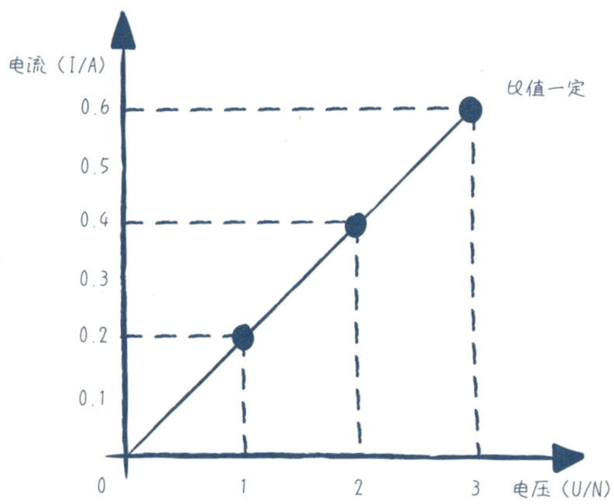

欧姆定律在函数图像中的呈现

在横坐标表示电压、纵坐标表示电流的坐标轴中，通过作图就会发现，由电压和电流确定的这条直线，走向是一定的，也就是说，这条直线上的任意一个点对应的电压和电流的比值都是一定的，电阻并不会随着电压、电流的变化而变化，它们之间自然也就不存在正比或反比关系了。

在智慧学习中，老师的角色发生转变，在孩子遇到困难或理解偏差的时候，给孩子提供充裕的时间，给予恰当的引导，从知识灌输转向点拨孩子的学法，从而帮助孩子真正掌握知识。

| 二 |

但是，当孩子在学习中遇到困难，常见的现象往往是什么呢？

在我们随机对 3 000 名家长进行问卷调查后，统计发现，当孩子学习出现问题时，有 42.3% 的家长会直接考虑报辅导班，有 35% 的家长会选择帮孩子购买辅导资料，有 16% 的家长会向周围家长或者老师咨询，而只有 6.7% 的家长会先自己分析孩子的问题出在哪里，然后再决策。

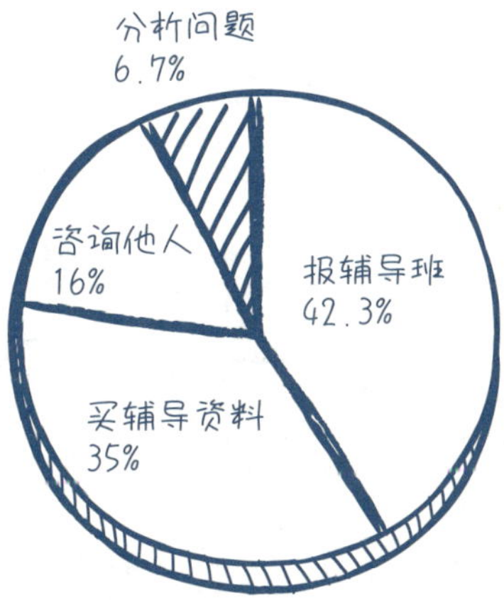

孩子出现学习问题怎么办？

也就是说，当孩子学习出现问题时，绝大多数家长自然而然的一个判断是，孩子这部分内容比较弱，得补！于是把各种线上线下辅导班、精品练习资源统统拿给孩子。

而这样一来，一个最直接的后果就是，孩子听到的还是“电阻是物体本身的特性”，欧姆定律电阻等于电压比电流（R=U/I），孩子不懂的地方还是不懂，并没有解决孩子的实际问题。

这就无异于让孩子“课上 + 课下”的两条腿同时在一片沼泽中挣扎，不断重复着自己看似已经理解的内容，然后继续在错题中碰壁。

为什么这么说呢？

当所理解的知识在实际应用中出现了偏差，是孩子在理解知识的这一环出现了问题，没学懂。因此，这个时候孩子更加需要的是老师学法上的“点拨”，对孩子的思考方式进行拨偏纠正，先掌握知识的正确学法，实现“会学”。

当然，父母迫切给孩子查漏补缺的心情是可以理解的。不过，作为家长要明白的是，只有当孩子掌握了知识的学法，再通过“点播”精品资源进行拓展练习，才能帮助孩子掌握得更好，让孩子“学会”。

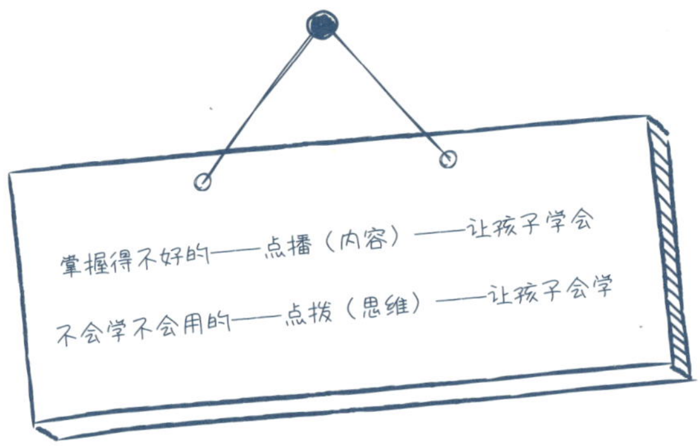

所以，问题的关键就在于，要及时分析孩子的问题出在了哪里，然后对症下药。对于孩子掌握不了的、不会学的、学起来没有门道的知识，要尤其警惕，切忌将它们统统作为孩子掌握熟练度不够的内容进行辅导，否则很可能会越补越糟。

| 三 |

还要特别强调的一点是，一定要把握点拨的黄金期。

前面我们提到，不能一味重复训练过去的技能，也不要超前、超难去掌握不属于当下阶段的技能，耽误了思维方式的训练，从更深层次来讲就是这个道理。

比如，一个三岁的小孩子，就已经能精通 10+10=20，100+100=200，到一二年级的时候，会回头去研究有多少种方法计算 10+10，100+100 吗？两位数的加减法已经能够心算了，TA 还愿意去写递等式，去研究“减数增大，差相应缩小”“一个加数增大，另一个加数减小，和不变”这样的数理逻辑吗？

10 − 1 = 9	1 + 9 = 10
10 − 2 = 8	2 + 8 = 10
10 − 3 = 7	3 + 7 = 10
10 − 4 = 6	4 + 6 = 10
10 − 5 = 5	5 + 5 = 10
10 − 6 = 4	6 + 4 = 10
10 − 7 = 3	7 + 3 = 10
10 − 8 = 2	8 + 2 = 10
10 − 9 = 1	9 + 1 = 10

关于加减法运算的数理逻辑

很显然，孩子提前“学会”了，很可能就会单纯地追逐“计算技能”，而对于简单计算背后蕴含的“学法”不再感兴趣。

也就是说，一定要让孩子先会学，再去追求学会、学好、学熟，否则，孩子学会的知识内容，就会沦为空中楼阁，甚至无法弥补底层基础。

比如，作为家长，在帮助孩子解决问题的时候一定遇到过这种情况，就是：教吧，太难，断层的概念太多，无从说起；不教吧，怕孩子因为没有得到回应受到打击，错失教孩子的良机。

所以，在孩子的学习过程中，作为老师和家长，转变培养孩子的模式，关注孩子的学法，对孩子进行点拨并把握点拨关键期至关重要。

03 | 学习规划师的出现，帮孩子学会并且会学

我们知道，在孩子的学习过程中要关注孩子的思考方式，并在必要的时候给予点拨，才能让孩子学得轻松而有效。

然而，在我们的一次调研中却发现，有 77.4% 的家长认为，关注方法就是关注孩子有没有掌握做题技巧，只有 8.43% 的家长比较清楚地知道知识中的底层逻辑，且这部分家长大部分是教师或受过高等教育。

也就是说，对于大多数父母来说，其实并不具备深度关注并了解孩子学习方法的能力，往往把学习方法与做题技巧等同。这就令辅导孩子的过程难上加难。

那么，如何突破这样的困境呢？

| 一 |

我们来看，难点之一，究竟如何判断孩子的学习问题出在哪里？

先来说一个大家都很熟悉的情况：每当我们用美团、淘宝、抖音时，总会产生一种软件“监视”自己的错觉，自己想要什么，它就会推送什么。

这其实是平台精准定位了我们的需求。那么，具体是怎么做到的呢？

这就要提到大数据 + 人工智能了。拿同样的新闻浏览平台来说，喜欢看体育新闻的人与喜欢看财经新闻的人，每天被推送的头条内容很可能是不同的。就是因为平台通过数据给每个人、每个账号、每条新闻内容都贴了很多标签，然后把适合的内容推送给有相应浏览喜好的人。

也就是说，浏览行为也好，学习行为也好，只要大数据能捕捉到，就能生成相关数据并进行标签细分。这样，孩子的学习需求和学习问题就都会被呈现出来。

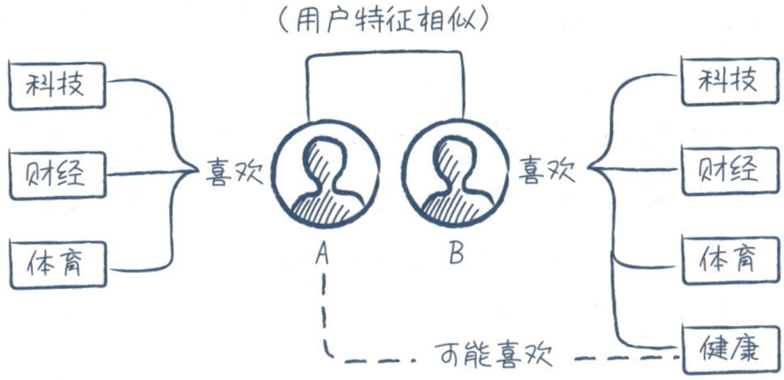

基于用户的协同推荐示意图

比如，孩子们在通过智能终端学习时，他们的答题过程、速度、时间、停顿，甚至部分思路，以及正确率、错误率、优秀率、及格率等，都能生成一系列的学习数据，真实反映孩子的学法及效果。

所以，智能时代，大数据正在让孩子的学习问题变得清晰可见。

| 二 |

在精准的数据反馈基础上，其实需要的是更加人性化的数据分析师。

一直以来，我们都在强调教育的特殊性，人的问题不能交给技术去解决。说到底，就是因为更深层次的学法问题仍需要人的判断。

事实上，自大数据技术出现以来，在任何领域都离不开数据分析师的身影。在智慧学习中，我们把通过数据诊断孩子学习问题、提升孩子学习效果的老师，称为“学习规划师”。

一个结论是，学习规划师，正成为这个时代老师和家长们迫切需要的“助手”。

为什么这么说呢？

一是，在这个智能化的时代，数据的收集和储存已经变得更加容易、更加快速，这也意味着，孩子们每天都会产生大量的学习数据，比如各科的学习时间、各科学业成绩、各题目正确率、各知识点掌握情况等，需要进行一系列管理、分析、提炼、处理，然后进行学法决策。

二是，如何通过孩子的学习数据，在海量的学习资源和五花八门的学习攻略面前做出科学高效的决策，成为家长们面临的又一大考验。

因此，我们不得不承认的是，学习数据分析已经成为一项“持续时间长、任务重且影响深”的学习辅导形式了。毫无疑问，学习规划师的出现，对孩子、老师和家长有着重要意义。

比如，在过去，大多数家长是如何区分好老师和普通老师的呢？

一般地，好的老师就像老中医，一把脉便知道孩子的弱项，哪里出现了什么问题，哪里该用什么方法，给出针对性的解决方案。无论怎样的学生，只要他们一教，定能提分。这其实叫经验。但是，一个问题是，这样的老师需要几十年如一日的经验积累，可遇不可求。

那么，在今天，当孩子所有的学习行为都在数据化和可视化，自然也就不再需要过分依赖经验的“盲诊”了。其中，如何透过“症状”发现和解决问题，就是学习规划师正在做的事情。

目前，凭借高度的数据敏感性和与学科老师的强强联合，越来越多的学习规划师正在成为善于望闻问切的“老中医”。通常，学习规划师拿到孩子的学习数据后，会根据孩子的教材版本、年级、区域等基本信息档，做出初步判断，然后根据更多的具体数据作出学情分析。

比如，某个孩子在二元一次方程这个知识点上，报告呈现掌握程度为一般，通过继续分析具体数据，就会发现，TA 每次做题的正确率能达到 75% ～ 80%，但从自主答题量来看，是低于同水平同学的，并且出现的错误类型也比较分散。学习规划师就可以判断出，这个孩子已经掌握了基础概念，但在熟练度上存在不足，难以应对多变的题目，需要在接下来的练习中调整题型和难度分布。

所以，在智慧学习中，针对孩子薄弱的、不熟练的、需要再巩固的知识点，学习规划师就能根据孩子的学情报告做出诊断，并匹配给孩子适合的学习资源，帮助孩子学会、学好。

| 三 |

说到这里，不少家长可能还有疑问，孩子不会学，压根学不好的问题到底怎么办呢？这或许更让人焦虑。

这也是我们强调的，学习规划师在孩子学习辅导中，另外一个重要作用就是根据孩子的具体问题匹配专业的学科老师进行点拨指导。

在智慧学习中，基于大数据对知识的标签细分，不仅能精准地定位孩子的学习问题，还能精准定位学科老师的教学效果。比如，不同老师在各知识点下，所带学生掌握程度占比及其变化，其实可以清晰地反映教师更擅长的板块和更适合教的学生群体。

这样一来，学习规划师通过数据分析，就能把适合的学科老师精准匹配给适合的学生。

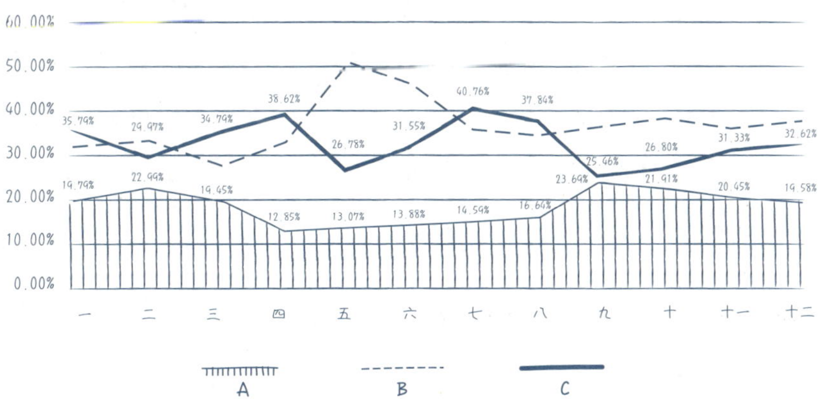

各班知识点层级占比

专业的学科老师，同样是智慧学习中非常重要的角色。这些老师往往更具教学经验，能快速通过学习问题发现孩子的思维方式中存在的问题，给予知识底层逻辑的指导，帮助孩子会学、学懂。

比如，某个孩子的学情报告中反馈，生物中关于肺内的气体交换这部分内容，已经学习两周了，从预习情况、课上反馈和练习数量来看，都有认真进行。但是从几次测试结果来看，仍然正确率很低，平均正确率在 36% 左右，并且答题时间较长。

这种情况下，通常就是这个孩子在知识的理解上，也就是我们说的学法上，遇到了困难，需要学习规划师为 TA 匹配专业的学科老师进行点拨指导。

我们的学科老师，首先会从学科本身的角度分析并传递给孩子：关于肺内的气体交换这个知识点本身就具有一定难度，因为涉及对人体构造的感性认识和物理中分子的运动以及气压差等知识，存在理解困难很正常。然后，通过专业的指导，比如媒体展示、实验演示、资料分析等形式，引导学生进行观察、思考、分析等一系列认知活动，逐渐认识呼吸过程，从根本上为孩子解惑，帮助孩子完成对于气体交换的底层认知。

所以，这也是我们为什么要强调专业的学科老师的存在。**在智慧学习中，学科老师是区别于传统教师、也区别于规划师的，他们首要的教学工作，就是用自己专业的学科思维去影响孩子的思维，帮助孩子会学。**

> 在智慧学习中，针对孩子们的学法问题，一条很清晰的辅导路径是，学习规划师以数据为依据诊断孩子的学习问题，若存在薄弱疑难问题，智能分析适合孩子的学习路径和学习内容，进行巩固；若存在学法难题，学习规划师根据师生双方特点，进行匹配，由专业的学科老师进行学法点拨，然后再巩固。

智能时代，数据诊断 + 学习规划师分析训练 + 学科老师点拨指导模式，已经能让孩子不仅会学，还能学会、学好了！

04 | 学法点拨，如何帮助孩子突破拐点

我们说智慧学习模式下，形成了一套完整的方法论，能帮助孩子有效规避和解决各种各样的学习“雷区”。

在前面的章节中，我们也谈到，找到并解决拐点对孩子的学习来说至关重要，如果一个拐点没过去，很可能会影响后面一系列知识点的学习效果。

那么，针对思维方法上存在困难而导致的拐点，如何通过点拨帮助孩子突破呢？

| 一 |

相信大家对下面的案例一定不陌生，在探讨学习“拐点”的时候，我们有提到过。

在孩子学习 1+1=2，1+2=3，1+3=4……一直到 1+9=10 时，我们说 1+8 和 1+9 不是一个难度等级。因为 1+9 变成了两位数加法，存在“十进位制”这么一个需要跨越的“知识阶”。

涉及十进位制后，就需要孩子从数手指头的经验运用，跨越到抽象的规则应用，更确切地说，是学习一种全新的计数法，标记计数，满十进一。

所以，问题的关键就在于，如何帮助孩子完成计数思维的转换。

我们来看，大多数家长往往会怎样呢？借助“凑五法”，因为人人都有两只手，两个五就是十，那么不足五的余数，只要替换“10”后面的“0”就好了，余几就变成几。

比如，2+9 就可以看成 2+4+5，进一步计算为（2+3）+1+5，3+8 就可以看成 3+3+5，进一步计算为（3+2）+1+5。

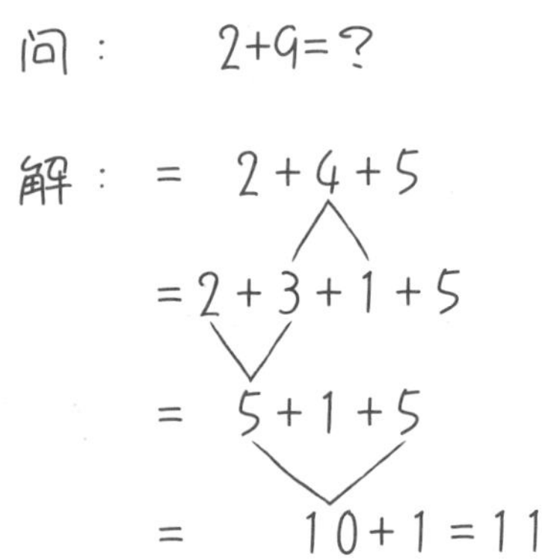

关于凑五法

要知道，“凑五法”的本质仍然是孩子数手指头的经验运用，如果凭借拆分和记忆，孩子也只能停留在二十以内，如果更进一步，就会面临拆分不准确，或者不能迅速拆分，而当加数越来越大，就会存在计算困难。

事实上，这些家长不自觉用到、自己却没发觉的是，满两个五凑十本质上仍然是十进位制。从历史上来看，十进位制恰恰也是由此而来。最早人类计数的时候，最方便的就是拿自己的两只手来比画，伸出几个指头就是几。但最多只能伸出两只手十个指头，再多就没有了。怎么办呢？先把这十个指头的数记下来，重新再伸指头。这样一次又一次，自然而然就产生十进位制了。

而“凑五法”仅停留在了满十上，没有真正完成对十进位制的认识，孩子不知道 20 就是两个 10，“10”对于大多数孩子来讲就是个计数工具。

所以，这时候就需要给予孩子恰当的学法引导，帮助孩子完成思维转换。比如，家长就可以通过结绳计数、计量步数等方式，在逢十处做特殊标记，从 1 到 10，再从 1 个 10，2 个 10 到 10 个 10，然后记为 100 等，让孩子真实地感受计数的过程，帮助孩子完成对十进位制的理解。

| 二 |

> **事实上，从学法点拨本身来讲，重要的作用之一就是帮助孩子完成在知识跃迁处的点拨。一旦完成“知识阶点”的跃迁后，孩子就会在新的知识领域迈出根基性的一步。**

我们曾遇见过这么一位非常典型的孩子。

这个孩子跟学习规划师建立联系是在高二上学期，由于文理分科不适应，学习成绩直线下降，学习情绪低迷。家长也没有办法，各种经验方法都给孩子用上了，但是孩子成绩还是上不去。

因为正好赶上寒假，所以，孩子的学习规划师就对 TA 上学期的整体情况做了一个深度的分析。结果发现，孩子学到电磁学的时候，成绩开始出现大幅下降，并且在后面的静电场、磁场等部分，正确率、做题速度也都明显下降。不过，孩子在这个知识点上下的功夫却不小，比如，看微课的数量是 35 节，比平均水平 20 节要高出很多，测评答题的数量达到 239 道，是平均水平 90 道的两倍多。

学科	知识点名称	课堂正确率	看微课数量	学习时长	总练习量
物理	电磁学	54% ↓	35 ↑	40min ↑	239 ↑
物理	静电场	42% ↓	29	30min	127
物理	磁场	37.2% ↓	32	40min	153

显然，这个孩子的学习态度没有问题，是在掌握知识的方向上出现了问题，遇到拐点导致苦学无效。

问题明确了以后，学习规划师为学生匹配了适合 TA 的学科老师，对 TA 进行专业的学法指导。

由于电磁是一个完全看不见、摸不着的抽象概念，孩子很可能缺乏这方面的感性认知，再加上这个知识点本身综合性较强，抽象程度高，所以学科老师首先精心设计了有结构的感知材料，带领学生在认知层面对所学内容进行深刻理解。然后，在接下来的练习中，针对孩子具体的问题，再对错误思维过程进行分析，让学生实现从一个点、一道题的完成，到一类知识的理解和掌握，从而突破学生在认知、理解上的拐点。

这样，经过一段时间的练习，孩子不仅这个知识点有了提升，后面的静电场、磁场等部分的习题正确率也明显提高了。

开学后，孩子成绩开始回升，总成绩比刚升入高二时提高了近 100 分，整个人也积极乐观起来。学习规划师也反映，整个下学期，孩子的成绩都保持稳步提升。

所以，学法点拨对于孩子突破拐点而言，往往起着方向性的关键作用。

| 三 |

最后，要强调的是，智慧学习中拐点之所以重要，就是因为孩子在掌握这个知识点上的底层逻辑尤其需要加强。**实际上，拐点能否跨越，对于接下来学习阶段的影响，就是有没有掌握学法，有没有搭建好底层逻辑。**

拿刚才的十进位制来说，满十进一位，就是基础。然后还会有 20、30…一直再到 10 个十的时候，又进一位到百。10 个百的时候，进位到千。10 个千的时候，进位到万。然后十万、百万、千万，始终都是十进位制。

也就是说，只有最简单的十进位制学好了，后面的百、千、万、十万、百万才能学好。只有数学中的十进位制学好了，寸、尺、丈，升、斗、石，元、角、分等十进位制的计量，才能学好。

所以，在孩子遇到拐点的时候，老师和家长就要及时拉一拉、扶一扶，给孩子知识跨阶“搭个梯子”，尤其要搭在关键处，从知识的底层认知抓起，匹配专业的学法点拨，才能有效突破拐点。

05 | 学法点拨，如何帮助孩子在学习区学习

在孩子们的学习中常常有这么两种现象，让不少家长头疼：一种是孩子总喜欢做简单的题，做题不按顺序，总漏题；还有一种是孩子在一段时期内，成绩似乎到了高原期，很难取得新的突破。

正如前面我们讲过的，这两种看似毫不相关的情况，其实是因为孩子陷入了同一种误区，叫学习“舒适区”。从本质上说，就是孩子的思维进入了模式化的状态。

那么，如何通过学法点拨的形式帮助孩子走出舒适区，进入学习区呢？

| 一 |

我们来看，孩子们为什么会不约而同地陷入舒适区呢？

一个事实是，人在思考的过程中会天然地选择最小阻力路径。学习中尤其如此。

比如，在数学等差数列中，有公式 $a_n=a_1+(n-1)d$，说的是第 n 项，就等于首项 a_1 加上 n-1 倍的公差 d。

这个公式看着很简单吧，但是刚开始学的时候，很多同学很难接受它，而更习惯运用自己熟悉的加法去解答。

比如这道题：在首项是 3，公差为 2 的等差数列中，求第 5 项是几？

看到这道题，不少孩子的第一反应是什么呢？

他们自然而然地认为这是一道：第一个数字是 3，后面的每一个数字都比前面的数字多 2，求第 5 个数字是几的有规律的加法题。然后按照自己的惯性经验，分别求出 3、5、7、9、11，这样从第 1 项到第 5 项的各项数字。

甚至就连正确套用了公式的同学，在检查时，也会用这样的方法，再次进行验算。

也就是说，对于新接触的或者超出自己熟悉范围的知识内容，孩子们的本能反应是调动自己

得心应手的方式去解决，而对刚刚接触或从来没有接触过的新鲜知识，会抱着畏难心理，从而躲在过去的经验所创造的舒适区内。

这也就是一开始提到的，为什么孩子会挑自己比较熟悉、比较喜欢、感觉容易的题先做。

同样地，当孩子熟练掌握了一个知识点以后，这个知识点就会成为孩子的本能。那么，遇到更高一级的挑战时，如果孩子的自然反应仍然是过去的知识积累，自然会很难取得新的突破，也就会出现我们常说的学习高原期。

这种情况下，改变孩子的思维方式，帮助孩子建立新旧知识点之间的联系与衔接，用点带面，让孩子不断向更高一级学习，就非常重要了。

比如，在刚才的等差数列中，孩子们之所以采用加法，就是因为他们习惯了直接推理演算的思考方式。如果直接采用求项公式，对于他们来说，中间的推理演算过程是架空的，存在一定的思维跨越。

实际上，这个公式本身也是从这些推理演算数据中归纳总结而来的。

> **所以，通过学法点拨，强化从具体的计算到抽象出通用规律的思考路径，从自己稳固的思维模式中延伸探索新的方向，建立联系，然后加以夯实，对于孩子的学习过程而言，至关重要。**

| 二 |

实际上，正如我们所了解的，孩子的学习区是一个动态发展的过程。这就要求学法点拨必须围绕使新旧知识产生有意义的转化来进行，只有这样，才能改造和分化出新的认知结构，进而实现“学习区”的不断进阶，让孩子不断进入更高一级的认知水平。

比如，小数除法的学习，就包含了最高位不够除的、商是循环小数的、商要保留规定小数位数的、商中间有 0 的等不同类型。

那么，在一开始的学习过程中，为了方便孩子掌握，教学中每一种类型的除法都是孤立、单独出现的，但在实际解决问题中，问题往往是不会因为知识点而划分的，孩子很可能会遇到商中间有 0 又是循环小数的，最高位不够除且商含有 0 的。

也就是说，随着小数除法越来越复杂，在孩子的头脑中，必须不断完善自己的逻辑树，在已知的基础上不断延伸，然后把未知转化为已知，然后继续延伸，继续转化。

显然，这个转化过程仅依靠孩子自己是很难完成的。

这时候就要有专业的老师引导和训练了。

事实上，关于这一点，经过我们对 2 980 份有效调查问卷的统计，发现有 86.2% 孩子认为在新旧知识的交替阶段，尤其需要老师的指导；在有关学科的问卷调查中，有 72.3% 的家长认为，接触一个新学科时，“师傅领进门”最重要。

比如，在小数的除法中，我们的学科老师，就会在这个板块设置有层级的单元练习：一级练习，单独知识点的考查；二级练习，包含两到三种类型的练习；三级练习更复杂些；到了单元练习，就会设置综合型的练习题。右图所示的这种练习题，基本上囊括了除法的主要题型。

如此一来，孩子哪里出现问题了，哪里比较薄弱，哪里已经完全掌握了，都会在数据系统中一目了然。相应地，学科老师就可以对孩子有目标地点拨，让孩子始终在学习区学习。而学生也能有效梳理头脑中孤立、单独的知识点，形成一个完整的小数除法计算方法的知识体系。

也就是说，只有不断深化孩子的思维过程，帮助孩子形成完整的知识体系和完善的思维构建，才能有效帮助孩子完成学习区的不断转化，维持稳定的学习状态。并且，在这个过程中，来自师长的点拨起着至关重要的作用。

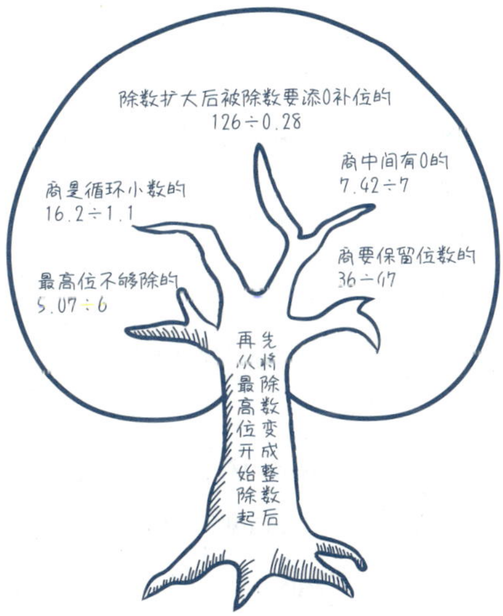

学科老师针对学法设置的相关练习

| 三 |

还要跟大家分享的一点是，在孩子的学习中，有一个需要格外警惕的问题：孩子的思维发展存在舒适区，也必然会存在恐慌区。

因此，让孩子走出舒适区之余，如果一味让孩子超前学、超难学，也很可能会对孩子的思维发展造成损害。

比如，之前我们接到过一位家长的咨询，说他的孩子两三岁就特别喜欢做数学题，这正常吗？一开始我们是哭笑不得的，这当然是好事儿呀！

但讨论过之后，我们发现，还真有这么一点需要提醒家长注意：

在孩子的数学启蒙阶段，如果对数学感兴趣当然值得鼓励，但需要警惕的是，孩子根本不理解相关的知识点，仅停留在数数、计算、刷题这种灌输式的学习方式上。

因为人本身也是存在成长周期的。比如，人的发育成长就有“三翻六坐七爬”之说，说的是婴儿通常三个月大的时候会翻身，六个月的时候会坐，七个月的时候会爬；再比如我们前面提到的，人的视觉发育，需要经历黑白期、彩色期、立体期、空间期，直到 9 岁左右，立体视觉功能才能达到正常水平。就是说，孩子的智力发展、感统能力、逻辑养成……都是存在发展关键期的。

而如果违反成长规律，盲目超前、超难，势必会让孩子用被动的方式，接受超出自己思维接受范围的知识。比如在孩子 5 岁的时候让 TA 学习立体图形，但孩子的立体视觉功能压根还没发育完全，这个时候自然也就无法理解立体图形的概念，更无法掌握相应的学法。这个时候孩子的学习凭借的是记忆，而非逻辑认知，那么，关于立体几何本该掌握的学法就会因掌握了错误的学习方式受到影响。

所以，孩子的学习技能往往只是一个参考，家长要及时关注孩子的认知理解水平，在学习的当下，孩子是否真正理解了知识点背后所代表的逻辑意义。如果有，就要及时引领指导孩子向更高一级迈进；如果没有，千万不要盲目超前，而是找到与孩子水平相匹配的内容，进行有针对性的指导，帮助孩子在学习区学习。

06 | 用正确的方法练习，真正学懂学通

关于孩子们的学习，我们最常看到的一类现象是：一问就懂，一问就会，但是一做题就错，成绩不理想。

是孩子笨吗？当然不是。基于智慧学习，我们知道，孩子要想真正学会、学懂，就必须得会学。**而做对，就是将学到的内容消化吸收，然后再输出。只有经过不断刻意练习的消化吸收，才能有效保证结果。**

| 一 |

我们先来看一个最基本的问题：孩子是不是真“懂”了？

我们曾以“匀速直线运动”为课题，对江苏某中学的 1 700 名学生做了课堂跟踪调查。经过一周的学习，教学系统后台数据显示，有 78.6% 的同学能够对匀速直线运动的定义——“速度不

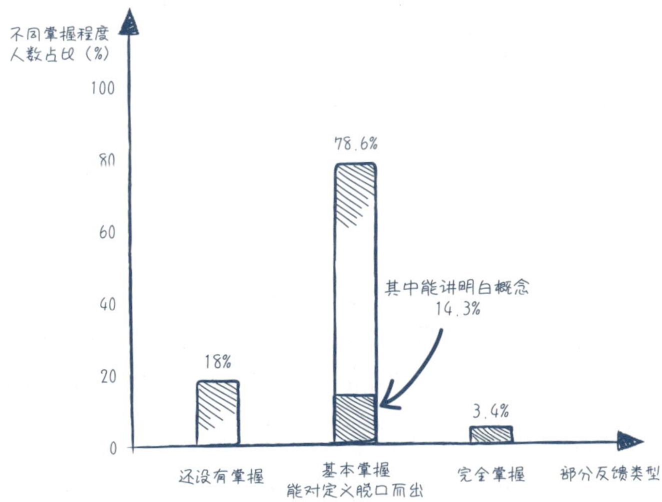

关于匀速直线运动的定义同学们反馈的掌握程度

变的运动”脱口而出，而只有 14.3% 的同学明白这个定义三种方式上的表述：它是一种任意相同时间内通过的位移相同的运动；也可以说它是一种速度不变的运动；还可以说它是一种加速度为零的运动。

也就是说，在大多数情况下，孩子口中的“懂了”，很可能只是看起来懂了，头脑中并没有对知识形成清晰的底层认知。

那么，到底什么是懂了呢?

我们以最简单的加法为例。

对于很多刚接触加法的孩子来说，“1+1”“2+3”这样的题目对他们来说往往很简单，但却经常会被“3+0”难住。因为对孩子们来说，1、2、3…有具象的物理参照，比较形象直观，可以通过眼睛看到的实物进行计算。但是对于“0”呢，就比较费解了，无实物对照，是一个抽象的概念。

所以，在这里，孩子不是记住 3+0 等于几，而是理解 0 表示的意义。

同样地，你跟四年级的孩子说，在冬天，我国有的地区气温可以达到 -5℃，孩子很可能认为这个说法是错误的。

不是这些孩子缺少基本常识，而是他们压根不能理解“-5℃”里的“-”是什么意思，也无法把这里的“-”与“零下”对应起来。

而且，这个知识点下，对“零”的理解也变了，不再是前面数数的思维了。“0”在这里是一个“参考”或者说是一个“分界点”，比这个点高的温度记为“+”，比这个点低的温度记为“-”。

因此，在这里要强调的是，无论是数数思维，还是分界计数思维，单“0”这一个知识点，如果要让孩子真正地学懂，就必须要让 TA 真正生成自己的理解，建立理解它的逻辑方法。

| 二 |

只有掌握了正确的学习方法，真正懂了，才能保证接下来的练习方向和效果。

拿书法的学习来说，就有“书法是学出来的，不是练出来的”这么一个说法。就是说，学习书法一定要先掌握方法，只有掌握方法后，练习才会收获好的效果。有很多人常常拿起字帖就写，写到最后都不知道自己写的是什么，收效甚微，就是因为根本不懂得为什么这样写。

这也就是为什么有的孩子看似懂了，同样的题仍旧不会做，即便加大练习量，成绩仍旧不见起色的原因，因为孩子并没有真正懂得这个知识的掌握方法。

那么，如何才能知道孩子有没有掌握这套方法呢？

很简单的办法：做刻意练习。

关于这一点，有太多的孩子没有意识到，而往往只是了解了一点知识的皮毛，就以为自己“懂”了，学习进程也就停止了，结果在实际运用中错漏百出。

拿物理学科来说，消化吸收知识的最好方法就是做练习，有目标地发现问题、解决问题。通常，如果有一道题目没有做出来，就说明孩子没真懂；而如果所有的习题都做出来了，也不一定说明孩子全懂了，因为孩子做习题时有时只是在凑公式而已。只有孩子知道自己懂在什么地方，不懂在什么地方，还能设法去弄懂它，才说明 TA 基本掌握了。

像前面提到的“匀速直线运动”的概念，关于这个运动的三种表达，只要通过足够的练习，就一定会遇到三种关于匀速直线运动的说法，如果进一步做好归纳总结，离全面理解“匀速直线运动”也就不远了。

> **练习的结果，其实直接反映的是孩子的学法问题。所以，多练是一方面，知道孩子懂在哪儿、不懂在哪儿，则是练习过程中更为关键的另一方面。**

因此，收集、整理平常练习及考试中出错的问题，就非常有必要了。因为错题的背后，往往隐藏着学习过程中产生的学法漏洞。那么，通过修改错题，每个孩子不仅是把题改对了这么简单，更重要的是在纠错、改错中自然地领悟学法。

| 三 |

那么掌握了这套方法以后，就够了吗？要知道的是，懂了会了，只是意味着具备了做对的能力，但并不意味着一定做对。

什么意思呢？

一名跳水运动员要参加半年后的比赛，TA 了解了一下基本动作，也练了几次。有那么一两次很标准，有几次有失误，不过 TA 认为自己比赛时就能做到。比赛很快到了，TA 站在跳台上很紧张，结果当然失误了。离开赛场时 TA 说："唉，我疏忽了，主要是太紧张了。"

听了这个故事，大家会怎么想？估计大家会喊起来：TA 练得太少了！当然会失误！

学习也一样，几乎没有粗心这回事。大多数孩子作业出错或者考试失误的主要原因，就是练习不到位，知识点的掌握程度不够，从而准确率低。

一个结论是，只有懂了、会了，才能对了；先有对了，才有熟了、巧了！

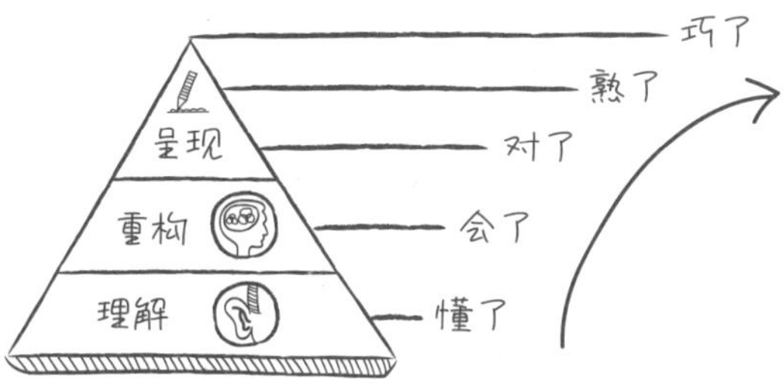

那么，想从"懂了、会了"到"熟能生巧"要怎么办呢？

在一定时间内，有目标、有计划地进行练习，也就是刻意练习。在这个过程中，不只技能，思维方式、思考方法也会得到极大锻炼，从而转化为稳定的能力。

总之，对孩子而言，实战练习是累积经验与验证所学所思的最好途径；来自老师和家长的正确方法指导，是保证练习方向和有效性的重要前提。

07 | 有了学霸笔记就真的能成“学霸”吗?

一直以来，热衷“鸡娃”的父母们，对状元笔记、学霸攻略更是紧盯不放，甚至有近七成的家长都买过学霸笔记。尤其今年，遭遇疫情后，孩子们在家各自分散学习，父母们的焦虑更是“暗潮涌动”：别人怎么学？方法是不是更好呢?

同样地，也有不少的孩子看见邻居家孩子用 App 去背单词，自己就放弃了用课本背单词；在网上看见一个“学霸”买了电子词典查单词，自己就扔掉了英语词典。

那么，一个核心的问题是，用了“学霸”的笔记或方法，就真的会变成“学霸”吗?

| 一 |

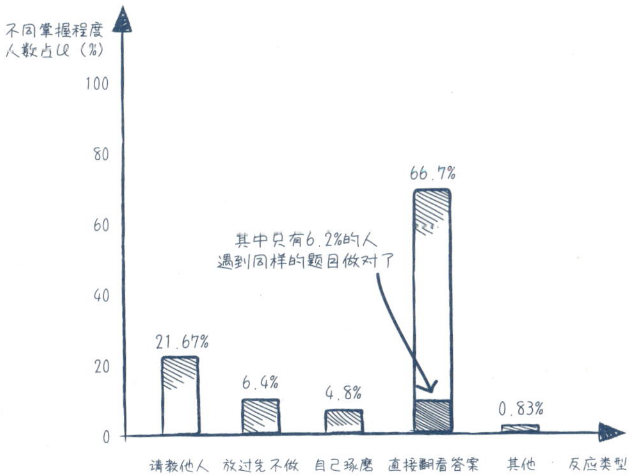

遇到不会的题目怎么办？

先来看一下这类情况，或许对我们看待这个问题有一定启发。

在我们对不同年龄、不同地区的近3000名学生做的问卷调查中，关于“遇到不会的题目怎么办”的问题，66.7% 的同学有过直接翻看答案，然后感觉自己突然明白了的经历，其中，又有 44% 的同学，看完答案后觉得原来题目还是挺简单的。

可是这道题真的简单吗？过一段时间再让孩子重新计算一遍 TA 还会吗?

事实上，在对这 66.7% 的同学进行实验测试后，我们得到的结论是，只有 6.2% 的同学在遇到同样的题目时做对了。

实际上，看答案的过程，只是参观了一遍别人解题的过程，但没有在心里演算一遍。而如果想要掌握这道题，甚至这类题，就必须要经过自己的思考演算，充分理解解题的思路。

那么，问题来了，“学霸”的笔记是什么呢？

“学霸”的笔记就是“学霸”自己充分理解某个知识点的思维方式和思维回路，是“学霸”把具体的知识“装到”自己脑子里的过程。整套笔记下来，直接反映的是“学霸”自己掌握知识的思维方法。

因此，如果孩子在学习的过程中，没有针对具体的知识点建立自己的掌握方法，而是盲目照搬了“学霸”的经验方法，其实无异于在做题的过程中翻看了一下答案，参观了一下别人的学习思路，然后复制粘贴。

这就是为什么，不少孩子模仿“学霸”的笔记，密密麻麻记一大片，错题本、试卷、作业都写得很认真，但成绩总是上不去。

> **问题的关键就在于，每个人的思维方式和思维习惯是不一样的，一来，照搬别人的学习方法不一定适合自己；二来，不经过自己的思考实践，是无法找到真正适合自己的学习方法的。**

拿英语的学习来说，就有两种非常典型的学习方式，大家一定不陌生。

一种是从单词、语法、句子结构等角度入手，由易到难逐渐熟练掌握。还有一种是不拘泥于内容的难易程度，反复读、反复听，就可以掌握全部内容。

显然，如果孩子适合第一种方式，家长或老师却用第二种方式去培养孩子，即使花上 10 年工夫孩子也未必能学好英语。

| 二 |

那么，为什么同样的方法有的人适合，有的人不适合呢？

关于这一点，我们前面讲到过，哈佛心理学教授霍华德·加德纳 (Howard Gardner) 曾提出过著名的多元智能理论，提出大脑部位与人的具体能力存在着很直接的联系，并且相对独立互不影响，大脑的每块区域影响着包括语言智能、逻辑智能、空间智能、身体动觉智能、音乐智能、人际交往智能、自我认识智能、自我敏感度智能等八大智能，但一个人究竟哪种能力更强，哪种更弱一些，更善于将哪些能力组合起来解决问题，是由个人的天赋决定的。

什么意思呢？

接着拿英语的学习来说，比如，有的孩子适合第一种语法结构的学习，其实，就说明 TA 很可能相应脑区域比较发达，逻辑能力比较好；反过来，适合听说读写的孩子，很可能记忆、灵感直觉等自我敏感度智能比较好。

所以，一种学法适不适合一个孩子，方法的效果如何，其实是取决于孩子个人的能力倾向的。

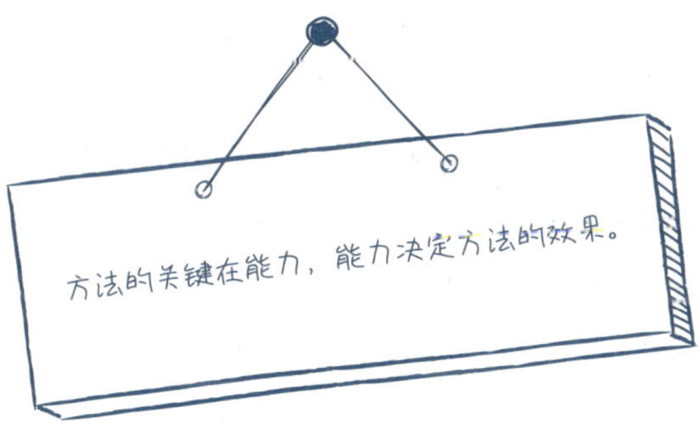

实际上，在孩子的学习中，不同阶段的知识内容对孩子能力的要求也是不同的。这就意味着，孩子的学习可能会呈现出阶段性变化，在不同的学习阶段，需要作出相应的方法调整。

比如，我们经常看到一部分孩子到了初中，成绩会出现断崖式下滑。就是因为初中阶段不同于小学阶段，新增的学科对于孩子的抽象思维要求更高了，如果孩子不擅长，或者没有根据自己的智能倾向及时调整学习方法，仍然用原来的方法，或者直接照搬别人的方法，就会影响学习效果。

| 三 |

不过，孩子究竟哪种能力强一些，哪种能力弱一些，到底要如何衡量呢？

这其实需要经过长期的互动观察才能判断。

比如，今年，疫情期间孩子 24 小时都在家学习，其实就是一个很好的观察期；再到平时，孩子的智能倾向也会在日常生活中潜移默化地表现出来。

比如，有的孩子喜欢养花养草，而且养得特别好。课余时间，也更喜欢接触大自然。学习方面虽然不是特别出色，但他们对自然科学的兴趣相对来讲更大。建议家长，可以给孩子安排一些天文、海洋之类的兴趣班，着重培养孩子发现问题、探索问题的能力。

当然，找到了孩子的智能倾向以后，并不意味着孩子的优势智能就限定了孩子的未来发展方向，孩子劣势智能方向的学习就彻底没救了。

事实上，家长可以根据孩子的优势智能来弥补劣势智能，在优势智能获得最大限度发挥的基础上，平衡发展弱势智能。

这个时候，学习方法就尤为重要了。

比如，音乐智能强的孩子，在面对抽象的化学元素周期表时，可以用唱歌的形式去记忆；而空间智能强的孩子，对于背不下来古诗，可以用画画的形式帮助记忆。

所以，智能倾向的不同，就决定了不同的学习方法，对不同孩子有不同的效果。只有经过孩子的学习实践才能找到具体什么方法适合孩子。

而对于孩子学习方法的指导，只有从挖掘孩子自身潜能做起，才能找到适合孩子的学习方法。并且，只有经过孩子的学习实践检验的学习方法，才是最好的方法，也才能让孩子取得最佳的学习效果。

08 | 发展孩子的优势智能，更要用对学法

前面，我们谈到，一种学法适不适合孩子、效果如何，是取决于孩子个人的智能倾向的。实际上，学法发挥得当，对孩子的能力发展也具有十分重要的意义。学法与能力的匹配，将会成为孩子能力成长的加速器。

那么，学法是如何助推能力发展的呢？

| 一 |

在回答这个问题之前，我们先来分析这样一个事实。

从孩子出生起，大部分家长都会面对几个“大型焦虑现场”，其中之一就是幼小衔接。在我们对河北省一小学 300 个孩子做的调研中，有 183 名同学上过幼小衔接班。这也就意味着学校里每 10 个孩子，几乎有 6 个都上过幼小衔接班。

当然了，绝大部分家长的初衷是，让孩子在这一年为入学后的学习打好基础，这当然无可厚非。

毕竟有的孩子上了幼小衔接班之后，确实对拼音、识字、加减法有基础的了解，甚至部分孩子在这一年里还能掌握“速算”等技能，在入学后成绩名列前茅。

然而，让大多数家长烦恼的是，孩子到了二年级，尤其是三年级之后，往往会出现成绩大幅下滑的现象，甚至学习越来越吃力，失去优势。

问题就在这里。

我们来仔细想想，孩子们在幼儿园的学习方式，是什么样的呢？以游戏为主，形式活泼开放，几乎没有任何书面作业。但到了小学呢，课堂开始强调行为规范、规则意识以及专注力的练习，比如说开始有需要自主完成的家庭作业。

所以，一个非常简单的结论是，幼小衔接班，衔接的不应只是知识，相应的适应能力也得跟上。

但是，在这个阶段，我们的孩子却在忙着上课，忙着知识储备，只能由着自己的主观判断去选择如何适应新阶段，而一旦能力得不到发展，学法不匹配，就会出现成绩“掉队”。

同样的道理，还有踢足球，可能一个人看过很多足球比赛，有很多喜欢的球星，甚至足球理论也懂很多，但这并不意味着 TA 的足球就踢得很好。甚至很可能，一踢起来会手忙脚乱，不得法，然后越不得法，就越踢不好。

这是因为，知识性的东西容易学，但能力却不那么容易获得。并且，这种能力的增长与学法的匹配度呈正相关。

这是我们要分享的第一点。

| 二 |

接下来，不知道大家有没有思考过这么一个问题，在网络搜索这么发达的时代，一键就能知道答案，为什么我们仍旧需要教练、需要老师呢？

很简单，想要把知识转化成能力，学习方法是至关重要的一环。

比如，孩子们学习物理定律。仅仅记住文字内容是不够的，还必须搞清楚这个定律是怎么来的，利用这个定律能够解决什么问题。

再比如，化学的学习。趣味的化学实验、日常生活中生动的化学事实，往往非常容易引起孩子的好奇心和求知欲。然而，随着学习内容的深入，课程难度的增大，有的孩子就越学越困难，甚至学完初中化学了，还有的孩子说“我怎样才能学好化学？”“我似乎没有摸到一点学化学的门路”。

显然，懂得了知识，有了强烈的求知欲，没有掌握正确的学习方法，仍然不足以让这些孩子具备解决具体问题的能力。

> **所以，在孩子的学习过程中，出现“教了八百遍仍然不会”的情况，很可能往往不是学的人笨，也不是教的人差，而是孩子在学知识到长能力的过程中，缺了一座方法的桥梁。**

那么，如何帮孩子架起这座方法的桥梁呢？

比如，在化学实验中，就要引导好他们的好奇心和兴趣，不断去思考、探索实验过程。例如在学氧气的性质时，可以引导他们一步步观察实验操作过程及现象，先观察氧气的物理性质——颜色、气味、状态等，再观察氧气的化学性质——物质在氧气里燃烧等，最后让学生自己总结归纳得出结论。

到氢气、二氧化碳等气体性质的学习时，他们就可以自然而然地通过一系列的实验操作，进行相应的实验现象观察，从而掌握研究物质性质的方法，理解相关气体的性质。

这样一来，一旦孩子熟练掌握了方法，具备了观察的思维能力，即便将来考试时遇到了自己没有接触过的气体实验，也能驾轻就熟。

| 三 |

当然，也只有相匹配的学习方法，才能大大提高孩子从掌握知识到转化为能力的效率。

举个简单的例子。通常，我们会认为，成绩相同的学生，能力大体相仿。那么，两个在数学考试中同样取得 90 分的考生，他们的能力真的完全一样吗？

我们来仔细想想，其实不一定。

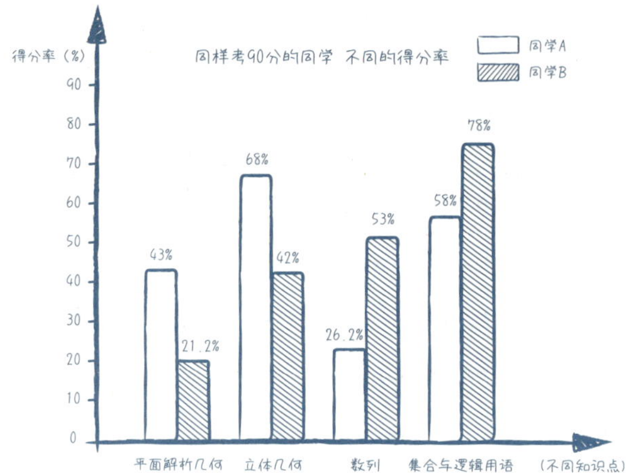

此 90 分非彼 90 分

比如，一个学生是凭借出色的逻辑思维取得好成绩的，而另一个学生依靠的是出色的记忆力，可能逻辑推理能力相对薄弱。这种情况下，他们的实际能力是存在个体差异的。

这也就意味着，这两个孩子在学习的过程中，只有匹配不同的学习方法，接受不同的教学方式，才能让他们的优势能力得到长足发展。

比如，A 同学做对了第二题，TA 就可以跳过作业的第四题和第八题，这是因为，二、四、八这三道题目在考查同样的知识点，如果都做则是重复练习。如果 B 同学做错了第三题，那么 TA 应该强化式练习第六题和第九题，这是因为这三道题是同一个考查点，B 同学在这里都有可能出现错误。

事实上，在今天，通过人工智能大数据技术，可以智能推送孩子需要的内容，为孩子匹配适合的学习路径，已经完全能支撑起孩子们的个性化学习，不仅能补齐孩子们薄弱的知识结构，还能增强他们的优势与特长发展。

所以，方法是能力的种子，能力是方法的果实。当孩子学习中遇到问题或障碍时，首先不需要多想是不是能力的问题，而是要先去想方法对不对。只有方法对了，能力才有可能提升。当孩子掌握的方法越来越多，TA 的能力也会越来越强。

因而，“方法”和“能力”才是让知识发挥更大的效应，增强孩子未来核心竞争力的底层要素！

CHAPTER 07 | 第七章

数据引导下的刻意练习

每一次成绩出炉后，总是几家欢喜几家愁。付出终有回报，可为什么同样的努力，有不同的结果？

原因很大程度上在于，有的学生是题海苦学派；而有的学生是刻意练习派。

传统学习中的书山题海战术，强调了努力的量，但未必保证了努力的质。

与传统的练习方式不同，刻意练习更加强调练习的目标性、计划性和反馈性，要“练在当练处”。

智慧学习中的刻意练习，是根据孩子的学情数据，对包括学习目标、学习内容、学习反馈等一系列要素的精细化设置，让孩子在学习区学习，在拐点处突破，在关键点上练习，最终达到能力提升、学懂学通、熟能生巧的程度。

01 | 高手进阶指南：刻意练习

生活中，有这么一种现象很常见。很多人在一个岗位上，勤勤恳恳工作了几十年，但专业能力并不比自己最初的水平高出多少。

就拿一些老司机来说吧，开了十多年车，技术可以说是很熟练了，但往往一个经过几个月训练的赛车手，车技就能完全碾压老司机。

事实上，各个行业的业余爱好者们无论怎么练习，都很难赢过专业选手。

这是为什么呢？

| 一 |

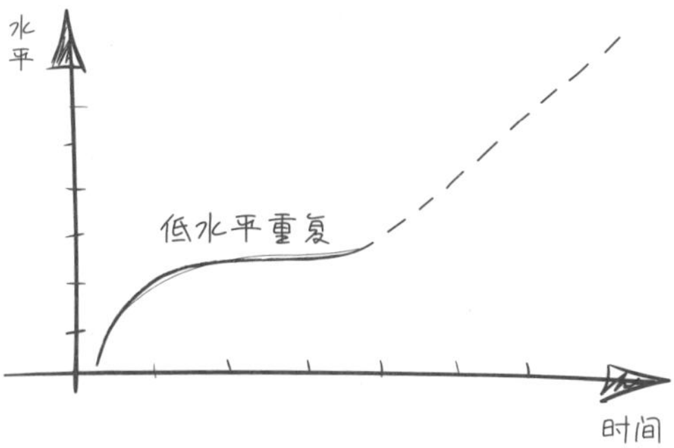

这其实是他们之间不同的练习方式造成的。拿司机来说，一个已经学会开车的人，当TA在开车的时候，需要想怎么打方向盘、挂挡、踩离合吗？肯定想都不用想。因为，当人们学会开车后，随着操作越来越熟练，大脑会自动调用这套技能。

一旦技能“自动化”，人们只是在重复这种“自动化”，这时就变成一种无效而低水平的练习，就算练再长时间，也很难有进步的可能。

而专业的赛车手呢？他们会针对某个技能重复练习，在关键点上不断巩固，来刻意提升自己的驾驶水平。

很明显，业余人士的练习是一种基于时间维度的惯性努力，一旦达到了能应对生活和工作需要的水平就会停滞不前。

而专业选手们的练习，是一整套综合多个维度的系统性练习，从而不断取得进步并达到行业里的超高水平。

比如说中国女排，2012 年在伦敦奥运会时惨遭滑铁卢，连四强都没进去，可以说是女排自新世纪以来的最低谷。当时的女排问题比较多，如缺乏应变经验、战术打法摇摆等。

在这个特殊时期，郎平接任了主教练，针对这些问题制定了大周期和小周期的训练目标。

为了能更细致地观察到每一位队员，郎平还专门组建了一支 16 人的科学教练团队，保证每个位置都配备一名教练，好随时发现队员技战术打法的漏洞，确保能第一时间纠正错误。

明确了练习目标和方法后，就需要投入大量时间、精力去练习，从移动、起跳的步法，到传球、扣球、垫球的手法，女排队员们每天要花十几个小时，反复练习基本功。据说，球场里的工作人员，每天光是捡排球就要走 2 万步以上。

白天的训练结束后，还有一个重要的环节是全队观看对手的比赛录像，熟记每一位对手的技术特点，针对这些打法，自己的身体要做出怎样的反应，这些都要烂熟于心，以确保在临场遇到时，能快速找到对应的解决方法。

在这套刻意练习的训练方法下，不到两年时间，中国队就拿下了 2014 年女排世锦赛亚军，并于 2015 年世界杯夺冠，重新走上了巅峰。

> **所以，从“新手”到“高手”，要取得一个质的飞跃，中间的练习过程并不是简简单单付出时间和精力就可以，而是要刻意练习。这是一个系统性的工程，涉及练习目标、练习内容、指导反馈等一系列要素的综合配置。**

| 二 |

说到刻意练习，有一个概念叫一万小时定律，会被家长提及。这个定律是说，各行各业的顶级人才，从新手到高手，都要起码练够一万小时。也就是，“板凳需坐十年冷”，很多人认为自己的孩子只要功夫下得比别的孩子多，就能胜人一筹。但是，今天我们要清楚的是，不是练够一万小时就有用，而是一万小时的刻意练习才会成就顶级的人才。

在各行各业，从新手、专家到世界级大师的训练方法，都是遵循了刻意练习这一套法则。

比如说练钢琴，很多孩子的通病是，对着琴谱一遍遍地把一首曲子从头弹到尾，出了错也不会停下来，这种方式不仅是无用功，还会让错误在反复练习中被强化。

而正确的练琴方法是什么呢？先把琴谱拆分成一个个小块，循环练习每一小块的指法和手法，如果某个地方卡住了，就反复练习这个段落，持续调整一直练顺为止，在循环练习的过程中打下扎实的基本功，然后再演奏完整的曲子。

同样，对于世界上最大的电竞项目英雄联盟的电竞选手来说，电子竞技也不是放松地玩游戏，而是意味着超高强度的刻意练习。他们需要每天对着屏幕操作十几个小时，针对单向技能重复训练，一直去挑战自己不熟悉的领域，比如把游戏里地图的细节抠清楚等。有的还会做大量的测试，研究游戏编程中的算法，一点一点地提升技巧，最终成为电竞领域的顶尖高手。

再比如，训练一名短跑运动员。有经验的教练会不停地去测量运动员的心率，找到运动员体能极限时的心率临界点，然后每次都在这个临界点上去训练。

如果这个运动员的心率极限是 170～180 次 / 分，不管 TA 一百米的时间是 16 秒，还是 15 秒，或是 14 秒，每次只要冲击到这个心率临界点，就停止训练。然后，下一次再继续冲击这个心率点，每次都在这个点上针对性地训练，时间长了，在一点点的积累中，运动员的心率达到临界点的时候，

TA 的百米成绩从 16 秒，慢慢递减到 15 秒、14 秒、13 秒、12 秒，基本上，到 11 秒的时候，已经非常出类拔萃了。再经过三四年，还是在能够承受的这个临界点上进行训练，一旦到达 11 秒以内，TA 就成了短跑领域当中的尖端人才。

| 三 |

在美术、音乐、数学、物理、化学、文学等学科领域中，刻意练习也是不断突破瓶颈，成为高手的关键。

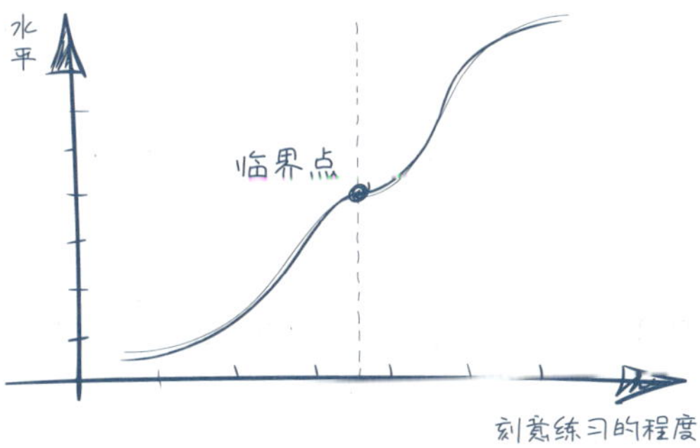

在具体的学科学习中，通过设置适合的目标，有计划地进行高度集中的练习，根据反馈不断调整错误，随着时间和量的积累，在具体知识点上达到熟能生巧的地步，然后向更高一级进阶。

比如说，一个孩子刚开始学习代数这个知识点，练习的时候，要根据孩子的学习区，先安排低难度的基础练习题，如选择、填空、简答题等，让孩子熟悉代数的思维。大量练习后，当代数这种思维已经潜移默化地根植到孩子的认知中后，难度再逐渐升级，从基础题目到综合性题目，加大运算难度和空间思维的结合等，不断升级孩子的学习区。

这就是在刻意练习的基础上，让孩子对知识的掌握，从“熟练”发展成“生巧”，达到融会贯通的地步。在智慧学习中，刻意练习作为重要的方法论被提出来，旨在帮助孩子不断提升水平和能力，为孩子提供一条从“新手”进阶到“高手”的有效路径。

02 | 重复一万道题，不如巧练一套题

在学习中，我们常见的练习情况是，孩子投入大量时间精力去熬书山、战题海。

国家统计局之前发布过一组调研数据，上海的小学生每天课外锻炼的时间只有22分钟，但休息日的补课时间却超过了两个小时，基本等于孩子这一周的锻炼时间了。

小学生都这样，更别说初中生、高中生了，可见，孩子们在学习上投入了多少时间和精力。

但摆在面前的现实是，书山题海式的投入，往往不能换回对等的学习效果。这是为什么呢？

| 一 |

学习知识，本质上是通过大量重复动作的刺激，使大脑中神经元建立强关联的过程。

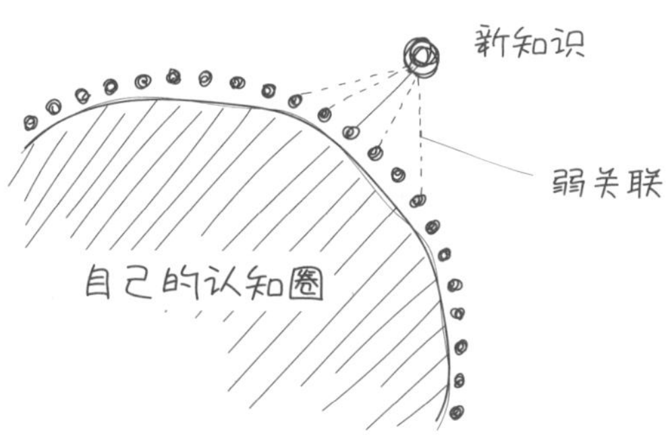

当我们学到一个知识、明白一个概念时，在接收到知识的那一刻，确实提升了认知。

但一次神经元刺激，不能形成神经元之间的“强关联”，也就是说，这个认知虽然是真实的，但也是不稳定的，如果忽略了后续练习，那这些知识并没有成为自己的一部分。

只有知识被反复地应用、操练，才会进一步内化成自身的认知。所以，重复、持久的练习是刻意练习不可或缺的一部分。

很多家长可能会说："我家孩子是规规矩矩地跟着学习节奏，该练的都练了啊。"

但这样就稳妥了吗？

事实上，对很大一部分孩子来说，与其说是"练习"，不如说是"应付功课"，作业做完了就放到一边，第二天一交，对错也不放在心上。这种做任务似的练习，其实是一种"无效练习"。

为什么这么说呢？

首先，孩子没有一个明确的目标。做练习之前，不知道自己有哪些问题，练习不是为了找到问题、解决问题并做到最优化，而只是为了"完成"这个作业任务。

练习的内容和孩子的学习区不是相匹配的，有时候，孩子在重复已经会了的；有时候，孩子练的是超出自己能力水平的。总而言之，很难学到适合自己的学习内容。

还有一点，没有及时地反馈，孩子当天做完作业后，只有第二天、第三天才能知道批改结果，反馈间隔拉大，不能及时更正，效果自然不如人意。

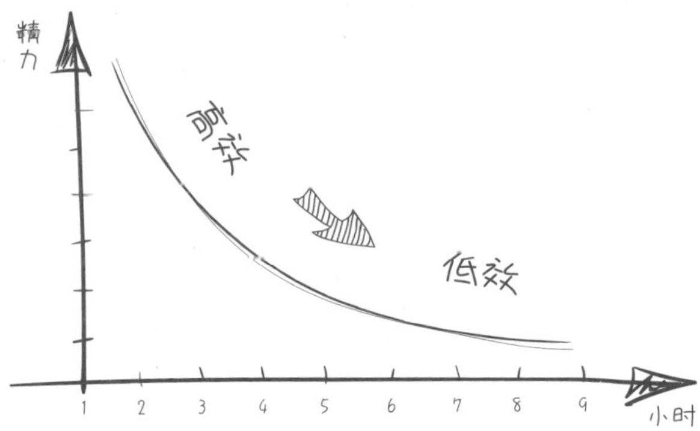

重复练习下，时间投入越多，效率越低

在这样的练习中，孩子投入的时间越多，等于精力消耗得越多，学习效率只会越来越低。甚至会让TA的思维越来越僵化，越来越难纳入新知识、新方法。这也是很多孩子"苦学无效"的原因，盲目选择题海战术，眼镜厚了不少，学习效果寥寥。

所以，在学习中，要想把知识内化必须经过练习，但不是所有的练习都是有效的。

有效练习的关键，是看单位时间内真正熟练掌握了多少知识。要实现这一点，不是看时间、数量等单一维度上的投入，而是看有没有做到刻意练习。

| 二 |

那么，为什么刻意练习能帮孩子提升学习成效呢?

正如之前所说，刻意练习就是要设定目标，不断挑战非舒适区，在这个过程中获得及时有效的指导反馈。在这样针对性、重复性的刻意练习下，大脑不再是把已经会了的内容归到“自动完成”，只做低水平重复，而是在反馈中持续刻意提高，让神经元之间的连接不断强化，创建专业化的心理表征。

心理表征具体是指什么呢?

举个例子，一提蒙娜丽莎，我们脑中会浮现出那副油画中的女性形象，这个形象，就是蒙娜丽莎在我们脑海中的心理表征。

心理表征

也就是说，心理表征是当我们思考某个事物时，大脑中出现的一个相对应的结构模型。

孩子在刻意练习后，创建的心理表征越多、越清晰，那么，在遇到问题时，就能更快速地把握本质、给出解决方案。

我们常说很多“学霸”，看到题目脑子里就有每一步的思路，就是因为他们已经形成了心理表征，能立刻调用，想出多种解题方法，甚至还能另辟蹊径，找到更简便的着手点。就像高性能的 CPU，运行速度快，思维还缜密。

这时候，孩子的学习就成了一个良性循环：对知识的掌握越熟练，由熟生巧，创建的心理表征就越好；心理表征越清晰，练习的效率越高，从而不断提高能力和水平。

三

那么，我们再来看，和传统练习相比，智慧学习下的刻意练习如何帮孩子更高效地提升呢？

学习中要想逆袭，就要求，一方面把自己的知识漏洞补上，另一方面把别人还没学通的熟练掌握。不管是纵向和自己对比，还是横向和别人对比，都要有长足的进步。

而采用刻意练习的方式，孩子能够综合考虑学习目标、学习内容、学习方法等学习中的各个要素，在关键点上不断巩固，让这样的提升得以实现。

首先是确定目标，平时，孩子被学习进度推着走，自己课上学不明白的，课后来不及解决，问题可能像滚雪球一样越来越大。

拿数学中最基本的单位换算来说，我们提取了一个小学三年级 600 名学生的实际学习数据，发现有 328 名学生掌握程度不足，占比 54.6%。

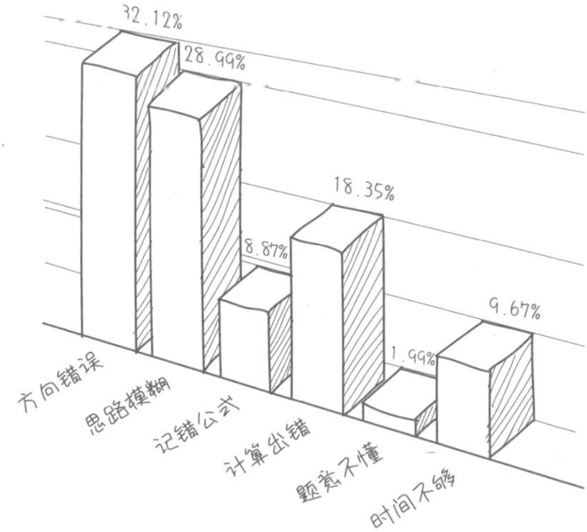

其实，这就是涉及从形象思维到抽象思维的一个转换，很多孩子在这里常常会转不过弯，遇到拐点。

那么，基于数据采集，对这部分学生进行相关画像分析，我们发现，该知识点的错因分布上，方向错误和思路模糊占比最大，其次是计算出错、记错公式。

方向错误和思路模糊，也就是孩子根本没有理解单位换算的基本方法，这就需要老师来点拨一下，帮孩子搭建起找到方法、解决问题的一套思维路径。

而计算出错、记错公式，说明孩子还没有熟练掌握各种单位之间的进率，做题时或是单位弄混，或是粗心大意，这就需要针对性地练习相应内容。这时候，再给孩子提供和 TA 自身相匹配的学习内容。比如说，针对孩子没掌握各种单位之间的进率，除了孩子已经会的 1m=（ ）cm，2cm=（ ）mm 这些基本换算之外，还可以把题目稍稍变形，适量适度地增加难度。

比如说掺入一些知识点：1 800 cm^3=（ ）m^3（ ）cm^3，400 cm^3=（ ）m^3，这里面就掺杂了分数、除法、分数化小数这些知识点，或者把单位换算题目融入到应用题中。

在练习的过程中，智慧学习还能够保障反馈的及时有效。一道题目，孩子练完了就能知道结果，错了及时改正，这样多练几遍，逐渐提高熟练度，直到彻底掌握为止。

> **智慧学习下，孩子明确了学习目标，学的是适合自己的内容，刻意练习自己该练的、不会的，真正实现了查漏补缺。**

而当孩子对知识点的掌握达到熟能生巧的程度，形成心理表征，也就能进一步帮孩子更高效地思考、解决问题，再向更高一层进阶。

03 | 唯有刻意练习，才能最终突破拐点

学习中，经常会有这么一类现象。

很多孩子，中学阶段是优等生，一到高中，突然就跟不上了。这其实是每个升入高中的孩子，都会遇到的“陡坡效应”。

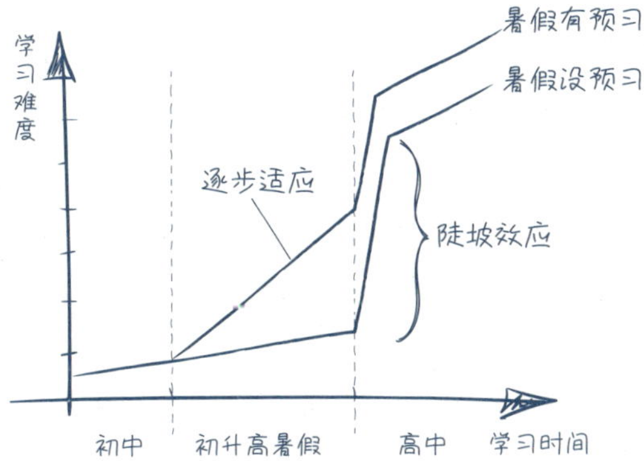

因为知识跨度、难度增加等，很多孩子的知识衔接出现断层。不仅是初升高，甚至在幼升小、小升初，一旦出现大的知识阶点孩子迈不过去，就会变成孩子的拐点，然后发生这种“陡坡效应”。

那么，遇到这种拐点，应该怎么做呢？

| 一 |

再以体育运动为例，我们来看看运动员们是如何应对拐点的。

2017 年，亚洲乒乓球锦标赛，中国队 3 名主力女单输给了日本选手平野美宇。在现场比赛中，平野的勾手发球非常多变、速度快、迷惑性强，而女单选手们对平野的发球接得都不是很理想，频频丢分。

赛后，全队进行了问题“会诊”，提出了女单选手们在技术上、心态上存在的问题。丁宁打法太过保守；朱雨玲更多是受“想赢怕输”的心态影响；而到了陈梦这儿，因为接长球接得不理想，被压制得几乎没有发挥余地。

分析了她们产生拐点的原因后，在这个基础上，教练团队解剖了对手勾手发球的打法特点，专门研究了几套反制方案，复制了 4 名“影子选手”，作为队员日常训练的陪练。这样，每个队员不仅有专属的教练，还有专属的训练计划和“影子选手”。

比如丁宁，主要从接发球后的技术衔接、线路封锁上，展开针对性的练习，加强对来球的判断力，快速作出回击。另两名队员，除了对应训练接长球的技巧外，同时还加强了心理、思想的训练。

在这样的练习下，不到一年的时间，国乒就实现了迅速翻盘，在之后的比赛中先后零封平野美宇。

由此可见，当我们遇到拐点，凭着自己很难取得进展时，一定要找到拐点并分析背后的原因，在专家教练的反馈和指导下，有针对性地进行刻意练习。

二

在学习中，每个孩子的拐点不同，产生拐点的原因也不尽相同，这就要根据孩子自身的情况进行刻意练习。

我们专门抽取了一所中学七年级一个班级的数学学习数据，在班级排名前十的薄弱知识点中，“有理数的乘法”这个知识点“掌握一般”的占比 45%、“掌握不足”的占比 28%，说明班里三分之二的学生都没有吃透这个知识点。

其实，这是一个重大的知识阶点。“有理数的乘法”这个知识点，一来涉及孩子们对于“数”的认知边界的扩展，二来涉及复杂运算。袁隆平院士在提起自己上中学时候的经历，也特别说到了这个知识点，他以前一直不能理解，为什么“负负得正”。

小学数学，更多是考查数的思维。在很多小学生眼里，数学大概就等于算术，各种算，用算出的结果来判断自己学没学好。小学这些算术问题，都是建立在类似数手指头这种事实性知识的基础上，孩子们就算没有理解数的抽象概念，也不影响他们执行计算的程序。

一升入初一，数学就暴露了“真面目”，要理解概念、理解数理的内部逻辑，对孩子的抽象数理思维要求很高。

再来说基于有理数的运算。

在小学阶段，孩子已经学了乘法，把九九乘法表背得滚瓜烂熟，但这时候的乘法呢，其实是为了让孩子们用更简便的方法来求和，说的还是正数的加法。一升入初一，有理数的乘法，研究的就不仅仅是正数了，还引入了负数的概念，难度增加，很多孩子一不小心运算就会出错。

“有理数的乘法”这个知识点对很多孩子来说，需要跨的“台阶”太高，他们会迈不过去，遇到拐点。

产生拐点的原因呢，也不尽相同。

其中一大部分孩子，是思维没有转换过来，连最基本的概念定理都没有理解。这时，他们就会有这样的疑问，为什么两个负数相乘，会得出正数呢？还有的孩子，知识点听懂了，但课后做题却总出错，这就是计算上出了问题。

| 三 |

在拐点处产生问题的原因不同，刻意练习的时间、方式也是不一样的。这时候，就需要老师根据不同的情况，有针对性地从概念的掌握、计算能力的提升上进行点拨，帮孩子“拆阶”。

像第一种原因，孩子思维逻辑上没有转过弯，不能理解“负负得正”，这个时候，老师就可以和生活中的现象结合起来，把负数相乘的定理，用具象化的过程表现出来，帮助孩子理解透这个抽象的概念。

比如，我们把负数，用于表示方向的相反，那么，+3，表示每天向东走 3 米，-3，表示每天向西走 3 米；+1，就表示 1 天，-1，表示一天前。

（-3）×（-2）就是每天向西走 3 米，那两天前所在的位置是哪里？根据生活常识，答案是当前位置往东边 6 米，那么也就不难理解（-3）×（-2）=6 了。

显然，这个点理解了，对于别的疑问，像是“异号得负”也能理解。

在老师的学法点拨下，孩子可以先从同号相乘练起，然后练习异号相乘，这样逐级增加练习的难度，才能合理地跨阶，突破拐点。

再说第二种原因，计算不行，很多孩子对这个问题都不够重视。但计算其实是立身之本，有多重要呢，以中考为例，数学试卷计算步骤是 600~800 步，我们按每一步计算快 2 秒钟来算，整体就能提高 20 分钟。

不少孩子又会说，那我考试的时候，认真点就行了啊。

但计算能力，就和练琴一样，也是需要刻意练习来培养的。

比如说有理数乘法这里，需要孩子确认运算的步骤，是不是积的符号判断失误了，或者绝对值相乘的时候出了错。在确认基本运算规则的前提下，先练习简单的题目，再练习更复杂一些的，在这个过程中，规范解题步骤，先求准，再求快，针对薄弱环节再加强练习。

所以，在孩子学习的过程中，想要迈入更高一层“知识阶”的时候，对孩子的学习能力也有着更高的要求。

> **从找到拐点到突破拐点，除了依靠自身的刻苦训练，老师的点拨也至关重要，要在方法层面进行提升，针对关键点进行刻意练习，才能顺利突破拐点，跟上学习的节奏。**

04 | 在学习区刻意练习，看得见的进步

2020 年，一场突如其来的疫情给寒假按下了“加长键”。宅家学习就像一面镜子，照出了孩子们各不相同的学习画风。有的孩子脱离舒适，持续进步，甚至成为“黑马”；而有的孩子则沉迷安逸，学习混乱无序。

实际上，在孩子的学习过程中，当 TA 开始沉迷安逸时，其实就已经陷入了“舒适区”，孩子虽然也在学，但却是一种“低水平的重复”。这时候，孩子面临的就不只是原地踏步，而是不进则退，与别人的差距越来越大。

只有当孩子进入学习区进行刻意练习，才能不断进阶，保持长足进步。

| 一 |

很多人参加马拉松，不仅是因为它门槛低，而是享受那种“努努力就能够得着”，不断突破目标的过程。

在马拉松运动中，有一个重要概念叫“配速”，指的是跑完一公里需要的时间。要想取得目标成绩，在保证训练量的同时，关键是要把速度控制在合理的配速范围内。如果想要全马破 3 小时 30 分，那配速就要在 5 分内。

全马 330 是跑马拉松的一道大坎，99% 的业余跑者都很难达到这个成绩，这需要进行系统的训练。比如有氧能力、耐力、呼吸的练习，以及 6 公里节奏跑、28 公里长距离跑、16 公里配速跑等练习。

但往往进入新的境地，如果每周的训练项目不能完成，或者只是训练量增加了，5 分以内的配速没有跟上来，就无法达到临界点的突破，不能进一步走进 25 公里、30 公里的新的学习区。

其实，对很多人来说，离开舒适区并不是一个艰难的选择，关键要看进入学习区后，有没有练到位。如果没有刻意练习到一定水平，量变不能积累到质变，那目标无法递进，也无法实现学习区的动态跃迁。

| 二 |

学习中也是同样的道理。

在前面我们提到了，学习区中的内容，是由 85% 孩子熟悉的，再加上 15% 孩子不会的融合而成的。熟悉的内容相当于一个铺垫，来帮助孩子更好地接受和理解这 15% 陌生的内容，学起来更有成就感和挑战感。而往往很多孩子更愿意学习熟悉的内容，总是避免不了低水平的重复练习。

就拿“分数与除法的关系”这个知识点来说，这个知识点下的题目，通常是求一个数是另一个数的几分之几的问题，在这个知识点下会有难易程度不同的题目。

第一档，简单的考查概念、基本运算的题目：被除数相当于分数的（ ）；13/42=（ ）÷（ ）。

第二档，稍微增加难度，基础题目稍微变形，加一点“小坑”：像逆向计算，5÷（ ）=（ ）/13；或者掺入其他一些简单的知识点，4 时 45 分 =（ ）时，32 时 =（ ）日。

第三档，难度加大，会给出干扰信息，或者容易混淆的概念，或者多加几个“小坑”形成一个“大坑”，像是混合多个运算类型或者知识点等。

第四档，把知识点融入“解决问题”中去，也就是一些应用题目。如果孩子能熟练运用这个知识点，解决应用类问题，也就建立了从生活中来、到生活中去的一个完整的数学思维。

但是到具体练习的时候，以上有难有易的学习内容不是每个孩子都能够熟练掌握的。

比如说在答题时间的分配上，有的孩子做简单的题目时，就已经花了大部分时间，那在一定的时间内，留给难度较大的题目的练习时间势必会减少。

再说练习上，虽然安排了合理、适当的内容，但是有的孩子在面对难易掺杂的内容时，更习惯刷那些已经会了的、难度低的题目，对难度稍大的，不愿多动脑筋。在这些情况下，不主动去接触 15% 陌生的内容，只是重复练习已经熟悉的 85%，等于还处在舒适区进行“低水平的重复”。

或者有的孩子盲目自信，觉得自己稍微理解了，就想挑战新的、更难的学习内容，然而很多基础思考没能形成解题思路，做难题时费时费力，要么做题很慢，要么有很多疏漏，一错一大片。

| 三 |

那么，如何才能让孩子进入学习区后，真正刻意练习并掌握 15% 的陌生内容呢？

今天，智能化的工具，已经能根据孩子的学习行为，采集到学习时间段、学习内容、掌握层级等各种维度的学习数据，来综合分析孩子的层次水平，动态匹配相应的学习内容，为孩子进入学习区做充足的准备。

练习过程中，难度较低的题目，孩子练的第一遍，正确率就达到 100%，这时候，就可以将练习内容升级为第二档难度 + 少许第三档难度的内容，配合选择、填空、综合等题型。同时，随时监测孩子练习的时间，根据答题速度、正确率等关键指标，如果练习的量和时间没有跟上去，持续安排学习内容，直到当前难度的知识熟练掌握。

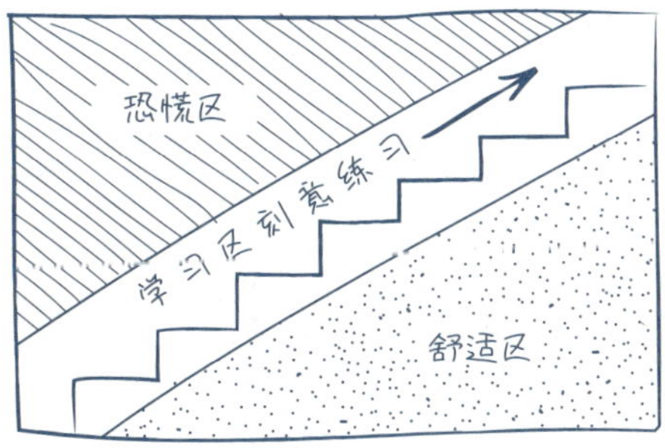

经过这样有目标、有方法、有反馈的刻意练习，练习的正确率不断提高，不论题型发生什么变化都能熟练应对，也就彻底掌握了学习区中的 15%，对知识点的掌握程度也由熟生巧。

刻意练习也确保了孩子自主学习时，就算没有老师时刻盯着，依然能够有节奏、高质量地学习。

这样一来，摆脱了低水平的重复练习，才真正实现了从量变到质变的跃迁，当前的学习区就发生了动态的变化，从这个学习区出来，进入到下一个学习区中，孩子的学习水平也将层层递进，稳步提升。

05 | 知识内化的法门在于刻意练习

很多人上学的时候，一定都有过这样的体会。

自己遇到不会的问题去请教老师，听老师讲的时候思路和方法都很清晰，但是一回到座位上自己做就卡住了。

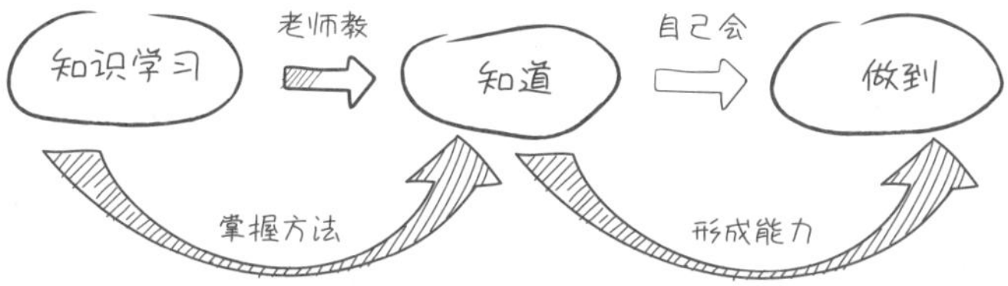

听老师的点拨就像看着参考答案做练习，卡壳了就有答案，能把断了的思路连上。但自己做是从脑子里提取解题技巧，需要自身的训练和积累，把老师教的思维方法运用到实际解题中，形成自己的能力。

那么，应该怎样连接起这两者间的鸿沟呢？

| 一 |

我们先来看看在竞技运动中，运动员们是如何把教练的东西内化并形成自身能力的。

在 2018 年的瑞典公开赛上，伊藤美诚击败国乒 4 将夺冠，轰动整个国际乒坛。赛后，刘国梁教练当场就帮丁宁做了分析总结，提出伊藤的颗粒胶打法重在变化多、速度快，因此跟伊藤打，要做到以不变应万变。当然，这只是大的战略层面的点拨。在战术上，教练组也针对这点，专门制定了训练方案，包括提升自己、限制对方的基本策略。

在封闭训练中，刘国梁教练还把一天两次的训练频次改成了一天三次，每天课程结束后，丁宁自己还会针对不熟练的地方进行加练。

在 2020 年德国公开赛上，丁宁 4-1 完胜伊藤美诚。整场比赛中，丁宁的技战术相比以前，在防守的前提下增加了主动进攻，速度上一直没有被对手落下，发挥十分稳健。

大家可以思考下，丁宁击败伊藤美诚，离不开教练组在技战术层面提供的方法策略，而丁宁将教练组的点拨转化成赛场上出色的发挥，这其中，关键靠的是刻意练习。

经过大量有目标、有计划、有反馈的刻意练习，反复对一套套动作组合进行固化和纠正，精益求精，创建出一套自己的思维模式，也就是我们前面提到的心理表征。这样，在赛场上，面对对方变化的打法，能随时从自己脑海中提取解决方案和应对技巧，做到成竹于胸。**由此可见，在获得教练的点拨后，刻意练习是真正掌握方法、形成能力的关键。**

| 二 |

在知识的学习中也是一样。

老师给孩子讲题、点拨思维，就像是自行车后面载着孩子，教孩子怎么从地点 A 到 B。在这个过程中，怎么选路线、什么时候上坡、什么时候下坡，孩子能清楚地感受到这段行程是怎么过来的。

但如果让孩子自己骑车从 A 到 B，面对那么多转弯、上下坡以及路线的选择，TA 会遇到各种自己处理不了的情况，很可能到不了终点。

如果想自己骑着车到达目的地，就要多训练。**如果想让孩子把老师点拨的方法运用到具体问题的解决中，就要在理解方法的基础上进行练习。**

举一个简单的例子。

如果问幼儿园的小朋友“3+4=？”，小朋友是回答不上来的，他们不懂抽象的数的概念，也没有建立起加法这一数学思维。这时候，老师左边摆 3 个苹果，右边摆 4 个苹果，用这样的方法去点拨小朋友，小朋友挨个数下来，TA 会明白，3 加 4 等于 7。

但如果再问，“1+6=？”，很多小朋友可能还是答不上来。这时候，需要老师左边放 1 个苹果，右边放 6 个，让小朋友们自己数一遍，会明白 1+6 也等于 7。接下来，像“2+5=？ 4+3=？ 5+2+？ 6+1=？”这样的问题，也用同样的方法，让小朋友们自己分别数上一轮。

老师先通过这种容易理解的方法教会孩子数的相加，然后在这种方法下，孩子自己多练几遍，练出了“数感”，而不是去死记硬背“几加几等于几”。

|三|

我们常说孩子掌握了方法，还能熟能生巧、举一反三，学习中要达到这个程度，离不开有方法地刻意练习。

这并不难，对于一些低年级的知识点，在孩子转不过弯的时候，家长如果有能力就可以来刻意训练孩子的思维方法。

举一个例子：

火车从 A 站到 E 站共 5 站，行驶 60 分钟，平均每站用多长时间？

很多孩子一下就会掉进题目的“坑”里，60/5=12，每站用 12 分钟。

这就是孩子只懂解题的方法，用除法。但没有建立起根据具体情境具体分析去解决问题的数学思维。家长们就可以在这个关键点上，从生活中的数学问题下手，引导孩子多练习，把抽象的概念形象化地理解。

其实，孩子遇到的题目，很多都是生活中真实问题的抽象化演绎。

在平时，让孩子有方法地刻意练习，训练出解决问题的思维模式，方法内化的同时，也形成了知识的迁移能力。

当然，当孩子年级升高，学的知识难度增加，这时候帮孩子刻意训练思维方法，就要借助更专业的手段。

学习规划师常会对某个区域、某个学校、某个班的学习数据进行分析，找出大部分孩子都会出错的知识点，和导致这些学习“症结”的原因。比如说在高中平面解析几何这个考点下，学习规划师分析后台数据，发现在一些具体知识点下，涉及变式的题目类型，大家的答题正确率普遍不高。比如圆锥曲线里，椭圆换成双曲线就不知所云了。

孩子不能举一反三，只懂老师讲的那道题，不会相关的变式题，就是因为没有吃透方法。

针对这部分孩子，在公益课堂中，我们准备了相关课程，老师们针对这个问题给孩子适时、适当的点拨，指点解决问题的思路和方法，启发孩子的思维。

掌握了方法，在此基础上针对变式题进行专项刻意练习。一方面，让孩子比较分析类似的题目，找出题目之间的共性和每道题的特性；另一方面，让孩子一道题学会用一种方法解决后，再去尝试用第二种、第三种方法来做，比如说几何的证明题，可以直接用辅助线来证明求解，或者用向量，还可以用参数来求解。

在这个过程中，学习规划师会根据孩子的学习数据，分析孩子的学习能力，为孩子推送适合的微课和习题，指导孩子进行刻意练习。

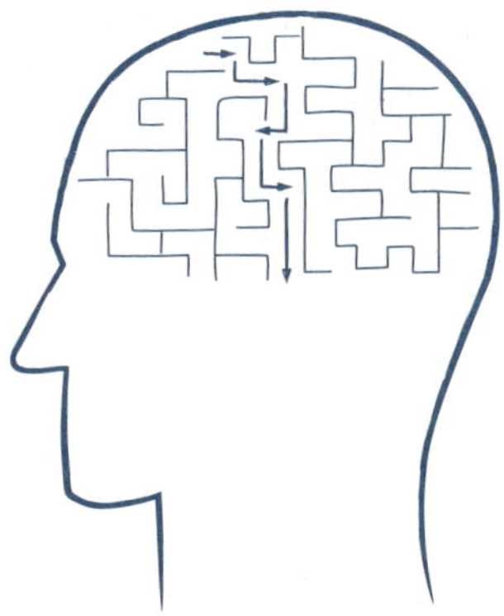

找出最优路径

> **这样练得多了，在解决问题的时候，孩子有高质量的心理表征，就不会是随机找一个路径，而是能找到最优路径来解答了。经过这样有目标、有方法的刻意练习，孩子才能既掌握知识，又锻炼思维方法，触类旁通，举一反三。**

06 智能技术实时反馈，练习更高效

“停课不停学”期间，网课学习打破了时间、空间上的局限性。一时风头无两，但轰轰烈烈的网课学习热潮背后，也暴露出“老师累死累活，学生焦头烂额”的现象。

正常的课堂学习，要保证每个学生的学习效果都很难做到，“教、学、测、评、练”，教学是一系列的环节，网课保证了特殊时期的“教”与“学”，同样也放大了平时课堂中的问题和后续的练习问题。

当缺少了面对面的互动，孩子课上学完、课后练得怎么样，老师难以了解，甚至孩子自己也不清楚。

一

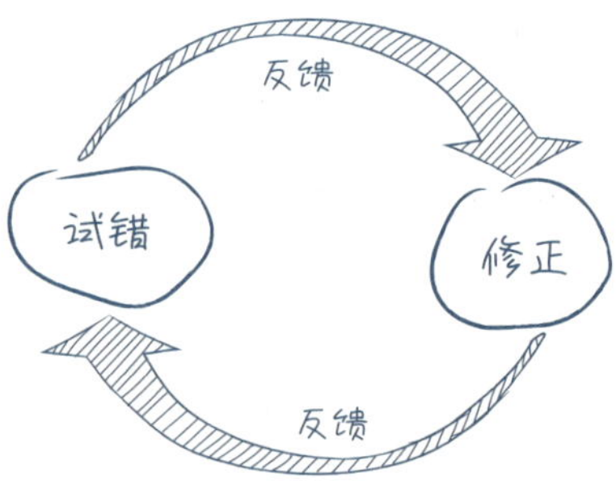

正向循环的反馈机制

要确保练习的每一步都是有效的，反馈至关重要。

我们说，让孩子在拐点处练，进入学习区练，在学会方法后练，做到这三点，就是摆脱了低水平、无意义的重复练习。

但要做到突破拐点、熟练掌握当前学习区的内容、熟练掌握学习方法，就要确保在练习的过程中，能看到练的结果是对还是错，错了就要一直练习，直到改正为止。

比如，学习单位的换算这个知识点，$1m^3$=（ ）cm^3。孩子第一遍做（试错），答案是1000，做错了（反馈），重新做（修正），可能改了两三遍，最后得出1000000，终于答对了。

战胜围棋世界冠军的机器人AlphaGo，练习棋艺也是这个过程。工程师们告诉 AlphaGo 最基本的围棋规则，“黑先白后、交替落子、输赢怎么算”等，然后让它们对弈。

基于规则和输赢结果，AlphaGo 建立了反馈体系，就像人类“手下一步棋，心想三步棋”一样，AlphaGo 会进行多次推演尝试（试错），基于结果（反馈），改进下法（修正），确定最优的落子动作。

就这样，根据每天 100 万盘的运算，AlphaGo 不断优化算法，最终得以战胜人类的围棋冠军。

就像在大海中行驶，需要指南针来指明方向一样，一旦偏离了方向，就赶紧修正回来，才能抵达终点。**刻意练习要处于“试错 - 反馈 - 修正”这样一个正向循环的反馈机制中。**

其实，练习就是检测所学，找出不足的过程，当练习的每一步都有持续有效的反馈，也就能更高效、更熟练地掌握知识。

| 二 |

但实际中，孩子们获得的反馈是延时的。比如，今天交的作业明天才能收到批改；或者是被动的，必须依靠老师和答案，才能知道结果是对是错；或者是模糊的“还好吧”“还可以”，没有量化出标准来；甚至是无效的，做完一道应用大题，对答案时，发现没有过程，只有结果……

在疫情特殊时期，反馈中的问题就暴露得更加明显了。

上完网课，老师留了练习，但没法像在学校一样，组织整个班来集中测试。孩子的学习就像踩在棉花上一样，软绵绵、轻飘飘，学得好不好，做得对不对，根本不清楚。

正是因为学习中，反馈不及时、不清晰，孩子不知道自己做的是错还是对，更不知道该怎么修正，自己认为的“熟练掌握”其实是个错觉，最终导致学习中的知识缺陷。

所以，课上学习后，主动测验、课后练习并获得即时有效的反馈就非常必要。

这时候，**练习就不只是衡量所学知识多少、学得怎么样的途径，练习本身就是一种有效的学习方式。**

面临疫情导致的在家学习，想要在大家都迷茫的时候“弯道超车”，就要像在学校时一样，在规定时间完成同等强度、难度的练习。练得越多，反馈越即时有效，就越能发现自己的问题，促使自己去查漏补缺，提高学习成效。

三

要建立起即时有效的反馈机制，离不开数据技术的支撑。

互联网时代，数据已经渗透应用到了各行各业。

数据的广泛应用，带来的不仅是信息的开放共享，而是通过反馈互动，推动创新发展。

农业生产中，在农田中安装带摄像头的传感器，通过这些终端采集农产品的各项指标，以及每天的气温、湿度、雨量，然后对这些数据进行监测和分析，让农民能随时了解农作物的生长情况，关注影响收成的天气等因素，从而在种植、施肥、采摘等各个环节做出更好的决策。

游戏设计中，玩家使用过的角色、技能、走过的地图、打过的 BOSS……一切痕迹都会被记录下来，对这些数据进行分析，信息不停地迭代，然后把反馈以进度条的形式清晰地量化出来，完成一定次数就能领奖励，集够了星就能升级，这种及时反馈让人们手不释“机”。

学习中也是一样的。

一个中学，三个月时间，就能够积累答题数据 98 万余条，有效学情数据 9 000 万条，通过对这些数据进行分析，全年级 600 名学生，在 34 882 个知识点下，各科、各班、各个学生的掌握层级就被清晰显示出来了。基于此，数据技术就能筛选出孩子不会的知识点、该练的那道题。

知识点名称	自主答题数				自主答题正确率			
	易	中	难	极难	易	中	难	极难
全等三角形	22	33	12	0	90%	79%	38%	0

知识点名称	看资料数	学习时长	错题重做数	错题重做正确率
全等三角形	34	56min	28	51%

更重要的是，找到失分点后，孩子在练习过程中，大数据会采集孩子的练习行为进行分析，针对答题时间、答题数量、答题正确率、错题数量、错题重做数量、错题重做正确率等维度，给出清晰、量化的学情分析报告。有了这些反馈，孩子就能更好地调整自己的练习策略，更有针对性、更精准地练习。

智能批改支持下，孩子答完题就能看到练习结果，包括题目的正误以及错误的原因、当前的掌握层级是否提升。针对做错的题，智能学习终端还会进一步推送相关的知识点讲解，让练习的每一步都能得到有效的反馈。

> **这样下来，孩子的学习也就进入“试错—反馈—修正”的正向循环中，不断试错，快速迭代。就像平时打游戏、浏览淘宝、看新闻一样，信息交换的密度越高，越能吸引注意力，也就实现了“上瘾”且高效的刻意练习。**

在这样的反馈机制下，孩子在接收知识后，通过刻意练习不断提高熟练度，最后彻底掌握，确保了知识传递的“最后一公里”。

07 坚持刻意练习，让长板更长

AI 测温、在线问诊、机器人送药等让人们看到了人工智能等新技术的巨大潜力。随着 5G 时代的到来，科技的迭代升级一方面刷新着人们的认知，一方面也带来了社会分工的再次改变。

英国银行的一则报告指出，未来 10 ～ 15 年，50% 的岗位将被人工智能取代。

面向未来，要站在未来看孩子的现在，面对这样的趋势，如何保证孩子不被技术取代，不被时代抛弃呢？

一

“木桶效应”曾提出木桶能装多少水取决于短板，所以我们要找到并补齐短板，全面发展。但是，在全球互联的时代，随着社会分工越来越细，我们每个人不可能补齐所有的短板，大规模的分工协作系统也正发展得越来越成熟。所以，**与其补短，不如把自己优势发挥出来，围绕“长板”布局，让“长板”更长，**也就是我们所说的“长板理论”。

纵观全球，各行各业的领跑者们，很多都是把自己的长板发挥到了极致。

像百事集团、耐克公司，它们就是把制作、发货、物流这些业务外包出去，自己重点只做两件事，成立全球营销网络，管理旗下遍布全球的子公司，形成自己的“品牌 + 渠道”的独特优势。

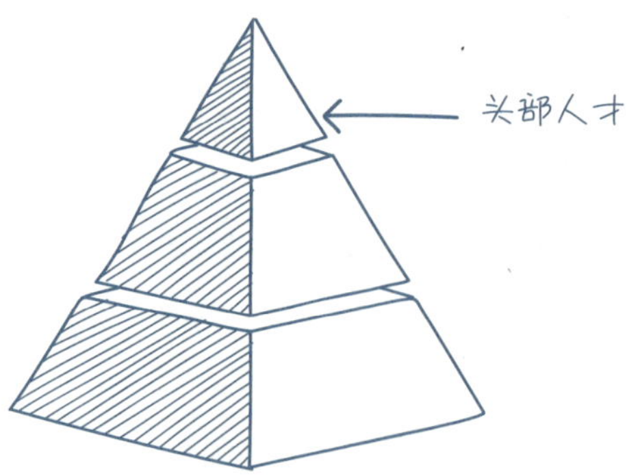

在今天，关注优势比弥补劣势更重要，如果一味执着于补短，什么都了解一点但不精通，是个“一瓶子不满、半瓶子晃荡”的爱好者，没有自己的专长，绝不可能成为某个行业里的头部人才。而要发展长板，就需要根据孩子的智能倾向，来挖掘孩子擅长的方向，通过后天刻意练习，强化优势形成长板。

｜二｜

找到自己发展的方向，要想让长板足够长，这背后需要下苦功夫去刻意练习。

很多人对写作都有一个误解，认为这是一个讲究天赋和灵感的事情，但其实，灵感不是突发奇想，而是在后天的刻意练习中积累而来。

郝景芳，2016年获得雨果奖，一时家喻户晓，但在那以前，她已经坚持写作了十多年。高中时，她读了马尔克斯的《百年孤独》，开始尝试在文章中加入马尔克斯式的非现实元素。从选题、逻辑结构、语言风格上参考精彩的文学作品，不断尝试新的笔法，拿自己的作品和喜欢的作家去对比，来发现自己在词汇上、句子结构上、逻辑上存在的问题，不断改进自己的版本。这一整套模仿、反馈、总结，再反复练习的方式，也遵循了刻意练习的方法原理。

各行各业里人才的成长路径，无一不是通过刻意练习，找到自己感兴趣的、擅长的发展方向，然后拆分出一个个小的项目有针对性地练习，对有问题的地方，一遍遍调整改进。这个过程是反复枯燥的，钢琴家会每天花几小时练习按键固定指法，乒乓球运动员会对接发球练上几百次，远不如学一个新技能更容易突破。

但是，从普通到专业，需要的就是长期坚持练习，最终突破临界点，实现能力的跃迁。

｜三｜

当然，有了长板，并不意味着，只要有一个拿得出手的技能，就足够了。

一个人在自己擅长的方法上发展到了极致，也就意味着，TA 具备了优秀的学习能力和训练方法，而这也是不同领域之间所需要的通用能力和方法。

就像写作和演讲，都需要大量输入后，有严密的逻辑思维能力，对外输出。一个写作高手，当 TA 需要站到台上演讲，上手通常也很快。把写作结构拆解成演讲结构，把书面语言口语化，再练习一些演讲技巧，演讲能力立马就凸显出来了。

所以，对一个在专业领域做到顶尖的人来说，刻意练习后所获得的能力和方法，也能迁移到其他领域。也就是说，**在一块长板上发展到极致，进入了“无人区”，就可以发展其他领域的能力，“一专多强”组合成孩子核心的竞争力。**

郝景芳的长板是文学创作，在清华大学读本科的时候，因为对科幻文学的热爱，她又学了天文学，博士的时候，又读了经济学。以长板为基础，又对其他学科深入研究，所以在《北京折叠》这本科幻小说中，人们才能看到城市发展在物理科学层面的想象，看到对阶层分化、社会分工等经济命题上的深刻思考，这些都离不开郝景芳在相关领域的学习研究。

就像一棵大树，往往不着急开枝散叶，而是将根深深扎进泥土中获取充分的养料，有了一定的高度之后，争取到优质资源，最后长得足够茁壮，再开枝散叶拓展自己的疆土和领域。

> **当孩子从个人优势 A 出发，用刻意练习的方法提高能力，就有了具备 A+B+C 组合优势的可能性，可在同质化竞争中脱颖而出。**

所以，不论是孩子当前的学习还是今后的成长，核心都是要基于孩子的智能倾向，在孩子感兴趣的领域发展专长，同时进一步刻意练习，把长板发展到极致，再带动其他能力，形成核心竞争力，让孩子面对未来世界时，有更多实力与保障，成为未来社会需要的稀缺性人才，甚至是顶尖人才。

08 | 刻意练习打通智慧学习的闭环

在本章开篇，我们已经讲过，各行各业里的高手、专家，他们的成功路径都离不开长期的刻意练习。

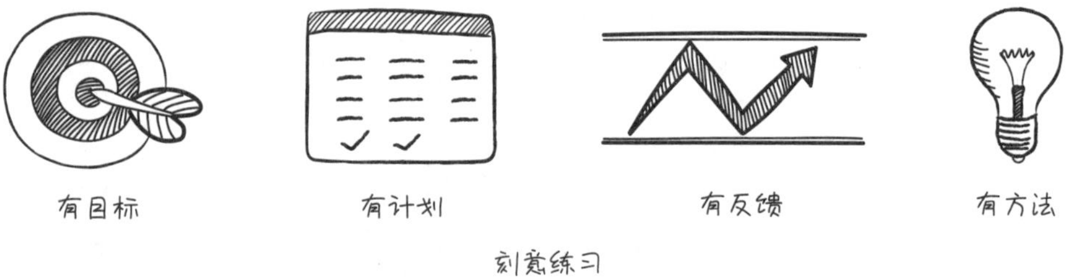

但是，刻意练习不是一条一蹴而就的捷径，需要有目标、有计划、有反馈地去练习，是一项综合多个维度的系统性工程。

国家队的运动员们做到刻意练习很不容易，要有训练的目标，要有教练陪练来帮他们在关键处不断重复，才能在成千上万次微小的量变后有一个质的飞跃。在学习中，要想让孩子保持刻意练习也不是一件简单易操作的事。

| 一 |

对每一位老师、每一位家长和孩子来说，想要实现学习目标、学习内容、学习反馈各个要素的综合配置是一个很高的要求。

明确学习目标，就要找到孩子当前有哪些学习漏洞，但是，传统学习模式下，老师没有精力逐个研究孩子学习哪里有问题，我们前面提到的大量研究中也证实了，孩子当局者迷，也不知道自己问题在哪儿。

再来说练习内容和学习计划，以孩子当前的学习水平为基础，孩子练的内容不能太难，也不能太简单，这样的学习内容，如果不能清楚了解孩子的学习问题，老师和家长都没法合理划定。

而在孩子练的过程中，通常来自“教练”的专业点拨和有效反馈也是缺位的，一道题总是做不对，可能理解这个知识点的方法就没掌握，但如果这个问题反馈不到老师那边，要想每一步练习都比上一次进步一点，就很难了。

这样看来，每个环节都被堵上了，孩子很难做到始终处于刻意练习的状态中不断提升。

所以我们看到的，孩子平日的练习基本都是书山题海式的地毯式训练，这种操作更容易实现，老师布置作业、家长找来各种练习资料，然后孩子们埋头苦练就是了。

> **今天，在全新的智慧学习模式下，借助先进数据技术和智能学习工具，能精准定位孩子的学习拐点，为孩子智能匹配相应学习区的学习内容，并将学习问题随时反馈给老师，老师为孩子提供相应的学法点拨，由此，也就把学习目标、学习内容、学习反馈等各个要素整合起来，让更加精准高效的刻意练习得以实现。**

| 二 |

数据导学，在拐点处，让孩子练习有目标。

在孩子的学习中，经常会出现这些情况：成绩忽然断崖式下滑；小学很优秀，到了初中跟不上了……在第四章中，我们讲到，学习出现变化，是因为知识和知识之间，客观存在着需要跨过的“阶”，如果这个“阶”太高、太难，超出孩子现有能力和认知，“阶”迈不过去，就会成为孩子的拐点。

要想解决这些学习问题，就要找到问题产生的根源。智慧学习帮孩子“找到拐点”，让孩子可以明确学习目标。

智能学习终端时刻记录孩子学习的每一步，集中分析、检测出某个学科下，孩子已掌握的知识点、未掌握的知识点，从而帮助老师和家长根据可视化的数据报告，找到孩子的学习拐点。这时，自然就能进行有目标的刻意练习，做自己该做的题，优化学习路径，提高学习效率。

| 三 |

智能推送，让孩子有计划地练习相应内容。

找到了拐点，要想提高孩子跨阶的能力，就需要帮孩子搭上合适的“梯子”，在这个基础上进行刻意练习。

智慧学习中，我们提出“在学习区学习”，就是让孩子学习和自身能力水平相适应的内容。进入学习区，有一个通用原则，就是搭配 85% 孩子熟悉的内容，和 15% 孩子陌生的内容，让孩子始终处在“跳一跳”就能够得到的范围内，这样的范围，老师和家长都不好划定，但大数据技术、智能学习终端可以做到。

孩子在使用智能学习终端学习时，学习动作变成数据存储在云端，人工智能会自动分析孩子的学习时间、学习内容、知识点掌握层级等，综合判断出孩子当前的学习水平和层次，并智能推荐学习内容。

学习规划师结合孩子的学情报告进行分析，为孩子制订相应学习计划，并匹配相应的微课、习题等学习资源，同时督促孩子在学习区刻意练习。

这样，在学习规划师的指导下，孩子可以针对自己理解不够透彻的地方大量地练习，练完一道题，就能知道自己的掌握程度、出现错误的原因，持续地收到正反馈，同时获得专注、兴趣与成绩。

| 四 |

学科老师专业点拨，让孩子在掌握学法后练习。

有的时候，孩子找到了学习漏洞，但有的地方孩子总也学不会，这往往是因为思维没转过弯、方法没掌握透。

比如，在分数的学习中，很多孩子对数的认识还停留在 1、2、3 这些整数上，不知道 1/3 代表多少，在做分数求和时，1/3+1/3 可能会直接得出一个错误的 2/6。其实，就是孩子还没有从根本上理解分数的意义、掌握分数的学习方法。

那么，在这个地方，孩子就需要在获得思维方法的点拨后再进行练习。

日常教学中，知识的传递已经占据了老师大部分时间精力，如果孩子自己主观能动性不强，老师很难了解到孩子的具体问题，更遑论给孩子进行针对性的学法点拨。智慧学习模式能帮助孩子找到拐点，针对总出错的地方，学习规划师可以为孩子匹配对应的学科老师，由学科老师根据孩子个性化的学情，有针对性地给孩子提供学法指导，让孩子在掌握方法的基础上实现刻意练习。

在数据定位拐点、找到学习区、学科老师专业学法点拨的智慧学习中，孩子始终处于精准而高效的刻意练习中，只练自己该练的、不会的，在关键点上不断巩固。

通过这样精准高效的刻意练习，孩子打通了学习的一套闭环，学习问题得到持续优化解决，在获得知识的同时提升能力，也将不断向更高一级进阶，在未来社会的竞争中赢得先机。

学科老师专业点拨孩子

CHAPTER 08 | 第八章

改变正在发生

时代发展革故鼎新，科技在加速向前，学习在深刻变革。

新技术来临，智能时代全新的学习模式开始出现，师生得以借助先进的工具实现智慧地教学、智慧地学习，课堂、校园、家庭中的学习正在变得智慧起来。

在智慧学习的普及中，一批批学校已然先行，投身全新时代教育的变革与探索。无论是百年名校的寻变之路，还是资源薄弱校的勇立潮头，均为我们展现了智慧学习正在一所所学校中落地生花。

与这场学习变革同行的，有深耕教育十数载的优秀教师，也有在智慧学习下不断进益的万千学子。他们用不一样的理念和方法，提前描绘出了下一个智能化的时代，智慧学习不一样的精彩。

01 | 一所百年名校的寻变之路

提起四川省广安中学，不少广安人都会自豪地说："那是邓小平同志的母校。"

是的，创建于 1912 年的广安中学，作为一所拥有深厚人文底蕴的百年名校，培育出了一代又一代的优秀学子，也包括邓小平。

如果和学校的教育工作者们聊天，还能从他们口中听到另外一个名字：张澜。

新中国成立时，天安门城楼上，站在毛主席身边的就有广安中学的创始人之一——张澜先生。张澜先生一生都投身于革命事业，而且愈到晚年，愈焕发出生命的青春。

从创始人张澜先生到优秀学子邓小平同志，我们似乎能够看到广安中学融在血脉里的重要基因——改革、发展、与日俱进、奋斗不息。新时代的广安中学，在教育改革中依然是勇立潮头的先锋践行者。

站在校门口的小平同志塑像旁，广安中学的田秀敏校长告诉我们："美国的一位教育家杜威说过，'如果我们仍然以昨天的方式教育今天的孩子，无疑就是掠夺了他们的明天。'我非常赞同这个观点。"

在田校长看来，百年名校的悠久历史是广安中学的优势，但换个角度来看，这同样也带来了羁绊。百年来传承的教育方式方法，虽然给广安中学带来了辉煌，但随着时代的发展，传统教学方式的不足也逐渐显现出来。相比较年轻的学校，他们需要花更大的力气创新、改革，以便帮助新时代的孩子们来适应新高考。

所以，如何让百年老校焕新颜，在新时代中适应新高考，成为包括田校长在内的学校班子一直在慎重思考的问题。

那么，如何帮助新时代的孩子们适应新高考呢？

在参观广安中学的过程中，我们看到了学校领导班子做出的努力。

宽阔的运动场、科普活动室、通用技术教室、图书室、健身馆、举重馆、摔跤馆、舞蹈室……广安中学已经把能够提供的最好的东西，都提供给了学生。

但田校长告诉我们，这些还远远不够，他们需要的是能够真正改变孩子学习的东西。

"在新高考中，不仅要把优化教学质量、提高课堂效率作为教学改革的重点，更要把构建以学生为中心的教学管理模式作为学校发展的目标"，田校长认为。

也就是说，现在的孩子们迫切地需要以学生为中心的学习模式。

围绕这个关键问题，广安中学开始积极寻变。既然要"变"，就要先反思从前的不足。

在传统的教学模式下，老师往往只能凭借经验去讲自己认为的重难点，但这些内容却未必是学生真正不会的知识点。

对于基础好的学生来说，反复听自己早就学会的内容，无疑是浪费时间，而对于基础较弱的学生来说，很有可能听不懂老师上课在讲什么，整体来看，课堂效率是低下的。除此之外，老师也很难了解学生在课堂上到底掌握了多少，只能通过布置作业或者测试来检测学生的掌握程度。

长此以往，老师需要花费大量时间去批阅并判断学生的学习情况，得到的学情也未必精准，学生也陷入题海战术中。

针对这样的问题，广安中学开始对症寻找解决方案。很快，田校长就把目光锁定在"人工智能"上。

田校长说，今天的孩子们，生于互联网时代，在人工智能的陪伴下成长，他们早就习惯人机交互、善于数据决策、偏爱智能推送。那么，人工智能也许能将教与学联系得越来越紧密，教师也能够借助更高效的教学方式，让学校素质教育更上一个台阶。

确定了改革方向，又经过多次考察和学校内部研讨，田校长决定践行智慧学习的模式，开辟广安中学特色教育的新道路。

我们了解到，为了让老师们顺利适应智慧学习下的教学模式，田校长多次组织全体教师培训，强化智慧学习下的教学理念，学习智能终端的操作方法。

> **学校还成立学科教研组，探讨出一套“六部曲”的智慧课堂教学方法，即自主预习、课前小测、分层设问、合作学习、精讲指导、巩固拓展。**

在“六部曲”教学过程中，老师们秉承着“数据分析，先学后教，以学定教，自主发展”的原则组织教学活动，得益于数据平台的运转，从学生学习的轨迹中，老师能发现导致学习问题的蛛丝马迹，并引导学生以适合的方式加强训练，逐一攻克。

以前老师们总希望通过大量、多次的练习来检测学生的掌握程度，但问题总是反复出现，这给老师教学造成了一定的不确定性。而在智慧学习中，一切教学活动都能用数据说话，让老师的每一步教学规划都有据可依。

现在，广安中学的全体师生已经将智慧学习融入到常态化的教学和学习中。教师的教学观念得到改变，课堂的教学效率得到提升，教师上传教学资源总量达到 20 124 个，极大地丰富和沉淀了校本资源库。2019 年，在广安市智慧课堂赛课中，广安中学取得了优异成绩，有四位老师获得一等奖、四位老师获得二等奖。

广安中学的智慧学习变革之路，不仅让广安中学发展为广安市区党委、政府办区域性最好的、唯一的“中华名校”试点学校，也让广安中学的学生在人生的关键阶段获取正确的学习方法，开拓了思维，丰富了眼界，发展了多元能力，为未来的人生道路打下坚实基础。

教书更育人，广安中学不负百年名校之盛名。智慧学习下，学校长期沉淀的宝贵经验正焕发出更大的能量，而无论是对学校发展还是对学生个人成长，广安中学都将会创造出一番广阔天地。

02 | 省级强校今又固本开新

在我们走访的诸多学校中，安徽省淮北市第一中学是拥有优质教育资源和教学质量的一流学校，是全国百强中学之一。

我们可以简单列一张淮北一中的成绩单：

先后四次培养出全省文、理科状元；在全国中学生奥林匹克竞赛中，已有五百余人次获得国家级和省级一、二、三等奖；2019 年高考，淮北一中千余学生圆梦高考，其中 8 人被北京大学、清华大学录取，371 人考取 985、211 暨双一流学校……

这样的成绩，不可谓不优秀。

然而，即便是成绩如此耀眼的淮北一中，也有着自己的忧愁。

都说从 10 分到 80 分的提升相对简单，但从 80 分到 100 分的提升就比较难了。对于淮北一中而言，想要让本就耀眼的成绩更上一层楼，是相对艰难的。

所以，这就对学校班子的决策提出了更高的要求，他们必须找到改革的关键点，才能在现有的基础上，帮助学校创造新的辉煌。

经过长时间的实践以及经验总结，淮北一中认为，无论是在管理、师资还是生源等方面，学校都有很大的优势，但现存的问题也日渐凸显——多数教师教学往往凭借自身经验，对学情把握不够精准。比如说，学校曾经使用过纸质导学案，但因反馈不及时，老师不能在学生做完后立即掌握学生预习情况。类似的“小问题”虽然看起来不起眼，但是诸多“小问题”叠加起来，就是一个不得不重视的大问题。

于是，淮北一中定下目标，力求在2019年实现“高占位格局突破，新课堂精准深化”，在原来跟进作业、周练的精准检测和学情反馈的基础上，集中精力聚焦课堂，更加关注课前预习和课堂教学方式的变革。

在这样的目标下，2019年，时任淮北一中教科处主任的赵雄鹰应邀来到在河北石家庄藁城举办的智慧教育城市发布会，进行交流学习。经过详细地参观了解，赵主任有了很深的心得体会。

> **“智慧学习模式正是学校教学改革的突破口，而技术是一个撬动教育变革的重要支点”，赵主任告诉我们。**

于是，同年三月，淮北一中立刻开始应用智慧学习来展开课堂的变革实践。

智慧学习模式下，课前，教师给学生推送导学案，这样能够在智能终端里实时掌握所有学生的数据，并通过数据及时调整课堂策略，专注于解决学生的问题；课堂上，老师也可以预留给学生更多的讨论答疑时间；课后，根据每个学生的学习情况，推送不同的课后拓展练习。

应用智慧学习以来，一方面，家长和老师再也不用担心学生使用一些电子产品边学边玩，分散学习注意力；另一方面，通过学生课上、课后的学习数据反馈，老师能直击痛点，因材施教，帮助学生补齐短板，真正实现精准教学。同时，学生在使用智能终端时也可以通过学情数据，更加直观地了解自身薄弱的环节，通过系统更精准的内容推送来进行学习，进而提高自主学习效率。

张渊博是淮北一中原高一14班的一名普通学生，他的理想是做翻译官，但一直缺乏一个良好的语言环境来辅助学习英语，再加上之前的部分科目学习基础不牢固，成绩陷入了瓶颈。在平时，他戴上耳机，通过听英语听力中的发音来练习语音、语调，努力让自己的口语向“老外”看齐，但这种听力式学习得不到及时纠错，他也不敢开口说。如今，他不仅解决了基础薄弱的问题，还经常利用智能学习终端的语音识别功能反复训练口语，大胆与同学对话，学习劲头十足。

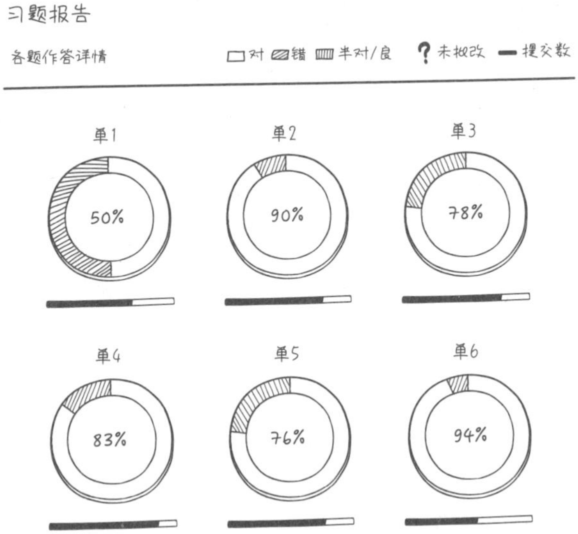

通过习题报告，老师了解全班学生学情

张渊博学习上的进步，很大程度上得益于智慧学习走入淮北一中。智慧学习模式拥有完整的教学系统，课堂上教师终端与学生终端配合完成教学。课后学生在学习机上除了完成作业以外，还可以观看微课来解决当天的知识疑点，通过习题的强化训练来持续提升掌握程度。

就连张渊博的英语老师也感叹道："以前教英语时，总为如何提高学生口语而烦恼，现在有了教师机，我们可以随时随地给学生布置英语文章朗读，学生提交后我们可以很直观地发现学生发音、语音、语调等问题，这大大地提高了我们的教学效率。"

除此之外，学校的其他老师也提道："教理科科目时，习题练习总是最关键的一环，但不论是课上还是课下，我们其实很难把控到班级整体的答题效果，智能终端解决了这一难题，学生的作答情况，我们可以自行从整体和个体两个角度进行了解，并以此来调整自己的教学方式，学生的答题结果也不再只是堆积如山的纸质作业了。"

以学生为中心，让学生在课堂上学得有尊严、学得幸福，让课堂充满活力。智慧学习让老师们针对学生的客观学习数据，梳理学习需求，一起备课、做课件，集思广益。淮北一中，正展现出精准高效的教学新面貌。

03 | 资源薄弱校勇立变革潮头

老师在课堂上能关注到所有的学生吗？

相信所有人都会回答：不能。

这也就意味着，在传统的班级授课制下，总会有一部分学生因为这样或那样的原因没有被关注到，在课堂上没有存在感，会的、不会的都得不到有效反馈，导致老师讲自己的，学生听自己的，影响课堂效率和质量。

但是，在山东省邹平双语学校，现在已经不存在这种情况了。

“每个孩子都能参与进来，每个孩子也都是课堂的主角。”邹平双语学校校长张志刚兴奋地说道。走进邹平双语学校的课堂，我们能够看到的，是孩子的认真与亢奋。

地处文化底蕴深厚的齐鲁大地，邹平双语学校是一所具有近二十年办学历史的学校。一开始，刚刚发展起来的邹平双语学校跟大多数学校一样，一个班级里，课堂上除了成绩好的学生，几乎没有其他学生发言。大多数同学都是按部就班地听着老师讲，不会的也不爱问或不敢问，久而久之，连自己哪里不会都不知道了。

乏味、沉闷。这样的形容词用来描述当时的课堂，一点都不为过。

这让校长张志刚看在眼里，急在心里。

在不断地深入探索中，终于找到了问题的根源所在——课堂的组织模式。传统的班级授课制难以有效地进行因材施教，不利于学生个性发展，更难以激发师生整体的主观能动性。

由此，校长张志刚开始组织学校教研团队，进行课堂变革。

从教学体制入手，通过对教学场景当中的每一个角色进行深度挖掘、分析，邹平双语学校最终开发出了“生生科代表，师师科主任”的别样课堂模式，每个学生都是学习的主人，每个老师的积极性都被极大地调动了起来。

课前，科代表参与科主任的备课，共同制订学案，预设课堂问题。在课堂上，科代表参与对课堂的调控和组织，负责组织本小组的学习活动，如给组员分配学习任务，引领、带动组员积极交流，有目的、有计划地安排组员在全班回答问题、展示成果等。

理论已经搭建完毕，然而，到了实践的时候，校长张志刚却发现，在学校日常教学活动中，老师们肩负着繁重的教学安排、教研任务，改革很难落到实处。

就在受到现实因素的阻挠，课堂改革陷入停滞之时，一次交流会上，张志刚校长偶然地接触到了智慧学习模式。“那是 2015 年 5 月，我到唐山参加课改研讨会。”张校长说，“我非常清楚地记得，这儿的学校，都在使用智能终端上课，课堂效率非常高，课堂气氛也极其活跃，带给了我非常大的震撼。”

这一次的交流会，让张校长收获颇丰。在会议结束之后，他主动留下来，深入了解了这些学校的智慧学习模式是如何做到的，又是如何组织运作的。

用张校长的话说叫“取完经”回来之后，邹平双语学校便毅然决然地引入了智慧学习理念，借助智慧课堂来继续深入改革。

智慧学习的引入帮助邹平双语学校从根本上突破了原本存在的问题。**老师们在教学中通过学情数据来掌握教学效果，同时结合分层教学功能实行因材施教，使不同层次的学生能够根据自己的实际情况学习自己需要的内容**。这让邹平双语学校的老师们减轻负担的同时，也实现了更加精准的教学。

魏祯老师说：“这样的课堂太科技了，它快捷高效，学生题目提交了，题的正确率就立马出来了。老师们省去了繁复的作业批改，大大提高了统计效率以及教学效率，这样高效的课堂必然带来学生学习成绩的提升。”

山东省邹平双语学校，智慧学习的学生们

很快，这种全新的智慧学习模式开始在学校推行使用。而就在同年，当届高三学生就取得了令人惊喜的成绩——在生源不是特别理想的情况下，高考重点本科 7 人，重点本科达线率提升到 9%。其中最高分 664 分的考生，考入了山东大学。要知道，在此之前，邹平双语学校的高考重本达线率几乎为 0。

紧接着，在 2016 年，邹平双语学校高三重本就提高到了 25 人。受成绩鼓舞，在这一年的 8 月，邹平双语学校在新高一再次引进了智慧学习模式。

而在接下来的 2017 年，学校的重点本科达线率更是达到 14%，实现翻倍增长。同时在 2017 年年终滨州市期末统考中，邹平双语学校有两位同学进入市前五名，本科上线人数达到 60%，实现了教学成果的大幅度提高。

一名叫韩成诚的同学更是完成了一年之内从全市一千名之外到全市第九名的逆袭，并在该学期期末考试中以 712 分的高分位列滨州市理科第一名！

对于校长张志刚来说，最令他欣喜的不只是某个同学在提升，而是智慧班级 90% 的学生成绩都有明显提升。一组特别惊艳人们眼球的数据是：在一个学期内，许多学生的成绩都提升了 100 多分！

在这样的智慧学习模式下，邹平双语学校也从县区级普通学校逆袭成为全国教育改革的先进校。在 2017 年和 2019 年，更是以全国最具代表智慧教育学校的身份，分别参加了第七届世界智慧教育高峰论坛和第六届世界互联网大会，用先进的教育改革成果为教育行业贡献了宝贵的经验，也让来自世界各地的参会者都惊喜地感受到了邹平双语学校智慧学习模式的魅力。

> **可以说，邹平双语学校在不断地探索和创新中，积淀了专属于该校的特色校本资源，智慧学习的常态化应用让学校原有的半自动步枪“三五五”激情教学模式成功改造为功能更强大的“全自动步枪”智慧学习模式。**

校长张志刚表示，2015 年学校顺应智慧教育改革和新课改教学的需求，借助智慧学习开启了探索教育现代化、智慧化改革的道路，才取得了今天的成果。“新课标当中讲得清清楚楚，要自主、合作、探究，传统学习没有做到这一点，借助于新科技、新模式，我们做到了！”

04 以导代教，他们初尝智慧教学成果

智慧学习下，以“学习者”为中心的课堂模式得以实现，“因材施教，以学定教”成为教学模式改革过程中的共识。

当我们思考如何去实现“因材施教”“以学定教”时，实际上对老师提出了更高的要求——老师需要了解每一位学生的需求。所以，智慧学习变革除了解放学生，还要研究如何解放教师。

可以看到的是，智能时代的到来为这一问题提供了解决方案，在越来越多的智慧学校中，越来越多的智慧教师涌现出来，他们正利用智能化的教学工具投入到智慧学习中。

在河南省汤阴县第一中学，刘千霞老师所带的学生可以说是学校里第一批搭上“智慧学习”快车的孩子。从 2016 年到 2018 年，三年智慧学习的实践应用让她所带的班级创造了汤阴一中创校以来的最好成绩，其中，有十位同学进入了全县前三十名，全县第一、二名也均来自这个班。

刘千霞老师说：“以前我们老师总是绞尽脑汁地想应该教什么，该怎么教，都是从自己的角度出发，往往就会导致学生被动接受我们布置的内容，一定程度上造成所教非所需，影响教学效果。而在智慧学习模式下，通过互联的智能教学终端与学习终端，老师可以直观地看到同学们对某个知识点的掌握过程和学习数据，从而进行针对性教学，这种高效教学的喜悦感是很难得的。”

其中，学生张贝纳的学习经历给刘千霞留下了深刻的印象。张贝纳的数学成绩在班里属于中上游的水平，可以说相对稳定。但是在三角函数这部分，通过教师终端上反馈过来的数据，老师发现张贝纳的成绩频闪红灯。

张贝纳 》错因分布　　说明：数字表示对应知识点下由于该错因造成失分的题目数量

	猜对	方向错误	计算出错	思路模糊
导数及应用		1	1	1
基本初等函数 ★		3	97	
数列				2
不等式 ★				28
立体几何	1	1	5	2
平面解析几何				2

张贝纳 》掌握详情

单元	难度	知识点	答题得分率	答题数量
基本初等函数	中	三角函数的最值	100%	13
		两角和与差的三角函数公式	68%	140
		正、余弦定理的应用	83%	72
		三角函数的图像和性质	100%	15
集合	易	集合的含义与标识	100%	40
		集合的基本运算	100%	22
导数及其应用	难	导数函数的概念及其几何意义	100%	28
		导数与函数的单调性	100%	12
		导数与函数的极（最）值	85%	183
数列	中	等差数列及其性质	100%	18

通过张贝纳的学情数据可以发现，她在三角函数这个知识点上答题量很大，但是正确率却低于同类学生的正确率。刘老师发现问题后，查看了张贝纳在三角函数上的练习，并找张贝纳进行了沟通交流，最终发现张贝纳的问题不是理解不了函数知识，而是计算能力不足。因此，刘千霞老师开始针对她的问题布置课后练习，着重锻炼她的计算技巧。

同样的，在汤阴一中，还有武艳霞、张霞等老师，都在通过智慧学习的模式让自己的课堂智慧起来。

在数据的帮助下，老师们不再像以前一样直接发试卷让学生去做，而是选择更加智慧的方式给学生推送他们真正需要的习题，帮助孩子们查漏补缺。学生也从被动接受变成主动学习，哪里不会、哪个知识点不熟练，不用老师说就会自己主动学习。明确的学习目标充分调动了学生学习的主动性，试想，如果只用做一道题就可以精准弥补学习漏洞，对于学生来说，学习的效率也被十倍、百倍地提高了。

在内蒙古通辽五中，同样有着可喜的变化。

从 2016 到 2019 年，经过 3 年的智慧学习模式实践，通辽五中第一批智慧学习的孩子用历史最好的高考成绩证明，插上智慧学习的翅膀，可以让他们飞向更高的地方。

段存喜老师感触最深的一点就是：现在，不受时空限制的教学与辅导真正实现了。他说：“以往学生在假期就如同脱缰的野马，老师没办法及时督促，往往开学才发现学生将以往的旧知识忘得一干二净，新知识又完全没有预习。新学期课业压力增大，学生不仅学习吃力，成绩提升也收

内蒙古通辽五中，正在上课的老师与学生

效甚微。现在，基于智能化的教学终端，老师在假期时也可以定期给学生推送学习资料和作业，不至于让孩子完全迷失在假期中。”

在段存喜老师看来，假期对于孩子们来说应当是有节制的自由。过往的教学中，学生假期完全脱离学习状态会出现知识断层，开学后一旦没有衔接上，非常影响接下来的学习效果。他自己每个学期常常都要拿出两到三周的时间来帮助孩子们找回状态，但也经常是有心无力。一方面要找回学习状态，一方面想夯实知识基础，还要开始新知识的学习，每天的课堂时间又有限。要想完成开学的顺利过渡，对老师和学生来说，都不是一件容易的事情。

> **如今，无论是在课上还是课下，老师都能督促孩子保持学习状态，及时帮助孩子解决不会的问题，不仅实现了课堂内的精准教学，也让课堂外必要的指导得到满足，最终实现的是同学们的学习延伸。**

第五届世界互联网大会现场，浙江省海盐中学的张银燕老师带来了他们在智慧学习模式下的新课堂。

第五届世界互联网大会，张银燕老师带来实景智慧课堂

从自己的教学转变中，张银燕老师总结出了自己的深刻感受。她说，多年的教学中，自己虽然十分精心地付出了，但是仍然存在着许多无法回避的问题，比如：课前预习的落实形式、预习质量难以掌控、课堂提问与练习个体化问题等。

但是，智慧学习模式下，困扰张银燕老师多年的“心病”总算有了着落。

现在，上课前，她会为这节课的学习准备好微课和预习检测习题，学生观看微视频可以对课堂有大致的了解，不懂的知识在第二天课堂上就可以着重听讲或提出疑问，检测习题可以用来考查同学们对于自主预习的掌握情况，老师通过习题报告，可以一目了然地看到学生的答题情况和正确率，这时候找出存在问题的知识点第二天来做重点讲解，备课更有针对性。

智慧学习模式下，像刘千霞、段存喜、张银燕老师一样，越来越多的老师正发生着潜移默化的改变，悄然扭转着自己的教学方式和教学思维。可以说，**智慧学习带来的不仅是先进的教学手段，更是先进的教学、教育理念，让课堂更加智慧也正在成为更多老师的奋斗目标，每一名老师也将因为这个目标更加地接近自己的教育梦想。**

05 | 用对方法，他们体验不一样的学习

推开山东省日照香河实验学校高一（1）班的门，一张张排列整齐的课桌乍看之下并没有什么特别之处，和我们学生时代的记忆一样，课本、练习册、文具，都是书桌上那些常见的陈设。

只有书桌正中那台银灰色的学习终端会提醒来人，这个班级中的每一个孩子，都有一个不一样的学习工具。

16 岁的高飞雪就是其中一个孩子。

“自控力差”几乎是每个处于这个年龄段的孩子都会有的通病，在高飞雪身上尤其明显。上一秒还在学习，下一秒就开始鼓捣别的了。“人在教室里坐着，心早不知道飞哪里去了”，提到高飞雪这个问题，老师也很无奈。“老师讲的一听不懂，我就容易走神，不会的就越攒越多”，高飞雪自己也很苦恼。

其实可以理解，谁不是从这个年龄段过来的呢？谁没有这样那样的问题呢？**但不同的是，当学习出了问题时，这一代的孩子们有更顺手的“拐杖”可以去扶。**

对高飞雪来说，这个小小的学习终端就是帮她迈过这道槛的“得力助手”。“在终端上看完老

香河实验学校2018-2019学年度第二学期高一期中考试质量分析

	姓名	班级	答题总量	正确率	上学期期末成绩	本次期中成绩	进步分值	上次期末名次	本次期中名次	进步名次
英语类考生	孟荣	1	3624	67%	491.5	598	106.5	59	6	53
	牟雨鑫	1	4153	62%	403	465	62	192	96	96
	高飞雪	1	5136	67%	369.5	490.5	121	239	67	172
	李曙辰	1	7169	48%	426	457	31	154	108	46
	丁辉	2	4969	65%	525.5	571.5	46	24	10	14
	董磊磊	2	10018	73%	582.5	633.5	51	7	3	4
	田文慧	2	7690	46%	439	504	65	136	50	86
	李欣璽	2	4468	69%	413	468	55	175	89	86
	刘为娜	3	5210	68%	459.5	522.5	63	97	38	59
	王太伦	3	3920	52%	423	478.5	55.5	158	78	80

师布置的预习资料，我就能知道这节课的重点是什么了，课上老师讲到重点时，我也会更集中精力去听。对课上没听懂的、不会的知识点，老师会推送给我相关的内容，学起来有目标、也更专注了。”高飞雪提到自己的“使用心得”，侃侃而谈。

如果不是遇到了智慧学习，遇到了这台智能学习工具，高飞雪不会想到，自己有一天会成为学校的进步之星，在表彰大会上公开分享自己的进步心得——在第二次学期考中，她的总分提高了 121 分，名次提高了 172 名。

而这样的高光时刻，我们相信对高飞雪来说，以后还会有更多。

每次提到学校的智慧学习，邹平双语学校的韩成诚是被提到的频率最高的一个名字。他不是我们耳熟能详的那种“学霸”，入学时，韩成诚在全市排 1 000 多名，但他却是人们最津津乐道的那种“黑马”，2017 年滨州市期末统考，韩成诚以 712 的高分一举跃升至全市理科第一！

没有人能够随随便便逆袭。

刚刚接触智慧学习时，韩成诚是抵触的，他的姐姐曾因为沉迷手机游戏高考落榜，这样的教训让他感同身受，电子设备的诱惑太大了，他生怕自己会重蹈姐姐的覆辙。

“后来发现是自己想多了”，提起之前的想法，韩成诚觉得自己太杞人忧天了。“在学习终端里，你找不到一点游戏娱乐的痕迹，它就是一个纯粹的学习工具。”

内心接受了，韩成诚用起来也越来越上手，尤其是在课后的自主学习上。如果有课上遗留的学习问题，他会在智能推荐下学习适合的内容，直到熟练掌握。如果课上的内容已经懂了，达不到他需要的程度，课后，他就会沿着这个知识体系继续向下探索，挑战更高难度的题目和知识点。

对韩成诚来说，学习不是待完成的指标任务，而是解决问题的自我探索，慢慢地，改变就会在潜移默化中发生，最后出现一个质的飞跃。

很多孩子在学习上有惰性，高二的陈浩楠就有这种问题，以前一有不会的问题，陈浩楠总想着先让老师讲，不愿意自己动脑子想、动手练习。对自己这个毛病，陈浩楠也是清楚的，但不会的太多了，总想能“速成”一下。

在新的学习模式下，针对学习问题，学习规划师帮陈浩楠制订了详尽的薄弱点攻克计划。

一方面，安排了学科老师在线辅导，加强他对知识的理解；另一方面，每天按时推送相关资源，在该练的地方练习巩固。

这样一步一个脚印扎扎实实地学下来，陈浩楠也开始主动找自己不会的进行针对性练习，很快，我们就看到，这个选择正在开花结果。开学后，他的成绩直线上升，总成绩比刚升高二时提高了近100分，并且整个下学期成绩保持稳中有升。

陈浩楠在学习规划师的指导下有针对性地练习

在我们接触的孩子中，最多的是纺锤形分布中间的那一类中等生。崔冰意就是其中一个。

在一次活动现场，崔冰意安静地端坐着，但和她一交谈，会发现这个女孩子内心的执拗与坚持。

对她来说，学习好像一场孤身一人的前行，对不会的问题，更多时候，是自己硬着头皮搞懂。实在想不通，也会问老师、问熟悉的同学，但是对来自父母的指点却很抵触，她说自己不喜欢那种被追着、赶着跑的感觉。

就像一根绷紧的弦，我们可以感受到她在和自己较劲，被动又辛苦。所以学习规划师在帮她制订学习计划之前，会先通过沟通了解她的想法，更多的是以一种建议的方式来告诉崔冰意要学的内容。

智慧学习模式下，崔冰意说："有了清晰的学习数据，就能帮我更快筛选出难易点，有了学习规划师的建议和学科老师的指导，学起来也不用死磕了，我能更好地主导自己的学习，学习效率也提升了。"她还特别提到，每天自己的学情都会通过客观的数据报告呈现给父母，父母心里有底，也不会在她学习的时候"乱指挥"了。

可以说，在智慧学习中，崔冰意一直追求的“把学习的主权握在自己手里”真的实现了。

学习中最常见的是那种勤学苦练、有韧劲的孩子，周洪毅就是这种。周末坐在书桌前，一坐一整天，桌上的卷子、习题册也是薄了又厚。

但我们看不到的是，在这场与题海的拉锯战里，周洪毅的心气其实早就被耗掉了，很多时候是在硬撑。他发现自己会的依旧会，不会的仍在错，就像卷进了漩涡里，被拉着往下掉。

智慧学习模式下，他才终于找到了学习方向。智能推送下，周洪毅能看到大家易错的、自己常犯错的知识点，然后强化练习，只做自己不会的，再也不用重复做那些无用功了。成绩也从月考的年级 167 名到期中考试的 89 名，再到期末考试的 57 名，一直稳中有升。

我们看到，无论是在智慧课堂中的集体学习，还是课堂之外的自主学习，越来越多的孩子，在新的时代面前都拥抱了一种更为高效的学习方式。

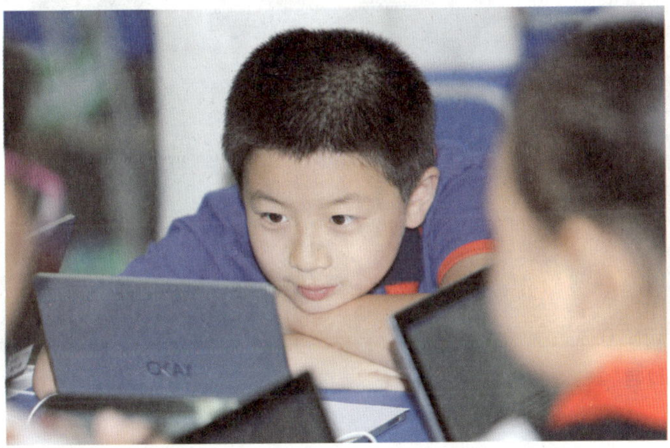

智慧学习下，使用智能终端专注学习的孩子

这种全新的智慧学习模式，支撑起了这些“高光时刻”“黑马逆袭”“持续进步”的故事。对每一个故事中的孩子来说，智慧学习的旅程才刚刚开始，未来可期。

06 | 未来已来，教育通向下一个时代

前文分享了许多学校、老师、学生通过“智慧学习”获得改变的故事，实际上，像这样的故事还有很多很多。而且我们发现，凡是智慧学习实践得好的学校，都有一个共同点，那就是形成了一套于自身行之有效的教学组织模式。也有越来越多的变革先行者走到时代前沿，将智慧学习模式推广惠及更多的师生。

2020 年 12 月，长沙市雷锋学校校长章捷在《智慧学习方程式》节目现场分享智慧学习实践经验

在学习深刻变革之际，2020 年突如其来的疫情，让正常的教学饱受冲击，这场被疫情提前的学习变革，是对每个孩子、老师的考验，更是对学校的一场试炼。

在这其中，率先践行智慧学习的先进代表校，则通过实际行动作出了掷地有声的响亮回答：未来已来，教育正在通往下一个时代。

疫情之下，“停课不停学”期间，面对教学主阵地从线下转向线上，课堂主旋律从三尺讲台上的知识灌输转向围绕学生自主学习的点拨指导，山东省宁阳县第二实验中学就从容了很多。

齐鲁大地，孔孟之乡，山东尊师重教的美名从几千年前就一直流传到今天。作为教育大省，学生数量大，教育竞争激烈，山东每一所学校时刻都在铆着劲寻求新的机遇和突破。

宁阳第二实验中学也不例外，2014 年，当智慧学习变革的浪潮涌来时，这所不起眼的普通县级中学成了第一批踏浪者，抢先布局。这样的前瞻部署在“停课不停学”时凸显出了莫大的优势。老师和孩子对智慧学习的模式早就驾轻就熟，接下来就是逢山开道、逢水架桥。

拿上直播课来说，学校第一时间给老师们做了培训，帮他们熟练使用升级后的“云平台”“云课堂”等工具，逐一试课把关。

万千努力下把智慧课堂搬回家，这还只是第一步。从课上到课后，老师们通过教师空间的数据反馈，及时了解学情；通过云平台追踪学习效果，调整教学计划。为了给孩子们更好的学习体验，宁阳第二实验中学的老师们把课件磨了再磨，坐在电脑前练了又练，怎么分层次照顾到每个孩子的学习需求，怎么让情绪更饱满、更感染孩子，应该设计什么小环节抓住孩子的眼球，甚至连课前、课间放什么音乐，都一试再试。涉及整个教学流程的教育智慧，都稳妥地从线下转移到了线上。

如果说之前，学校还只是在智慧学习的道路上实践探索，突如其来的疫情，则带来了一场大规模的实战考验。好在，智慧学习的平台技术、学校老师的操作能力、学生线上线下的学习效果，都给这场大考交上了漂亮的答卷。

同样在山东，面对同样的考验，烟台经济技术开发区高级中学也做到了紧急而不慌乱。通过数年来的探索实践搭建起的智慧学习模式，充分保证了师生日常的教与学在线上的无缝衔接，疫情防控和日常教学两不误。

烟台经济技术开发区高级中学老师在智能备课

从“停课不停学”的消息发布到在家学习，短短一两个月，很多孩子的心情像过山车一样，经历了“激动”到“有点压抑”，再到逐渐适应，恢复“平静”。心情复杂，这是一种最为普遍的感受。

而对首都师范大学附属滨州中学的孩子们来说，当学习的主场从教室平移到家中，他们的适应来得更快。

“孩子在家打开学习机，登录学生空间，从课前预习、视频学习到同步练习和课后作业，一步都不落下。”初一学生田一涵的家长和老师反馈道。这样的独立自主，似乎超出了家长的预期。

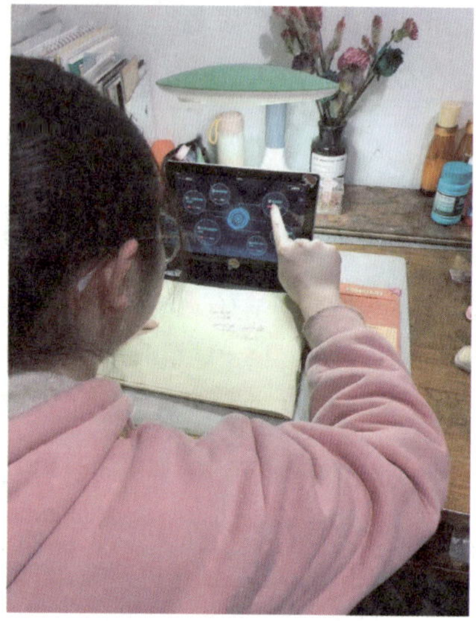

疫情期间，孩子在家智慧学习

高一（1）班苏晨瑶同学的家长，和老师提到孩子的学习情况如数家珍：“孩子登录智能学习机，就能看到老师发的预习课件，上课就在云课堂，还能收到老师发的课后作业。在学习机上，孩子还有自己的错题本，做错的题就自动归类进去，孩子查漏补缺特别方便。”话里话外，对孩子当下的学习状态是一百个满意。

由此可见，疫情也成为孩子提升自主学习能力的一个契机。从云课堂下线后，孩子自己学习时，有学习规划师的建议与指导，如果遇到拐点学不会了，还有来自学科老师的学法点拨。家长也可以定向获得孩子的学情数据报告，更好地了解孩子、帮助孩子。

“我很喜欢空中课堂的课，因为有的知识点第一遍听不懂，我可以看回放”“愿意坐在家里看网课，不用去学校就可以学习。”孩子们都发自内心地喜欢这种智慧学习模式。

事实上，这已经不是这些学校第一次面对考验，很多边区学校在不幸遇到雪灾、流感而不得不停课停学时，智慧学习模式为老师的教、孩子的学提供了后盾支持。

在疫情这种特殊事件背景下，智慧学习释放出了显著的价值，而这完全契合整个社会对于高质量、个性化教育的强烈呼声。

我们可以看到的是，智能时代，已经发生的教育变革为我们指明了教育的未来发展方向。在新的学习模式下，教育 4.0 时代的大门已经缓缓开启，教育也势必来到一个新的时代。

附录

APPENDIX

让每个孩子获得成就感
——智慧学习的使命

邵泽山 | 山东省临沂高新区高级中学校长

2017 年 9 月，担任了 15 年小学校长的我被“跨界”去担任高中校长。当时，学校刚从民办学校改制，是全市最薄弱的公办高中之一，本科升学的学生几乎都是个位数。我带的那届高三毕业班从高一入学时的 807 人，经历不断转学、辍学，也仅剩下了 374 人，大多数学生升学无望、普遍厌学……

一年后，逆袭发生：2018 年 7 月 8 日下午，走出高考考场的高三学生没有“狂欢”，而是自发地把自己的宿舍、教室收拾得干干净净，以特别的方式表达对学校的感恩与不舍。高考成绩发布后，学校本科升学率提升了 30%，学生满意度 96%，“高新”学生的成功让人难以置信！

两年后，逆袭继续：2019 年 7 月，新高一学风及学业成绩直线上升，高三本科升学率又上升了 10%，“高新”学生的成功成为新的传奇……学校被评为“全市教学进步学校”“全市艺体教育先进学校”，临沂市教育局对学校教学变革进行调研推广，“全国智慧教育名校行”走进学校，全国各地慕名参观学习者络绎不绝。

是什么力量让学校成功逆袭？当然是课堂。因为我们“借”力于人工智能，为每一名学生设计个性化的学习路径，让学生发现自己的成功，走出了一条系统化课堂教学变革之路。

还是从头追溯这场课堂变革。自 2003 年任小学校长以来，我始终坚持把最多的功夫用在课堂上，喜欢自己上课，喜欢与老师一起磨课，坚持推进山东省教育科研规划课题“小组达标课堂教学策略”的研究，让老师们努力追寻课堂的幸福，学生们享受课堂的滋养。尤其是当我看到仍然有很多学校在继续“满堂灌”，学生继续被“填鸭”，泡在“题海”中，就会感到非常惋惜，当然也为我们自己的课堂改革感到欣慰。

我怯生生地从小学校长走上高中校长岗位。很快就发觉，这里的课堂正是最让我头疼的“满

我受邀参加央视《智慧学习方程式》栏目录制，分享变革经验

堂灌”！学生一节节课被动听，一张张试卷被动做，学习方式单调重复；老师早上 5 点多来，晚上 11 点多走，周末、假期加班，时间被讲课与批改试卷挤没了！

怎么改变？与同事们交流，大家的意见竟然如此“一致”：我们山东作为全国高考大省，高中升学压力太大，都这样。原来如此！大家“理想”的高中就是这个样子。

多年来小学课堂研究的经历告诉我，连小学生都能自主、合作、探究式地学习，能在课堂上当“小老师”讲课，满足自我的学习需要，发挥自我的学习价值感。高中生，更能行！因为学习的本质是一样的。

法国著名学习专家安德烈·焦尔当有一道学习公式：学习 = 动机 × 习惯。学习是“动机”与“习惯”两个因数的积。

很遗憾，多年来我们过分倚重“习惯”一个因数，过分强调“学习就是培养好习惯”，学习以“内容为王”，课上“满堂灌”，课下“题海战”。而“动机”作为另一个因数，本应与“习惯”一样重要，却几乎被遗忘。但如果动机为 0，习惯的价值则不复存在，学习的意义亦不复存在！

“动机”是什么？也有一道公式：动机 = 需求 × 价值。学习动机的产生与维持，在于不断满足学生自身对学习的需求，持续提升学生自身对学习的价值感。

以“学习公式”为理念指导，我们启动了“小组思辨课堂教学策略”的研究。班级共同体策略、诚信错题集策略等学习策略受到了师生的欢迎，学生的自主学习、合作学习以及学生上台讲课代替了教师一言堂。然而，大量的自习课上仍然是数不清的试卷，师生仍然没走出题海！

很幸运，这个时候我们遇上了智慧学习。作为一名校长，长期以来把课堂改革重心放在教学流程与方法上，没有考虑过学习工具的改革。智慧学习，以学习工具为载体，走向了科学技术与教育实践高度融合的课堂革命！

任校长多年来，感觉最痛苦的就是自己离学生太远，不能准确地捕捉学生的学情信息，日常的学校管理主要依赖于观察与经验。智慧学习平台能帮助我便捷地观察学生名单、学习数据，对具体学生的学情、需求一目了然，可以为深入学生了解学情提供最准确的第一手数据：查阅全校学生一周的学习数据，我能知道各年级、各学科的教学是否平衡；查阅高一每个班级的学习数据，我能跟进薄弱班级的班主任，改善班级学习，推广优秀班级经验；查阅学科组的教学数据，可以提升学科组教研水平，改善学科组教研方式。

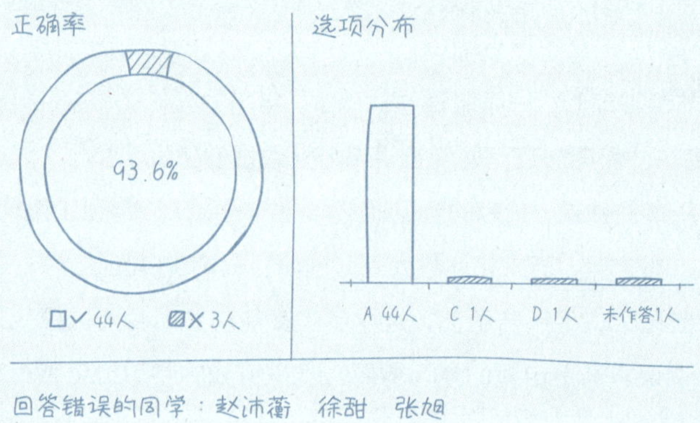

已发布的测评 > 高一下期末模拟数学试题B选择题填空题（高一9班）

按学生查看 | 按题目查看 总体情况 导出学生成绩单

姓名	正确率	得分（满分80分）	提交时间	作答用时	作答明细
张旭	100%	80分	2019.7.6 21:18	1分14秒	查看明细
李豪	100%	80分	2019.7.5 21:01	2分13秒	查看明细
赵沛蘅	100%	80分	2019.7.5 20:59	1分40秒	查看明细
李权赢	100%	80分	2019.7.5 20:59	1分26秒	查看明细
房晓成	93.8%	75分	2019.7.5 21:00	3分48秒	查看明细

作为校长的另一个痛苦，就是“不敢”深入每个学科参与教研，因为校长只擅长自己的任教学科，对别的学科是门外汉。而通过智慧学习的“知识图谱”与“观象台”等技术，我能对每一学科、每一课题的重点、难点一目了然，从而可以走到师生之间交流这些数据，提升教师的教研水平，及时解决学生难题，搭建起校长、师生与教材之间的“教学桥”。

作为改革示范校，“全国智慧课堂名校行”活动在我校举办

孩子们正在上课

老师正在上课

我和靖边四中的涅槃之路

附录 APPENDIX 02

刘致中 | 陕西省榆林市靖边县第四中学校长

生于祖国的西北内陆，长于广袤的黄土高原，也就对这片土地有着天然的亲近。

我是陕西靖边人，曾在这里接受教育成才成人，如今，年近半百，又在这里教书育人。

我跟这里的孩子们都是同一片土地养育出来的，所以，教书以来，无论身在哪所学校，和孩子们都是一样的亲切。而对于我来说，无论走到哪里，都希望孩子们能走出黄土地，到更远的地方看一看。所以，一直以来，我也在努力寻找突破口，希望能为孩子们、老师们带来一点点改变。

而就是在这所学校——靖边四中，让我发自内心地真切地感受到了教书育人的成就感，这种成就感不只是传递知识的快乐，更是满足孩子们学习需求后的价值感。

论地缘，这所学校的位置处于黄土高原的北缘、毛乌素沙漠南侧。我是 2015 年来到这所学校的。刚来这所学校时，由于刚刚下过雨，放眼过去，校园里是陈旧的砖瓦设施，雨后积水的操场，安装的仍是木质门窗的教学楼在雨水汇集的地方倒影格外清晰，连学校里最先进的设备也是十几年前的老式计算机。

如果说，应对和改善这些艰苦的条件，我是有心理准备的，因为这么多年来也习惯了。但是，接下来的事情，却是我没有准备好的。

一位叫李乐的同学的一封信，叫醒了我，也叫醒了整个四中。

因课上听不懂而苦恼的李乐

刚升初一的李乐，是一个性格文静、踏实好学的小姑娘。由于父母常年在外打工，就跟奶奶一起居住，为了方便她上学，祖孙俩就租住在学校附近。然而，李乐

2019 年我在教育信息化案例展示交流会上作专题报告

信中所言的却不是零碎的生活难题，而是自己想要解决却有心无力的学习难题。“我知道爸爸妈妈是为了我好，才把我送到城里来读书，可我就是学不好”，她哭诉道。一方面害怕辜负父母，另一方面由于内心的胆怯自卑，也不敢向周围同学、老师请教，让这个正值青春期的小姑娘不得已通过写信向老师求助。

而在这所学校，光像李乐一样的留守儿童就占 30%，外来务工者子女占 50%，服务区学生占 20%。这也就意味着，学校里有半数以上的孩子，学习条件有限，缺乏监管和辅导，面临着和李乐一样的难题。

这个问题的发现，让我心头一震。原来我身上的担子不只是尽可能地改善学校的硬件设施，还有更重要、更深层次的问题，而我没有注意到的，是在这些孩子当中，有一大批其实是想学学不好的孩子。他们该怎么办？

而在接下来就这个问题进行的专题研讨会上，我们很快得出的一个结论是，这样的孩子不在少数，关注这个问题的老师们也不在少数。但是，现有条件下，老师们能做的就是课堂多关注，多互动，注意观察他们的课堂反应。然后，课下及时发现他们作业中的问题，进行反馈指导。然而，数量庞大的关注对象，不同学生身上不同的个性问题，对老师们也提出了很高的要求，往往造成老师们的有心无力。

那么，在无法提高家长的文化水平，也无法让家长返乡督促学生学习的情况下，究竟应该如何有效帮助孩子进行课后练习？如何才能缓解师资匮乏、硬件落后带来的困境？又如何尽可能地培养起学生独立自主的学习能力？这一系列问题摆在我面前，让我寝食难安。

回想几年来的办学探索，接下来的这条路让我觉得或许可以试一试，就是利用网络的实时互联，走信息化技术与教学结合的路。

然而，在过去，由于西北地区一直没有这方面的尝试，再加上与发达地区相比，办学条件、教研力量本身就比较薄弱，虽然我个人经常到北上广各地参加信息教育大会（后来叫智慧教育大会）进行学习，但一直没有找到合适的契机，进行改革实践。

这一次，虽然仍有挑战，但我决定试一试。这一想法也得到了学校领导层的大力支持。

考虑到学校当时的发展现状，经过研讨，学校决定分步走，先简单后复杂、先探索后实践、先资源后硬件、先粗糙后精致。

于是，在这一年的 8 月份，我们就招收第一届智慧课堂实验班，先招了两个班，进行小步迭代。从“翻转课堂”到“平板进课堂”，虽有改善，但结果却不尽人意。

正当学校教育改革陷入瓶颈之时，我在一次大会上，有幸认识了贾云海老师。他在大会上传递的全新的智慧学习理念，让我受益匪浅，也让我看到了教育的另一种可能。

这种可能，是技术上更为专业的可能，提供专门用于学习和教学的智能终端；也是学习上更为个性化的可能，可以智能推送学生和老师所需要的内容，让学生只学不会的。更为可喜的是，平台还能推送专门的微视频课程，可以让学生反复观看，帮助孩子解决课堂上没有解决的问题。

这让我如获至宝，如果这套智能终端能引进四中，那孩子们的所有问题就可以迎刃而解了。

如今，智慧学习的课堂在学校已经走过近 6 个年头了。学校也从我初到时的一穷二白，成为城市和周边的孩子都愿意主动加入的明星学校，全校 1 200 个孩子，80 个老师也已经全部加入智慧课堂。

最重要的，靖边四中的每一个孩子，都在收获着从学习习惯到学习方式和学习质量的改变；每一位老师都在收获着从教育理念到教学模式和教学质量的提升。

所以，当我看到，七年级道德与法制科目刘小亚老师，根据主讲内容《增强生命的韧性》用心设计“幸福调查表”，然后根据数据平台的统计与分析，在课堂上有的放矢，娓娓道来，从而告诉孩子们要正确面对挫折时，我会热泪盈眶；当我看到，平时碰到老师都要红着脸快速走过的孩子，在课堂上逐渐自信大方，通过学习终端跟老师对答如流时，我会热泪盈眶；当我看到，越来越多的“李乐”因为有了自己的学习终端，不再一面忍受没有父母的陪伴，一面饱受学习的折磨，每天都能快乐地学习时，我会热泪盈眶。

越来越自信的李乐

这一路走来，智慧学习模式为靖边四中的师生插上了腾飞的翅膀，教师的教研教学水平、孩子们的学习水平都在蒸蒸日上；学校也成为“榆林市首届智慧校园”、陕西省 STEM 教育领航学校、全国教育信息化应用典型示范案例学校，参加全国教育信息化应用案例成果展示；而我，也在智慧教育探索的路上明朗起来，也从求教到分享，站上了世界级智慧教育大会的舞台，回报更多同仁。

所以，在这里，想跟各位分享的一点个人感受就是，教育变革，有力度、有制度、有态度，才能让更智慧高效的学习模式被看见，才能让更专业的教研教学被普及。未来定当砥砺前行，不负韶华。

站在课改高原期，踏上“智慧化”课改新征程

附录 APPENDIX 03

赵鹏程 | 山东省滨州市滨城区第六中学校长

在滨州市，滨城六中是一所很“新”的学校。

成立于 2002 年，始于世纪之初，从一开始学校的定位就是一所面向未来的学校，所以，“教改”也一直是我们的主旋律。

这种持续的创新给学校带来了很多“高光时刻”。我们探索并提出的“五环节课堂教学模式”在全国基础教育领域具有较高的知名度，《中国教育报》曾连续报道过我们这种新的教学模式，并评选我们为“全国百强特色学校”。

2012 年，当教育倡导“信息化”改革的时候，滨城六中率先吃起了“螃蟹”，这也让学校成功申请为“教育部信息化中小学试点学校”，并承担了教育部全国教育信息技术研究“十二五”规划重点课题——《个性化学习开发与提高教学效率研究》。

但是，永远没有完美的改革，信息化改革开了个好头，下一步怎么更好地走下去，也成了悬在滨城六中头顶的一道难题。

2016 年是我们学校发展过程当中一个重要的分界线，大家明显感觉到，学校到达了一个课改的高原期，如何利用技术手段来服务教学成了关键难点。

我们认为“五环节课堂教学模式”可以激发课堂活力，但各个环节想要有效地推进，都需要精准流畅的师生反馈，可当时并不完全具备这种条件，这时候，就算教学模式探索明白了，执行过程差异也很大，老师时间精力投入一大把，可学生的学习效果却进步缓慢，没有实现预期的突破，课改进入了一种胶着的状态。

当时真是着急啊，我们对内天天抓教研，对外经常去参加各种教育研讨会，想要找一些可行的解决办法。

2016 年，外界也发生了很多变化，那时候“人工智能”声名大噪，成了一个普遍概念，

第六届国际智慧教育展览会·智慧教育 2019 高峰论坛上，我在现场分享教改经验

各行各业都在谈人工智能。

置身于这种汹涌而来的浪潮中，我们忽然也被点醒了。

我们学校是有信息化基础的，作为率先进行信息化改革的学校，学校早就已经开始校园数字化的建设了，而且是“山东省教育信息化试点学校”和“滨州市微视频课程建设”实验项目首批试点学校，以及教育部十三五规划“智慧教育重点课题实验校”。

那么，面对新一轮变革浪潮，我们何不把滨城六中的“教育信息化”搭上新技术的车，再更上一层楼，走向智能化？

考虑清楚后，学校开始了智慧学习模式的应用和探索，系统性地部署了智慧课堂，开始了智慧课堂下的“五环节教学法”。

智慧学习模式下，学校实现了人手一“智能终端”，教室内全部配齐了交互式电子白板，大型报告厅的全程录播系统能够把教师的课堂授课情况全程录播并上传到学校资源库，基本实现了“数字化”办公和教学。

新的学习模式下，学校曾经的课改瓶颈也渐渐找到了突破口，科技手段真正助力提升了课堂效果，我们一直坚信的“五环节教学模式”发挥出了本该有的全部价值。

作为优秀学校代表，“全国智慧课堂名校行”活动在我校举办，几十个兄弟学校来校参观学习

在由滨州市教育科学研究院举办的“高效课堂模式展示暨校长论坛”上，
我校师生作为先进代表，现场带来“实景课堂”

拿最简单的课堂测试来说，智慧学习模式下，除了可以用快速的反馈、形象的图示随即反映出测试的效果，如及格率、优秀率、平均分等，还能智能化地给每个孩子匹配对应学习区的学习内容，五环节之间，一个环节的实施为下一个环节的调整与执行提供了清晰的方向。

我们一个年轻英语教师樊林杰在一次分享会中，说过一段很形象的话："以往的英语课堂教学，通常是面对全体学生'一刀切'和'满堂灌'，真正实现素质教育要求的'面向每一个'困难很多，真正的因材施教不容易实现。特别是针对学困生的面对面辅导，教师的时间不够，精力不够。在新的学习模式下，现在可以为学生量身定做辅导内容，为每个学生在网上'开小灶'，给他们奉上适合各自口味的'心灵鸡汤'，让他们觉得老师随时随地在关注 TA，引导 TA。"

近三年来，滨城六中升入优质高中的人数在逐年增加。2018 年、2019 年连续两年升入重点高中绝对人数名列全区前茅。学校各年级的平均分、优秀率较前几年都有了大幅提升。开总结大会的时候，提到孩子们的学习状态，一个老师说："以前孩子们来学校，都是带个人来听课，现在你让他们先学，听课变成了找答案，耳朵都竖起来了。"在我看来，这不仅是学生的改变，这次尝试也让整个学校的管理观念、老师的教学观念发生了一次翻天覆地的革新，我们每个老师都会想："我要怎么站在学生的角度"来布置一堂课。

永远没有完美的改革，只有不断改进的行动，我们也始终坚持六中的教改一直在路上。

"同学们！'行是知之始，知是行之成'。六中是你们健康成长的摇篮，学校会为你们插上放飞理想的翅膀。希望你们在这如花的季节里，以德为魂，学会做人；以能为本，学会学习；从身边小事做起，从每一个细节开始，每天进步一点点，每天收获一点点，让自己身心健康有保障，安身立命有本领，未来发展有选择，一生幸福有准备。"

每年开学之际，我都会对孩子们说这一段寄语。现在，我有足够的信心认为，我们六中是可以培养出这样的孩子的。

上千年的“因材施教”，因智慧学习落地生根

附录 APPENDIX 04

陈迎安 | 山东省曲阜市第一中学校长

来到曲阜，没有人不会走进孔庙。从周朝时的“庙屋三间”，到如今仅次于故宫的古建筑群，孔庙已经走过了 2570 多年的历史。

在孔庙西侧，一条半壁街之隔，就是我们学校，曲阜市第一中学。

从 1009 年的“孔氏家学”，到 1587 年时的“孔、颜、曾、孟四氏学”，进而到“阙里孔氏私立明德中学堂”，再到如今的省重点中学，曲阜一中的发展史，也可以说是中国传统文化教育的传承史。

曲阜一中是我的母校，四十多年前我在这里上学，而今又在这里工作，在这之前，我也在曲阜杏坛中学等学校当过校长。多年来，我一直认为，在曲阜，每一所学校与孔门圣学不单单是地缘上的联系，更是教育文化上的联结。今天我们说“因材施教”“有教无类”，字字珠玑，这些都是过去教育智慧的延续，这些教育智慧的形成，离不开先哲们的塑造，更需要后人的传承。

所以一直以来，我都有这样的坚持，不管随着时代的变化，对教育提出怎样的要求，“因材施教”作为教育最原始的坚守，必须是我们保底的教育思路，是我们一以贯之的教育之道。

2000 多年前，孔子席地而坐，通过口耳相传，对不同年龄、个性、智力水平的学生因材施教。这是对话与分享式、小范围内的因材施教，在当今信息化的教育背景下，如何在较大范围、较高层次上，实现规模化的因材施教，是我们学校领导班子一直在思考的。

但落到现实教学中，这并不好实现。

在现当代的教育中，普遍实施的是传统的教学组织模式——班级授课制。这种方式，解决了教育的“齐步走”大一统的问题，但是一个老师面对一个班的学生，在教学过程中，是无法了解每一个学生的学习情况的，只能参照大部分学生的掌握情况，推进教学进度。不同

第六届国际智慧教育展览会·智慧教育 2019 高峰论坛上，我在现场分享教改经验

的学生，接受的是同样的教学内容，这和因材施教明显相悖。这就决定了，单纯依靠老师的力量是办不到的，还需要借助外物，那么变革和创新一定是发生在“术”的层面。

事实上，最早从教育开始结合信息化的苗头出现时，我们学校就率先引进了互联网下的多媒体教学设备。感应笔轻轻一按，课件就出现在电子白板上，替代了传统的粉笔和黑板。但一个学期过去，这样的尝试并没有带来多少成效。我去旁听了很多课，也跟很多老师聊过，大家的反映都很一致，用多媒体课件来备课、讲课，用熟练了确实挺方便的，课也上得更流畅了。

也正是这种反映，让我一直以来的担心成了事实。工具是新工具，但课堂还是老课堂，教学的本质并没有变，老师和学生仍然走在过去的老路上。

这之后，我们开了很多研讨会，做了很多尝试，都没激起什么水花，大家就像在困局里打转一样，摸不着一个方向。当看到“智慧学习”在很多试点学校取得了不错的成果，我们立马抓住这次契机，部署了 4 个智慧班级来初步实践。

“因材施教”的基础是了解每一个学生的学习需求，过去做不到，但在智慧学习模式下，技术和硬件提供了双重可能。

课前，老师给学生推送微课等预习资料，学生预习后数据自动分析，老师能了解学生对知识点的预习情况，有的放矢地备课。课上，老师布置的作业，学生完成后当堂批改，基于反馈过来的数据结果，同样一道题，哪些学生会了，哪些学生还不会，老师一目了然，针对不同的学生，分层布置练习内容，让每个学生都能参与到课堂学习中来。学生课上有听不懂或没跟上的知识点，课后可以反复复习，重点强化。

这就相当于，给每个学生配了一个 AI 助教，一个教室里，老师加上几十个助教，一起跟踪每个学生的学习情况，提供对应的学习内容。

如果说，老师针对性地教、孩子个性化地学，是人工智能和大数据技术改变教育的一个点，那么从这个支点出发，“因材施教”的规模化，则是对教学方式、教育全景的撼动。

现在，我们学校智慧课堂已经从最初的 4 个班，扩大到了 36 个班。在我们智慧学习的这四年，我看到每一个学生都能得到因材施教的机会，每一位老师的专长都得到最大限度发挥，每一堂课都在数据支撑下被再三打磨。

而在今年年初，新冠疫情暴发后，我们做到了第一时间响应教育部的“停课不停学”，保证了高一年级 2000 多名学生在线学习。

一般来说，线上教学，隔着一块屏幕，很容易出现老师讲老师的，学生学自己的，相互不了解的情况。所以在集体备课时，老师们会更加注意学生学习数据的反馈，对每一个学生的学习能力做出评估，然后把知识水平相近的学生进行分组管理，制定教学方案和辅导策略，再向各小组推送相应的资源，对一个班进行分层教学和个性化教学。课上没有一一指导的，课后，老师会根据学生的课堂表现，进一步推送个性化的作业和辅导，因材施教。

2400 多年前，孔子杏坛讲学的时候，应该想不到，自己会成为万世师表，自家私塾会演变成教书育人的现代学校，自己的言语会为后人指明教书育人的方向。

在那个大变革的时代，孔子和他的学生们在探寻社会和个人出路的过程中，塑造出中国的文化基调和教育底色，成为超越时代的存在，也成为今天我们坚守的教育思路。

我很高兴，我们赶上了今天这样的时代，人工智能、大数据这些技术的发展，让每个孩子的个体差异被看见，让规模化的因材施教得以实现。我相信，这样的改变，不止在曲阜，未来也将在山东、在全国各地落地生根。

走出大山，智慧成长

李瑶 | 湖北省恩施州利川市思源实验学校教学名师

作为“龙船调”的故乡，利川市有地球上已知的最大、最古老的水杉母树，也有中国已知的最大的岩溶洞穴。虽然大自然给了这里山环水绕、美不胜收的自然风光，但和许多山区城市一样，由于特殊的地理位置，曾经的利川，经历了很长一段时间的闭塞和贫困。

而我，就是这里的一名普通的年轻教师。

我所在的学校，是湖北省利川市思源实验学校。全国思源学校的定位都是让贫困孩子接受更好的教育，所以在我和我的前辈们身上，就肩负着比普通学校教师更重的责任，也怀揣着更多的激情，我们要让孩子们接受更好的教育，要让他们走出大山。

怀着对教育事业的热忱，2016 年的夏天，我加入了思源这个大家庭，开始和所有老师一样，备课、上课，布置作业、改作业、讲作业，日复一日。

但慢慢地，我开始发现了一些问题。比如说，在课堂上讲课，有些学生掌握很快，有些学生就接受得比较慢，我讲课的时候就不得不照顾没有掌握的学生，反复地讲解，但是学会的学生就必须要陪着没学会的同学一直重复听。这让我很困惑，教学如何兼顾各个层级的学生？那些成绩不好的学生到底哪个知识点出了问题？这些知识点的问题又出在哪里呢？

我甚至会想——难道是我教得不够好？都说大城市的教育资源优越，难道是一线城市的老师，有什么更好的教学资源或技巧，能让孩子们“开窍”？

是的，曾经的我也相信大城市的教育资源，比我们这个小山城要更好。

但是很快，我就明白并不是这样的。

我曾经寄希望于在互联网上寻找更多、更好的资源来解决这些问题。在网上，可以找到海量的教学资源和各类名师课堂。我也兴致勃勃地做过一些新的尝试，但最后我发现，就算是北京的老师也未必能讲好适合我们利川的孩子的课。

这个时候，我就开始反思问题：**到底如何为孩子们的学习带来真正的改变？**

在回答这些问题前，我想先给大家看一组数据。

从 2017 年 9 月开始，经过一学期的常态化学习之后，我校八年级进入全市前 300 名的学生人数，较 2016 年上学期，涨幅近 400%。

短短一年时间，涨幅近 400%，这是一个惊人的数字。

而孩子们的成绩之所以会有如此大的提升，就源于 2017 年的夏天，我们学校非常幸运地得到了言爱基金和市政府的共同投资，学校 54 个班级的 3 000 名学生和 180 位老师共同开启了智慧学习。

“智慧”这个词我们不陌生，因为我们的生活已经在互联网、大数据、人工智能等技术的帮助下越来越智慧。但智慧学习，又智慧在哪儿呢？

我第一次使用智能终端上课是在 2017 年 9 月 20 日的晚自习，那时在技术人员的指导下，我对智能教学终端的使用已经很熟悉了。但让我惊讶的是，孩子们不需要指导就可以熟练地使用。

这个时候我就意识到，现在的在校学生天生具有互联网属性，是互联网时代的“原住民”，他们天生热爱人机交互，偏爱智能推送。

看着孩子们捧着学习机好奇又兴奋的神情，我觉得能够引起孩子们学习的兴趣和积极性，其实就是智慧学习的第一个胜利。

作为一名老师，“因材施教”是我的一个理想。而有了智慧学习后，这个“理想”就变成了我的日常。

从前，我想要了解到全班所有孩子的学习情况，基本上很难。备课、上课、改作业、讲作业等一系列的日常工作占据了我的大部分时间，就算我有三头六臂，也还是没办法兼顾每个孩子的不同需求。从某种意义上来讲，在课堂中，我就是孩子们的主心骨。

但自从智慧学习开展之后，无论我在哪，我都能随时了解到学生的学习情况，数据告诉我每一个学生的情况，老师们通过运用数据，成为“智慧明师”——明白学生的老师。

比如说，课前我会根据孩子们的学习数据，给学生制作一个学习任务清单，在富媒体资源的支撑下引导学生们进行自主学习。

在学生自学的过程中，我发现，之前我要花很多时间在单词、课文的朗读指导上，现在他们自己花几分钟或者十几分钟跟着机器就学会了，并且发音更加标准。

接着，我会根据学生的学习数据去调整我的教学计划，生成我接下来的教学目标。在课

利川电视台对我们班的智慧学习模式进行了采访报道

堂的学习中，我会更多地留出时间给孩子们做任务探究和成果分享，让孩子们更多地参与到课堂环节中，更多地自己寻找解决问题的办法。我在课堂中的作用也渐渐发生变化——从之前的“教书先生”变为现在孩子学习路上的“引路人”。

通过当堂测评，教学终端实时给出学情反馈，我就可以对本节课每一个孩子的做题次数、正确与否等详细信息了如指掌。

这样，课后我班里每个学生的作业都是不同的。对于本节课掌握到 A 层级的学生，是改自己的错题和做拓展作业；掌握到 B 层级的学生，是改自己的错题和做巩固作业；掌握到 C 层级的学生，是观看微课指导后再改错题。这样一来，每个孩子的学习内容都更加个性化，也都获得了最适合自己的作业，他们用更少的时间却获得了更大的提升。

经过一个学期的颠覆式学习，我们班 80% 的孩子，成绩都得到了提升。

这个时候，我似乎也可以对之前提出的问题，给出我的回答：

孩子们学习的真正变革，发生在以学生为中心的课堂上，发生在帮助学生获得学习能力的日常中。

教育资源没有绝对的“好”，也不该以地域、城市、名师等标签来界定。只有适合每一个孩子的、能够满足孩子学习需求的资源，才是真正的“好”资源。

2019 年，学校成立了智慧课堂名师工作室，利川市教育局还为我们的工作室授牌“瑶瑶智慧课堂名师工作室”。

2019 年 10 月在第六届世界互联网大会上，我向俞敏洪老师赠送孩子们制作的画册

同年，我受邀来到世界互联网大会，以一名老师的视角，分享了我亲历的智慧学习模式下孩子们的改变。当时我还带了一本孩子们做的画册在现场展示，画册里都是孩子们的笑脸。这其实就是对智慧学习的肯定，也是对我工作的肯定。

2020 年年初，突如其来的疫情打乱了一切教学计划。“瑶瑶智慧课堂名师工作室”临危受命，主要承担利川市义务教育阶段“停课不停学”的线上教学规划和引领工作。仅用了 5 天的准备时间，就开启了全市 11 万学生在线的直播课及线上教学活动。

这样的“停课不停学”不仅让利川市保证了疫情期间的教学进度正常化，同时智慧云平台也记录了全市每一位学生的知识掌握情况，为开学复课的教学衔接提供了保障。

从踏上讲台那天起，我就期望着我的学生能像树木一样，尽量向上生长，我不祈求他们长得一样高，但求立脚点上平等，于出头处谋自由。现在，智慧学习让利川思源乃至利川市的孩子们能够与城市中的孩子们同频，即使身处大山，他们也能够接受到公平、优质、适合自己的教育，从而走出大山，看到更大的世界，走向更远的未来。

智慧课堂，让我做一名更有情怀的老师

纪莉莉 | 河北省遵化市第一中学教学名师

自 2001 年走上讲台，在这个岗位上，我已经走过了近 20 年。这也是我在遵化一中风风雨雨的二十年。

我是一名生物老师，也是一名班主任。一直以来，为学生的浮躁好动操心过，为学生的眉头紧锁付出过，也为他们的烦恼分担过。而其中，我始终没有忘过的一个信念就是：每个孩子都是独一无二的，每个孩子都是不同的。因此，从站上讲台那一刻，我就致力于不断完善自己的教学，不断改进自己的方法，努力尊重每个孩子的学习个性。

期间，有过在自己的生物课堂上进行新尝试，也有过和同事的反复说课改进，同样也有过困惑无措。令人欣慰的是，在我们的努力下，全校的教学效果获得了一定的改善。

然而，美中不足的是，我发现课堂里总有一部分同学是沉默的，不能被老师一眼判断是否遇到了问题。这也就意味着，这部分同学的问题是无法通过老师单方面改进解决的。于是，老师如何及时获得这部分孩子的课堂反馈，如何让这部分孩子被看见，成为困扰我的难题。

多种尝试无果后，我决定走出校门，多走走，多看看。一方面，把自己的课堂“带出去”，向专家老师请教；另一方面，也看看“别人的课堂”，向优秀的教师学习经验。

功夫不负有心人，这些教学交流和学习，让我坚定了两个方向：一是继续坚持研究教师传授知识的生动性，二是研究学生快乐学习的成就感。

于是，我开始在自己的教学中做出调整。一方面，在备课时，结合学生的认知规律，设置有梯度的问题；另一方面，在课堂上，尽可能照顾到每个同学，了解他们的学习收获。但是，我很快发现，这对老师的要求太高了，想要在几十人的课堂里做到从备课到课上、课后的人人均衡，几乎是不可能的，再加上课程时长和知识总量的客观限制，实现尊重每个孩子的学习个性，更是难上加难。

2019 年我在第六届世界互联网大会上作“做一名有情怀的教师”主题发言

教学改进再次陷入瓶颈，我也重新陷入迷茫。

正值此时，学校的信息化建设做出了新的方案调整。这让我灵机一动，开始重新审视课堂。

可以发现，往前倒推二十年，老师是知识的权威，学生获取知识的渠道只有老师，TA 没有平板、没有电脑、没有让人眼花缭乱的教育平台。但是，现在，学生们可以依赖的平台太多了，比如，一道题不会，他们有各种搜题软件、作业软件等渠道；一个知识点没掌握，他们能通过搜索平台找到相应知识。这让老师对学生的了解程度更加充满不确定性，也让学生的知识掌握程度更加充满“迷惑性”。

因此，如何获得同学们的精准反馈，成为我改善教学本身之外的一个最大需求，而这也是改善教学的最根本依据。

我将这一需求寄希望于正在改变时代的科技。因为，它能改变知识的传递，也必将能改变知识的输出与获得。因此，在 2016 年，学校尝试引进智能设备，打造智慧化课堂的时候，我就毛遂自荐，决定率先在自己所带的两个班里试一试。

现在回想起来，仍然十分感谢当时自己敢做第一批吃螃蟹的人的勇气。因为，实践证明，这的确实现了我一直以来的教育理想，让精准反馈、个性教学真正成为可能。

智慧课堂上专心学习的同学们

比如，课前，根据同学们的预习反馈数据，我能清楚地知道这节课的重难点在哪里，并且具体到某位同学的预习情况如何也能一目了然，从而进行针对性地备课；课上，每一教学环节下的教学效果如何，无论是积极活跃的，还是沉默内向的同学，他们的学习数据我都能通过实时互联的学生终端和教师终端即时了解。课后，根据不同同学的不同掌握程度，实现个性化作业推送。

当然了，这里我还想说的一点是，其实高中和初中不太一样，初中是今天教你和面，作业就是和面；今天教你包饺子，作业就是包饺子，到了高中就不一样了，今天教你和面，明天教你剁馅，后天教你包饺子，考试时要你做馅饼。所以，孩子的作业推送要尊重孩子的个性，更要锻炼他们解决问题的思维。

可以说，经过两年的探索与钻研，智慧学习模式让我真正实现了教学的精准定位，给学生们一个获得最大平等与尊重的课堂。

作为智慧学习应用的先行者，我认为我有责任把我的想法传达给更多的人，让更多的学生受益。所以，2018 年，在学校领导层和广大同仁的大力支持下，我们成立了智慧课堂研究中心，并组织编写了《智慧课堂 3+10 教学方法》《智慧课堂 okaye 学派使用手册》等系列示范教材。

和老师们一起研讨学生学情数据

经过全体师生的努力，目前，学校也从一开始的仅有两个班使用，到今天，全校二十多个班，全部普及了智慧课堂，甚至走出了校门。2018 年 3 月，遵化一中的教育事迹被多家媒体报道；2018 年 6 月，唐山市智慧教育建设及发展研讨会在遵化一中举行；2018 年年底，遵化一中上榜河北省基础教育信息化应用典型案例。并且，多位优秀教师获得了“一师一优课”以及中央电教馆优质课等荣誉。这是对学校的肯定，也是对我们老师的最大鼓励。

从一个老师到多个老师，从一个学校到智慧联盟，智慧课堂正在让越来越多的老师和学生受益。我想，作为一名老师，就应当敢于担当重任，敢于率先“站”起来，然后带领一部分人“富”起来，最后让大部分人都“强”起来。我是一名生物老师，给大家用生物学知识举个例子，DNA 和蛋白质，互相不认识，它们需要一个翻译官。而我要做的，就是做好这名翻译官。

实际上，作为一名老师，在教学的路上我们永远都是学生。回顾二十年的从教历程，我非常庆幸自己选择了太阳底下最光辉的职业，成为一名人类灵魂的工程师。放眼时代，我也非常感激科技的发展。智慧课堂，让我做一名更有情怀的老师。未来我也还将在智慧课堂建设的道路上坚定不移地走下去，为同学们带来更多光和热。

智慧学习，实现老师“教书育人”的朴素梦想

附录 APPENDIX 07

石平 | 山东省东营市垦利实验中学教学名师

在去天津旅游参观张学良故居的时候，这里展览了一架张学良先生送给赵四小姐的象牙钢琴，看着质地沉稳而饱满的琴键，我却顿觉心头一颤！

我想，这一架名贵的钢琴背后掩埋着多少大象的残骸？回程中，我把自己的所思所想在手机备忘录里写了下来，主要是传达“没有买卖就没有杀害”的观念，呼吁我的学生们以后不要买皮草或者动物类的皮毛做成的衣物。想起之前看到过的大象飞到水中救人的微视频，写完后，我把我的感悟和视频通过教师空间一并打包发给了学生。

当时正值假期，这也不是一份作业，我只是希望以此来和学生能有更深度的沟通与交流。没承想，隔了几天之后，我收到了很多同学的反馈，有的同学发了一些稀有动物的照片在学生空间，有的孩子基于“保护动物”的话题写了自己的感悟……常说老师的职责是教书育人，我很开心，自己能在教育以外，为孩子们的成长带来帮助。

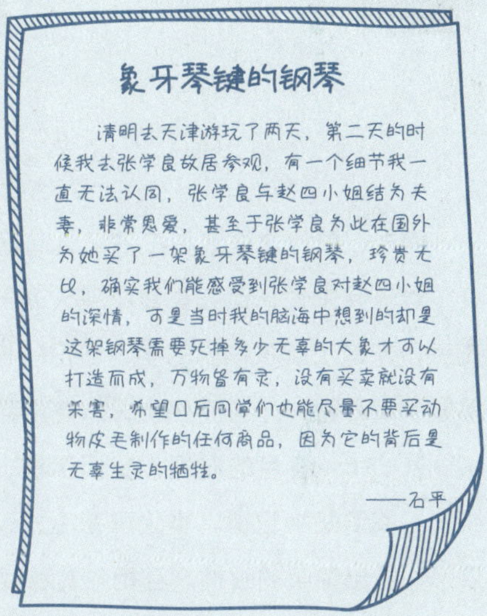
象牙琴键的钢琴

清明去天津游玩了两天，第二天的时候我去张学良故居参观，有一个细节我一直无法认同，张学良与赵四小姐结为夫妻，非常恩爱，甚至于张学良为此在国外为她买了一架象牙琴键的钢琴，珍贵无比，确实我们能感受到张学良对赵四小姐的深情，可是当时我的脑海中想到的却是这架钢琴需要死掉多少无辜的大象才可以打造而成，万物皆有灵，没有买卖就没有杀害，希望日后同学们也能尽量不要买动物皮毛制作的任何商品，因为它的背后是无辜生灵的牺牲。

——石平

我当时写给孩子们的感悟

而在以前，这是我和孩子们之间绝对不会出现的景象。

对于我来说，每天都要花费大量的时间进行日常的备课、作业批改，一个班里面几十个孩子，光是了解孩子们的学习情况就已经费尽心血。我是一名数学老师，数学对于好多孩子都是“大难题”，老师在他们心中，更多是冷冰冰的、传递知识的形象。

2017 年 10 月的时候，我们学校启动了智慧学习模式，老师和孩子手里都多了一个智能终端。我清楚地记得，当大屏幕上出现答对和答错的学生名单以及每一道题目的正确率时，孩子们露出惊叹的眼神，互相你看看我、我看看你，笑着说：“好神奇啊！”

我看到，就连那些班里平时不爱学习的孩子，也特别积极地去探究自己哪道题错了，很是认真。

这一个改变，让课堂的气氛一下变得活跃而有生机，不再死气沉沉。我也坚定地认为，用科技的手段来帮助教育，这绝对是一个好的开始！

果然，我们的课堂和学习发生了翻天覆地的变化。

智慧课堂为师生带来了实时的互动与沟通，其中最直观的表现就是课堂的高效。预习阶段，学生预习的素材非常丰富，可以包含试题、微课、课件、导学案等。预习后，孩子们可根据预习的结果，知晓自己的问题在哪里，反馈给老师，第二天带着问题进入课堂，着重听讲，这样就大大提高了学生的听课效率。

对我来说，省去了大量繁重的统计工作，我可以随时了解到学生的预习情况，根据作答时间、正确率、提交时间等数据对第二天的讲课重难点做出调整，告别“老师认为”的误区，而是真正基于数据讲学生不会的知识点，并对不同学生预习中出现的不同问题进行点评，也方便为孩子们安排学习区的学习内容，提高他们解决学习问题的效率。

我记得有一次，在为七年级的孩子讲“整式的乘法复习研究课”的时候，我查看检测数据时发现，我们班成绩最好的学生魏铭芝竟然在非常基础的题目上连连犯错，我走到他身边询问怎么回事，他嘿嘿地冲我笑了笑，说：“老师我会做，就是做得有点着急了。”我当时便明白由于是公开研究课，他有点紧张，也有点想急于表现，所以才出现了低级的错误。我拍了拍他的肩膀，说：“不用着急，静下心来，做题比的是正确率，不是速度。”接下来两次当堂检测，他调整好了心态，稳扎稳打，没有再出过错。

这件事让我感触特别深的是，课堂数据可以让我们关注到一些平时认为“放心的好学生”，他们也有可能犯错，而此时我们应该立马去关注他们的所思所想，及时沟通了解情况，并做出及时针对性的引导。而在传统课堂下，老师可能会想当然地认为，这些题目这么基础，他们肯定不会出错的，从而错过与他们沟通交流的机会，也无法及时对他们进行心理上的正确指导。

苏霍姆林斯基曾说过：“只有激发学生进行自我教育的教育才是真正的教育。”教书应与

育人并重，而不是只是教书。

在这种高效的学习模式下，老师能够了解孩子，并且点对点为孩子解决学习问题，我深切的体会是，当学知识变得高效，当教学的过程变得没那么沉重时，老师和学生之间的壁垒也在被打破。

我自己也曾是学生，当我回想起自己的初中时代，我总是会想到，老师用单调乏味的讲授方式传授着冷冰冰的知识，学生听一样的课程，做一样的作业，课后争相做更多的习题，报更多的班……老师宛如一个臃肿的巨人，用固定而程式化的知识拽着一个班亦步亦趋地前行着，整个学习的过程异常的“重”。

作为老师，我不想只是当一个教书先生。

我很幸运，可以借助科技的力量，了解学生所思所想，为孩子们带来高效的课堂，也有了更多的时间与孩子们有更加深入的沟通，无论是知识上还是做人上，启发他们自我反思、不断探索。千百年来，一个老师“教书育人”的朴素梦想终于得以实现。

编者说

FROM EDITORS

编者说 FROM EDITORS

真正的竞争在认知层面

董鸿英

博士｜OK 智慧教育研究院专家组成员

关注未来，是教育从业者一个特别重要的意识。孩子是未来的孩子，我们对于孩子的培养应着眼于未来。

下一个时代，是一个智能化的时代，智能化的浪潮正在深刻地改变着人们的生活、工作和学习方式。智能化将使人与知识的关系发生改变，从过去的“人找知识”，变成了“知识找人”。

历史上每一次知识承载方式的改变，都将带来学习方式的变革。智能时代的教育，将有着新的要求和新的面貌。

观照当前的教育，现实却让我们难以将眼光投向未来。因为竞争，焦虑充斥了教育。而竞争，本可以有更好的方法去赢得。

一

“望子成龙，望女成凤”，每一个孩子呱呱坠地的时候，都寄托着父母无限的期望。但曾几何时，家长逐渐懂得接受一个现实：要把孩子按照自己的愿望培养成材，并非一件容易的事。

家长为了孩子，可谓煞费苦心。学习好的，希望拔尖；学习不理想的，希望脱困。无论孩子学习表现如何，都化不开中国式家长的焦虑。

孩子从一两岁开始，就被拽上了“起跑线”。早教、习惯养成、性格培养、幼儿园择校、幼升小、小升初、中考、高考、填志愿选专业、择业就业……竞争如影随形、无止无休。家长们为孩子可谓操碎了心，真是“问君能有几多愁，恰似一江春水向东流”。

择名校，请名师，购学区房，报辅导班，送海外留学……这些“鸡娃”故事的背后，其实都隐含着一个个家庭沉甸甸的、或艰难或困苦的抉择。

家长们暗自比拼的，是倾尽全力，把孩子送进一个更优的成功概率中去。

之所以家长们有着浓得化不开的焦虑，很大程度上是因为我们花费巨大代价培养孩子的方式，是随大流，而人多的地方总是更为拥挤，竞争也更为激烈的。

家长为孩子教育所忧虑的一切，是真正在解决问题吗？我们还能做些什么呢？

爱因斯坦曾经说过这么一句话：“我们所面临的问题，不可能用和我们提出这个问题时同一水平的思维方式来解决。”

这句话什么意思呢？我们可以一起细品下：当我们面临竞争时，我们使出了浑身解数，但如果我们的思维方式与他人、与时代处在同一个维度，我们很难有更高维度的解决方案，或拥有压倒性的优势。身陷现实环境中，就像我们不可能揪着自己的头发离开地面一样。

为什么说在智能化时代，一定要采用全新的学习方式呢？

在《OK 来信》中，我们曾经给家长们讲过这样一个故事：

古老的菲律宾人非常擅长格斗，他们的战斗力极其强悍。

1521 年，菲律宾麦克顿岛遭遇了由麦哲伦率领的一小队西班牙人的入侵。为了抵抗殖民，菲律宾当地的土著们奋起反抗，他们派出了部落中最为强悍的勇士参与决斗。但是，在战争中，勇士们很快发现，即使是拿着最锋利的大刀长矛，也难以抵挡一杆小小的火枪带来的攻击。

先进的武器，让外来的西班牙人拥有了“神明”一般的杀伤力。仅仅数千人的西班牙军队，手握洋枪洋炮，很快便占领了有着 30 万平方公里、上百万人口的菲律宾，开始了西班牙对菲律宾长达 300 多年的统治。

大刀长矛与现代枪炮，这代表着两个时代的碰撞。

即使在几百年前，传统的竞争方式在更高维的武器面前，也显得不堪一击。

二

如今，相信你同样感知到了这个时代每天都在发生的变化：

智能翻译软件替代了十年寒窗、含辛茹苦学成的高级口译师；

CBD 里跨国公司的一部分高级白领被裁员，中年失业，骤然面临人生的困顿；

曾经热门的会计专业，未来被人工智能取代的概率已经高达 97.6%；

贵为“无冕之王”的新闻记者，有些人正在被反应更加迅速的写作机器人所代替；

随着金融科技的应用，传统银行大量的岗位在消失……

这些面临危机的人，也曾经是“天之骄子”，也曾经攀书山、冲题海、考名校、刷简历，他们用昂贵的学费告诉我们：在科技变革的浪潮下，与时俱进才能不被时代淘汰。

今天，技术演进、时代发展还在加速，我们的孩子正站在时代变革的风口浪尖，我们同样不希望孩子们在时代的洪流中被淹没。

智能化时代，必将又是一个“洋枪洋炮”对“大刀长矛”的时代。我们是否还在期望孩子每天钻在“书山题海”中，沿袭工业化时代的学习方式来迎接未来的竞争呢？

面对时代的变革，我们必须跳出原有的思维模式，用更高维的方式来解决问题。

例如，几千年来栉风沐雨、日出而作、日落而息的农民，每到农忙的时候，就需要大量的劳动力来收割。那如何解决短时间内劳动力短缺这个问题呢？

如果沿着这个问题所在的维度去思考，就应该想办法解决劳动力哪里来。可能会把家人或村邻召过来，就像中国古代就有“田假”，就是因为农忙给大家放的假期。

劳动力还能从哪里来呢？还有一种传统职业叫“麦客”。麦客就是流动着帮人收麦子的人，他们背着行李，从南到北地迁徙，充当雇主家农忙时的劳动力。问题是缺人，那就想办法找人，这就是和问题在同一维度上思考问题。

然而，1831 年，美国弗吉尼亚州一个农场主的儿子塞勒斯·麦考密克面对父亲一千两百英亩的广袤土地和当时美国劳动力严重缺乏的现实，他在思考这个问题时，却突破了“人”这个维度，转而从另一个全新的维度去思考，那就是“工具”——我们能不能通过升级工具的方式，解决小麦及时收割的问题呢？

在这种思维方式的指引下，他发明了收割机，大大提升了小麦收割效率，促成了农业生产的工业化。

虽然只是一台收割机，却让农民拥有了效率倍增的工具。这让我们认识到：

在时代变革面前，真正决定竞争量级差异的关键，就在于工具的升级。

那么，在时代变革面前，面向下一个时代的教育，又该是什么样子的呢？

随着科技的飞速进步，教育同样已经进入一个崭新的时代。

这个时代的教育，不同于最初依赖于先生口耳相传的私塾教育，也不同于有着模式化、标准化内容的班级授课制，更不同于单纯承载着海量电子化内容的互联网平台，而是基于智能化的技术，更加精准、高效的智慧学习模式。

这个时代，我们称之为智慧学习的时代。

三

未来时代的竞争，一定是学习能力和工具方法的竞争。

面对未来的竞争，我们的孩子需要与以往不一样的学习工具与学习方式。只有借力于最先进的学习工具，掌握更高效的学习方法，构建全新的学习方式，才能让孩子拥有跨越到下一个时代的竞争力。

OK 智慧教育，O、K 这两个字母，是英文 Oriented Knowledge 这两个单词的首字母，字面意思是“有方向的知识”。面向智能时代全新的学习方式，OK 的初衷就在于为每一个孩子的学习提供方向指引，为学习这件事打开新的“可能性”。

未来的“可能性”也许是教育最为“诱人”的一个词。新的可能性，将颠覆我们对教育既往的认知。

认知决定出路，真正的竞争在认知层面。

在各个时代、各个领域、各个行业，只要先进工具出现、先进技术出现，原有的体系必然被打破，而那些率先使用、掌握新工具和新思维的人将会享受到技术的红利，而思维固化的人呢，则会落后，进而被淘汰。

君子性非异也，善假于物也。为什么我们的孩子不能拥有这个时代的方法，摒弃传统的学习方式，用更高维的工具，来数倍地提升学习的效率呢？这是智能时代，学习领域的认知升级。

智慧学习解决的是孩子当前的学习问题，培养的是孩子赢得未来的能力。

我们希望，“智慧学习”能够通过认知升级 + 工具升级，为孩子们启动一套切实、可执行的方法，让孩子在每一步的学习中能借助于工具，形成面向未来的核心竞争力。

我们相信，在学习中能够找到好方法、创造新模式的孩子，必然能够在未来取得更大的优势。

大浪淘沙，竞争是残酷的，但是赢得竞争，是有方法的。

未来的每一个孩子，都应该成长为有主见、有个性，聪明而高效的勤奋者。

编者说
FROM EDITORS

当我们谈论变革的时候，为什么说 Know-How 这么重要

李世达

博士 | OK 智慧教育研究院专家组成员

今天是一个科技大放异彩的时代，我相信我们每个人都能感觉得到。我个人也比较幸运，无论是读书还是就业，一直都在和科技打交道。我也很自豪，能够见证今天这个时代。

我是在台湾接受的基础教育，从小学读到台湾清华大学化工博士。毕业后，为了能够处理更多的国际事务，我去了美国国际法律事务所实习并通过了专利代理人考试，后来又在台湾取得了科技法律硕士和台湾大学高阶经理人 EMBA 硕士学位，同时取得台湾专利代理人执业资格，并在中国政法大学取得第二个法学博士学位，那么，自然而然的，我的职业生涯也一直与科技密切相关。

工作前十年，我一直在硅晶与显示器产业内开展研发工作，期间取得专利发明成果近 100 件，发表学术论文近 20 篇，后 20 年跨界至知识产权行业，在相关高科技产业公司内，处理上千件知识产权申请案与上百件知识产权争议案。

这 30 多年的工作经验让我一直都在和多领域的科技打交道。我发现，关于“新科技”，其实人人都能快速地从各式媒体获知，但是若要把科技运用于日常中，其实没那么容易。

大家应该都知道中国古代有四大发明。

我想特别说一下火药。大家都知道，火药一开始并不是发明出来打仗用的，而是中国古代炼丹家在炼制丹药的过程中发明的。后来火药大部分被用来做了烟花。到了公元 1200 年的时候，元朝利用火药制成火器跟日本开战，跟俄

罗斯开战，开启了火药在火器上的使用，同时，据史料记载，火药也在 1326 年传到了欧洲。

传到欧洲后发生了什么事情呢？

虽然火药在中国我们也把它应用于军事用途，但中国人不好战，因为中国人总觉得战争这件事，应该以刀剑拳脚为主。

但到了西方人手里呢？思维不同，他们把管型的火器彻底地改进了，把火药专注地使用在了火器武器上，使其在战争中充分发挥威力。

所以，欧洲人经过 600 年的演进，利用火药发展了相当多的先进武器。

大家都知道清朝很有钱，当时清政府买了很多的先进武器来巩固清朝在当时的国际地位。可是在 1900 年，八国联军入侵北京的时候，清朝拥有这么多的先进武器，却在这场战争中一败涂地。我想大家也都知道这个历史，为什么清军会大败呢？

这是个很值得反思的问题。清朝当时接受了火药应用于武器这件事情，可是却没有接受该如何将先进武器应用在它的战争防卫上，所以，整个清朝在作战的组织上面还是沿袭过去的人海战术，还是沿袭过去刀枪相向的方式。于是，当八国联军进入北京的时候，清军没有正确地组织作战，八国联军一下就把清兵打败，而清军留下来的都是这些没有使用过的先进武器。

从这点我想跟大家分享的是，当科技到来的时候，要想实现变革性的发展进步，还必须要有与之相关的一套新思想、新组织模式的变革创新，也就是我们提到的，Know-How 的变革非常重要。大家可以基于我说的，慢慢思索咀嚼。

刚刚说到了过去的新科技，让我们再来看看当今的新科技，Kindle 在用的墨水屏技术。

这个科技，是我在 2015 年加入一个国际科技公司时首次接触到的。最早来自美国麻省理工学院的“微胶囊技术”，运用这个技术，可以做出像亚马逊的 Kindle 电子书的关键元件，普遍称之为“电子纸”。

但当时，最先将这个技术用在电子书上的科技公司是索尼，索尼是一个非常具有技术含量的公司，利用电子纸在很短的时间之内发展出第一个类纸质的电子阅读器。但是，索尼当时并没有就数字内容和出版商达成共识，这就导致阅读器上没有太多的数字化内容，于是读者并不能看到想看的书。如此一来，这个电子阅读器在当时并没有改变读者的阅读习惯。

随后，“亚马逊”这个公司抓住了这个技术，研发了 Kindle。Kindle 是一个非常封闭的平台，人们只能从亚马逊网站加载内容，不能把购买的电子书转到别的平台去看，不能和别人共享，甚至不能连打印机。

但是，这却是亚马逊提出的一个重要的 Know-How，它能保护相关的知识产权，例如与技术相关的专利权，解决了出版商最担心的“数字版权管理”的著作权问题。于是，很多出版商愿意为它快速将纸本的书同步数字化，产生了大量的电子书内容，这样，Kindle 就有了一个巨大的电子书图书馆。那些想读纸本书的读者能继续开心地读自己想读的书，并且观感和看书一样还能享受数字化的便利，这正是亚马逊厉害的地方。当然，亚马逊在此期间也建立了一系列其他的竞争者无法跨越的技术 Know-How。

所以，从科技到真正的应用性产品以及工具，也是要根据用户真实的实用需求，提出切实的解决方案，也就是具体的 Know-How 来支撑的。

接下来，我想说一个从科技到教育场景的 Know-How，和我们刚刚提到的电子纸技术也有关系。

既然信息化技术已经成了教育中重要的一部分，那么，从我们所津津乐道的“人工智能、大数据”技术，到人们手中用到的教育工具，是不是 Know-How 也要变呢？

以前，信息化刚开始的时候，在很多学校里，孩子们使用的学习工具，人们统称为 Pad，但现在很多学校里，很多孩子们使用的学习工具，叫作智能终端。

其中一个很大的不一样的地方在于智能终端有两块屏幕，下屏是一个墨水屏，用到了和 Kindle 一样的电子纸技术。但是它被用到这儿，是因为教育领域有特殊的需求。

一般来说，学生学习可以分为课前的预习、课中的学习、课后的复习这三大段。

第一，“课前”的预习，结果要清晰，这样学生能够快速了解会与不会的地方，进一步的学习才有重点。第二，在“课中”，老师在上课前要充分了解学生的预习成果，从而才能精准地引导学生进行小组学习，并选用资源帮助学生自主学习，这样的学习成果最扎实。第三，在“课后”，那当然就是针对学生不会的地方布置作业，进行进一步引导，让学生直到学会。

这整个过程中，学习结果的呈现需要通过实时学习数据的分析，那么，孩子不可能只做选择题，还有很多的填空题和综合题，只有这些学习数据也快速同步展现到老师的面前，老师才能真正因材施教，针对性发布教学内容。

这时候，这块墨水屏，就可以让学生手写，并收录学生的学习数据再智能分析，真正帮助老师因材施教。

还有至关重要的一点是，墨水屏本来就是反射自然光的，不伤眼，这一点也是教育当中的重要需求。

将墨水屏技术应用于教育工具，这本身也是一个 Know-How 的变革。而基于此，我想说的是，教育当中也是一样，从科技到我们使用的学习工具，这中间也是有一系列复杂的 Know-How。

智慧学习下的教育工具，就该符合智慧学习的具体需求，设计专用的智能教学终端、学习终端，就像 Kindle 阅读器一样，它站在读书人的需求上去做设计开发。教育工具必须站在学生与老师的学习和教学场景需求上，去考虑这件事情，把学习和教学场景完全整合在一起。

从一项科技转换到一个产品方案，其实是需要具备一个“Know-How”的，我们暂且称为“A Know-How”，但从产品方案到产品在使用者手上能否真正进入常态化使用，进而改变生活、工作和学习的方式，这是需要产品功能到使用场景上的“Know-How”的，我们暂且称之为“B Know-How”。所以在这一段里面我们可以很清楚地知道，一项科技要导入我们的生活方式里，导入人们的行为层面，至少是要具备两个“Know-How”的。

科技如果真的能够改变教育，改变教与学的场景，进而达到老师和学生行为上的改变，产生新的学习模式，这背后一定是有赖于 Know-How 的搭建的。

今天，在技术条件已经成熟的情况下，无论是从科技到教育工具的 Know-How，还是教育组织模式的 Know-How，当我们谈论变革的时候，我们确实都应该来谈谈 Know-How。

用智慧学习的方法，成就每一个孩子

顾国齐
OK 智慧教育研究院院长

我儿子 2011 年考上清华大学，从本科一路读到博士，很多人都说他是个“学霸”，希望我能谈谈是如何培养的，有什么学习的秘籍。

其实我所接触到的孩子，差不多人人都很聪明，个个都是人才，他们总能在成长的过程中，在某一方面表现出让人惊叹的能力。成长的过程就是学习的过程，所以我并不认为有什么秘籍和灵丹妙药，我所做的，主要是在孩子成长过程中的一些关键环节，采用智慧学习的方式，适当地介入了一下。

我儿子上小学时，很喜欢数学计算，特别是心算。每次我们外出吃饭，他都主动去算账单，比服务员用计算器算得都快、都准，常常得到家人和邻桌客人的称赞。当然，孩子受到鼓舞，学起算数就更积极主动了。

那时候，我发现他计算基础挺扎实，就专门从练习册里挑选一些题目，适当给他增加难度，在保证正确率的基础上让他提高做题速度，来刻意训练他的计算能力。比如学校要求 20 分钟做完 100 道口算题，我会让孩子尝试做 110 道或 120 道，或者同样 100 道题，难度稍微提升。

在恰当的时候，根据孩子的学习水平，给予他适合的学习内容，这是我所看重的非常重要的一条准则，也是智慧学习中所强调的，在学习区学习。

天性使然，每一个孩子都充满好奇心，具有学习的本能。但他们并不喜欢系统化的学习，特别是理解抽象概念的知识学习，因为人类本身更善于记忆，而不是思考。所以，纯粹的快乐学习很难做到。不过，虽然没有什么快乐学习，但孩子可以从学习过程中获得快乐。孩子在学习区里学习，在挑战中获得成就感，大脑会释放内啡肽，让人觉得快乐。

就拿我孩子的数学学习来说，学校的内容已经掌握熟练了，他就主动报了课外的速算班、奥数班，上完课外班回家还钻研，对各种题型都很感兴趣。很多家长一听到奥数就如临大敌，我想说的是，抛开孩子个体谈奥数或有害或有利，都是偏颇的。拿我孩子来说，学习水平达到一定程度，对他来说，奥数的学习就不是超前超难了，而是在他自己学习区里的探索，然后向更高一层进阶。

反之，那些在课堂里还没有学明白的孩子，家长想着通过学一学奥数，接触更难一点的内容，由此来打开学习的思维这种做法却是错误的，因为这已经明显与孩子的学习区相背离。

对于我儿子来说，在奥数班里，孩子学的不只是数论、逻辑推理这类题目，而是题目背后的方法、思维，这种数理逻辑思维也贯穿到了他今后的学习中。

上初中后，学校鼓励学生做探究式学习，并讲解自己的学习成果。我儿子和另外一个同学负责讲解生物课知识，当时他就突发奇想，打算用自己学过的奥数知识，来证明细胞为什么是圆的。在全班面前讲解之后，学校老师给了他很高的评价，还让他重新编写了讲解演示文稿，专门给他录制了一节课。据说还入选了北京市优秀教学案例。后来学校还让他参加了国际生物竞赛活动，当时大部分参赛选手都是高中生。

这件事让我发现了孩子自身的思维迁移能力，之后在他学习知识、解决问题时，除了“做对”的结果，我也会更加关注他是不是知道“为什么这么做”，帮他形成自己解决问题的思维方法。

有了思考问题、解决问题的这个思维过程，得出的答案才会有意义，学习才会更有效。这一点，和智慧学习中提出的“学法点拨”不谋而合。

当然了，就像孩子的成长一样，每个孩子的学习过程也不是一帆风顺的，总会有崴脚的地方。和数理化比较，我儿子的语文就不太理想，特别是作文这个大头。

初二时，语文老师建议他多阅读中外名著，摘录一些好词好句来丰富自己的内容储备，平时写写日记或者周记培养语感。当时他常看哈利波特系列小说和牛津书虫系列的读本，可能是受到这些著作的启发，为了练笔，他大胆提出要写一部长篇玄幻小说。

刚开始听到他这个想法，我和他的语文老师都挺吃惊的，但我们商量以后，一致鼓励他尝试。差不多用了一年左右的时间，他完成了自己第一部几万字的作品，三部曲中的第一部《圣域：黑暗来临》。到了初三，为了集中精力备战中考，小说创作只能暂时告一段落了。但是他的写作能力、想象能力都得到了很好的锻炼和提升，一直到高中阶段，班里排演短话剧、微电影之类的活动，编剧的角色常常是他来担任。

这也正是智慧学习中提出的，在“拐点”上，找到适合自己的、正确的方法，坚持专项刻意练习。

在这种智慧学习理念的指导下，从小学到初中，他在学习上养成了很好的习惯，这样到了高中阶段，在我感到“心有余而力不足”的时候，我儿子能自主地探究，对自己该学什么一直有着清晰的认知，完全能胜任自己的学习。

升入高中，他给自己确定的目标就是考上清华。要进入国内数一数二的高等学府，网上有人拿 2018 年高考数据做过一个统计，概率大概是 0.03%，意味着要比常人付出更多的努力。

为此，他给自己制定了阶段性的学习目标和计划，学校的学习进度和内容不能满足他的发展需求，他就去挑战更高水平的学习机会，比如说各种竞赛。他曾经和另一名学生去台湾参加海峡两岸物理竞赛，并获得了笔试第一名。

这次尝试让他明白自己在物理学科更有竞争优势，也有了更清晰的奋斗目标，最终如愿考上了涉及新能源专业的清华大学材料与工程专业。

回顾孩子的学习之路，我认为通过正确的引导培养，每个孩子都能做到会学习、善于学习、能自主学习，每个孩子都是有成为“学霸”的可能的。

而每个家长需要做的，不仅仅是有一份望子成龙的期待，更要对自己的角色有一个认知，要理解孩子个性特点的差异，了解孩子当前所处的发展水平，真正尊重并帮助他们，找到学习的拐点，掌握学习的方法，在自己的学习区进行刻意练习。

让孩子用适合自己的方式成长，未来才能拥有一个不设限的人生。

作者团队

AUTHOR TEAM

作者个人公众号

贾云海 / 本书主编

从乡村中学到全国名校的经历，令他深刻理解知识传授与学生能力培养的症结，也深刻理解实践创新与理论突破的艰辛，如何探寻全新学习模式，革除传统学习的弊端是他一直以来的追求。

2009年，受聘为新东方教育行业研究院院长，主导设计新东方“UMS教学管理系统”，以及结构化、标签化知识图谱管理体系，开创“个性化教育”先河。

2014年，创立“OK智慧教育”，主导研发的智能教学终端、智能学习终端等智能化软硬件产品，进入全国逾千所学校，被数十万师生常态化使用。

2017年，提出“学习者主权”理念，著《变革·学习者主权》一书。

2020年，提出“智慧学习”方法论，定义AI时代全新学习模式，受邀担任中央新影中学生频道《智慧学习方程式》栏目主讲人，系统阐释智能时代学习的理念与方法。

董鸿英

OK智慧教育研究院专家组成员，北京师范大学博士，清华大学博士后，媒介技术青年学者，多家科技公司历任合伙人、高管，主持或参与多项国家级社会科学、自然科学课题，参与面向AI时代的智慧学习模式的研发。

“教育是一个唤起每个人内在潜能的终身过程。每一个孩子都蕴藏着值得引导和发展的潜能。孩子是未来的孩子，我们对于孩子的培养要着眼于未来。AI时代，人才的势差会显著扩大，人才之于社会的价值，将由其才能的垄断性或稀缺性来决定。每个企业的战略发展需要定位，每个孩子的未来成长也需要定位。每个孩子智能倾向是不一样的，补短不如扬长，分析并找到孩子所热爱、所擅长、所能坚持的，在孩子有可能处于优势地位的点上持续投入，才能帮助孩子成就未来竞争力。”

AUTHOR TEAM
作者团队

顾国齐　OK 智慧教育研究院院长，毕业于北京航空航天大学，中国教育装备协会教育信息化装备分会专家组指导专家，主编教育部教师信息素养培训教材《大数据驱动的智慧课堂》《中小学数据分析与学习规划》。

“教育是一个特殊的行业，其特殊性不仅在于每一个孩子的成长都是独一无二的，同时还在于每一个孩子的学习也是他人和机器无法替代的。因此智慧学习仅仅拥有人工智能的三大要素：算力、算法和数据是不够的，还必须拥有教育行业独特的 Know-How，Know how to do。Know-How 从广义上讲，是指导教育行业完成数字化转型、构建智慧学习的知识经验体系；从狭义上讲，是使技术、学习内容与学习者相契合，构建一个无边界的学习环境，为学生高效的自主学习赋能。”

李世达　OK 智慧教育研究院专家组成员，台湾清华大学工学硕士、博士，中国政法大学法学博士，在多家高科技公司历任工程师、总经理、知识产权法务高管，参与 OK 学习机 E-ink 墨水屏从技术到产品的研发。

“科技的发展，使得我们生活的世界越来越强调‘以人为本’。教育的以人为本，指的是以学习者为中心，而不是像过去那样以‘老师为中心’进行知识的传递。诚然，教育当中并不缺少好的理念，但是家长和孩子们更需要的是一套实际的做法来支撑理念的落地。智慧学习因为有‘黑科技’的加入，能完整而透明地呈现孩子的全部学习过程，真正挖掘出一个孩子真实的学习需求，从而让知识以孩子为中心进行有效配置，教育的形态、教育的架构、教育的流程才真正发生了改变。”

孙美玲

OK 智慧教育研究院课题组成员，致力于智慧学习模式下“学习拐点”的研究，曾参与全国中小学校园媒介应用发展课题组调研，深入全国百校，开展实地访谈，参与《2018 中国智慧教育行业发展报告》蓝皮书的编撰。

“教育重要的目的，是让孩子学会新的思考方式，并转化为受用终生的能力。学习的过程，也是孩子思维跃迁的过程。无法攻克的难题，陡然下降的成绩，不感兴趣的学科……众多学习问题的表象背后，更深层次的原因就在于孩子遇到了拐点。我们要在孩子起伏的成绩中，在孩子的日常学习中，在和孩子的沟通中，从多维信息中挖掘出孩子正在面临的拐点，从而深入地去解决孩子的一类问题而不是一个问题。由此，才能让学习事半功倍，让教育真正赋能成长。”

夏秋南

OK 智慧教育研究院课题组成员，致力于智慧学习模式下“学习区”的研究，曾从事互联网 + 教育行业，通过教研和咨询帮助学生进行学业规划，现为大型教育谈话类节目《智慧学习方程式》编导，深度走访全国智慧学校校长。

“苏格拉底曾说：‘教育不是灌输，而是点燃火焰。’标准化课堂的出现，的确解决了教育普及的难题，但由此衍生的‘牢笼式管教’‘灌输式教育’‘填鸭式教育’……让许多学生对学习产生了强烈的抵触情绪，传统教育面临着严峻的挑战。学生首先是作为人而存在的，学习的内驱力是最重要的。这些年，我们一直在寻求改变，我们发现只有当学习内容与学生的接受能力精准匹配的时候，学生才能既有新鲜感，又有掌控感，实现挑战性与成就感的平衡，从而热爱学习、终身学习。”

吕伟娟

OK 智慧教育研究院课题组成员，致力于智慧学习模式下“学法点拨”的研究，曾是中国教育电视台记者，活跃于基础教育及高等教育的调研与报道一线，积累了对全国百余所学校教育实践的案例观察与访谈经验。

“孩子学习的进步，首先一定是思考能力的进步。而学习的过程，一定程度上就是孩子不断在头脑中搭建起找到方法、解决问题的思考路径的过程。但往往在学习的过程中，在从知识跨越到能力之间，孩子会遇到很多障碍，无法自己突破。这时候，就必须要搭建起一座方法的桥梁。恰当的学法点拨，旨在帮助孩子打通思维方式，掌握学习的底层方法，真正帮助孩子从‘学会’到‘会学’，从而掌握思考问题与解决问题的方法与能力，在未来拥有核心竞争力。”

张正争

OK 智慧教育研究院课题组成员，致力于智慧学习模式下“刻意练习”的研究，曾就职于报业集团调研中心，有丰富的媒体调研和教育行业经验，参与中国教育装备行业协会立项“智能化教育重构基础教育流程与方式”的应用研究。

“学习就像一场马拉松，而非百米冲刺，充分发挥潜能，达到能力的极限不是一朝一夕的事。高手是怎么炼成的呢？关键还不是在于天赋或者‘1 万小时的练习’，如果有天赋而不勤加练习，不可能修成正果；如果方法不正确，练够 1 万小时也没有用。要想真正持续超越自己的上限，就要不断挑战非舒适区，在学习区进行大量有针对性的练习，持续获得及时有效的反馈，不断调整改进。通过这种精心安排的‘刻意练习’，孩子才有可能成为一个真正的高手。”

图书在版编目（CIP）数据

智慧学习：智能时代不一样的学习方式 / 贾云海主编 . -- 北京：中国人民大学出版社，2021.1
ISBN 978-7-300-28837-6

Ⅰ . ①智⋯ Ⅱ . ①贾⋯ Ⅲ . ①中小学教育 - 网络教育 - 研究 Ⅳ . ① G632.0

中国版本图书馆 CIP 数据核字（2020）第 247634 号

智慧学习——智能时代不一样的学习方式

贾云海 主编

Zhihui Xuexi

出版发行	中国人民大学出版社		
社　址	北京中关村大街 31 号	邮政编码	100080
电　话	010-62511242（总编室）		010-62511770（质管部）
	010-82501766（邮购部）		010-62514148（门市部）
	010-62515195（发行公司）		010-62515275（盗版举报）
网　址	http://www.crup.com.cn		
经　销	新华书店		
印　刷	北京瑞禾彩色印刷有限公司		
规　格	170mm×228mm 16 开本	版　次	2021 年 1 月第 1 版
印　张	18.5 插页 1	印　次	2021 年 1 月第 2 次印刷
字　数	330 000	定　价	56.00 元